Annette Schönherr

Selbsterkenntnis und Selbsterziehung

in Philosophie und Tiefenpsychologie

Annette Schönherr

Selbsterkenntnis und Selbsterziehung

in Philosophie und Tiefenpsychologie

vta

Dieses Buch ist Ergebnis der Therapie- und Studienarbeit des Instituts für Tiefenpsychologie, Gruppendynamik und Gruppentherapie Berlin (Gründung und Leitung Prof. Dr. med. Dr. phil. Dr. h. c. Josef Rattner).

Dr. Annette Schönherr, geb. 1950. Dr. phil. Dipl.-Psych. Charakter- und Lehranalyse am Institut für Tiefenpsychologie unter Leitung von Prof. Dr. mult. J. Rattner. Mehrjährige Kliniktätigkeit. Langjährige Psychotherapeutin in eigener Praxis und Lehrtherapeutin am Institut für Tiefenpsychologie (ITGG).

Impressum

Die Deutsche Nationalbibliothek verzeichnet diese Publikation in der Deutschen Nationalbibliographie; detaillierte bibliographische Daten sind im Internet über http://dnb.dnb.de abrufbar.
1. Auflage Oktober 2021

Dr. Gerald Mackenthun, Eberbacher Str. 4, 14197 Berlin, 030 8227813
Email: verlagta@gmail.com; www.verlag-ta.de

Kontaktadresse für sachdienliche Korrekturen, Anmerkungen und Hinweise:
annette.schoenherr@gmx.de

Druck und Vertrieb: Books on Demand GmbH
In de Tarpen 42, 22848 Norderstedt
Gesetzt aus der Athelas serif Standard und der Gill sans serif light.
Umschlaggestaltung deblik, 10119 Berlin

ISBN 978-3-946130-36-9 (Print)
ISBN 978-3-946130-37-6 (eBook)

Inhalt

I. Einführung

Das vorliegende Buch ist auf der Grundlage meiner Dissertation über die Theorie und Praxis der Selbsterkenntnis und Selbsterziehung entstanden. Dieses Thema beschäftigt mich seit etwa vierzig Jahren. Seit dieser Zeit habe ich intensiven Kontakt mit der Tiefenpsychologie und Psychotherapie, mit Bereichen der Psychologie also, in denen die Fragen nach Erkenntnis und Veränderung der eigenen Persönlichkeit im Mittelpunkt stehen.

Im Laufe der Zeit veränderte sich meine Sichtweise bezüglich der Selbsterkenntnis und der Selbsterziehung, da ich als Psychotherapeutin mit vielen Menschen konfrontiert war, denen ich diese Thematik nahe zu bringen versuchte. Dabei bemerkte ich, wie außerordentlich komplex und schwierig es sich für viele Individuen gestaltet, sich auf einen fruchtbaren Selbsterkenntnis- und Selbsterziehungsprozess einzulassen. Sehr viele meiner Klienten hatten eine Haltung gezeigt, die eher darauf angelegt zu sein schien, sich Erkenntnis oder auch Veränderung der eigenen Gangart, des Lebensstils oder des Charakters von außen mitteilen oder induzieren zu lassen, ohne den eigenen Anteil einschätzen zu können. Das motivierte mich, ausgehend von meiner eigenen Sozialisation als individualpsychologische Psychotherapeutin mit kulturanalytischen, literarischen und philosophischen Neigungen und Interessen dazu, die Fragestellungen meines Themas zwischen der Tiefenpsychologie einerseits und einigen Kulturwissenschaften andererseits (Weltliteratur, Anthropologie und Philosophie) zu verorten. Dabei interessierte mich vorrangig die Frage, wie verschiedene Autoren den Begriff der Selbsterziehung und Selbsterkenntnis sowohl hinsichtlich ihrer theoretischen Fundierung als auch hinsichtlich ihrer praktischen und konkreten Umsetzung definiert und realisiert haben. Ausgehend von diversen Modellen und Konstrukten der Selbsterziehung und Selbsterkenntnis werden diese abschließend in ein zusammenfassendes Strukturmodell der Selbsterkenntnis und Selbsterziehung eingeordnet.

Eine solche Vorgehensweise machte es notwendig, einzelne mich interessierende Autoren daraufhin zu untersuchen, inwiefern sie in ihren Schriften der Thematik der Selbsterziehung und Selbsterkenntnis nachgegangen sind (Theorie) und inwiefern sie dieser Thematik in ihrem konkreten Lebensvollzug Bedeutung zuerkannt haben (Praxis). Die Auswahl dieser Autoren entspricht meinen ganz eigenen und sehr persönlichen Interessen und Vorlieben. Und ebenso wie z.B. Michel de Montaigne, Immanuel Kant, Georg Christoph Lichtenberg, Sigmund Freud, Karen Horney, Alfred Adler, Carl Gustav Jung und Jean-Paul Sartre, hätte man viele andere Künstler, Wissenschaftler oder Philosophen zitieren oder untersuchen können.

Ausgehend von den eben skizzierten und z.T. sehr subjektiven Interessen an der Thematik der Selbsterkenntnis und Selbsterziehung wird einigen Fragen zu diesem Thema nachgegangen: U.a. ob es eine allgemein verbindliche Umschreibung oder Definition der Begriffe Selbsterkenntnis und Selbsterziehung gibt. Des Weiteren, ob diese beiden Begriffe in der Geistes- und Kulturgeschichte Europas hinsichtlich ihrer verschiedenen Qualitäten, Konsequenzen und Bedeutungsebenen bei prominenten Vertretern dieser Geistes- und Kulturgeschichte aufgefunden und nachgewiesen werden können. Weiterhin ist die Frage, inwiefern sich z.B. bei den o.g. Autoren Spuren und Konsequenzen ihrer theoretischen Ausführungen bezüglich der Selbsterkenntnis und Selbsterziehung in ihrem konkret gelebten Leben finden lassen. Auch geht es darum, ob man aus den Begriffen der Selbsterkenntnis und Selbsterziehung anthropologisch relevante Konsequenzen ableiten kann. Sowie inwiefern in den Phänomenen der Selbsterkenntnis und Selbsterziehung ein Teil der Conditio humana sichtbar wird.

2. Philosophische Konzepte der Selbsterziehung

2.1 Michel de Montaigne (1533-1592)

Der französische Moralist und Philosoph Michel de Montaigne gilt als Mitbegründer einer der frühesten Modelle der Selbsterkenntnis und Selbsterziehung. Er gelangte zu einer erstaunlich umfassenden Einsicht in die Vielfalt und Unbeständigkeit des eigenen wie auch des allgemeinen menschlichen Lebens. Und wie es der Historiker Jacob Burckhardt formuliert, schien er beinahe über ihm zu stehen:

> An die Philosophen möchten diejenigen anzuschließen sein, welchen das Leben in so hohem Maße objektiv geworden ist, daß sie darüber zu stehen scheinen und dies in vielseitigen Aufzeichnungen an den Tag legen: ein Montaigne, ein Labruyère. Sie bilden den Übergang zu den Dichtern (Burckhardt 1978, S. 217).

Michel Eyquem de Montaigne wurde nach dem frühen Tod zweier Brüder am 28.02.1533 auf Schloss Montaigne im Perigord des südwestlichen Frankreichs geboren. Seine Vorfahren waren wohlhabende bürgerliche Kaufleute, die ihren Adel durch Güterkauf erworben hatten. Michel erfreute sich einer behüteten Kindheit mit Freiheiten, die ihn die vom Vater entgegengebrachte Achtung und Zärtlichkeit empfinden und erwidern ließen, und er entwickelte sich zu einem regelrechten Wunderkind. Bereits früh konnte er durch Lateinkenntnisse und künstlerische Fertigkeiten brillieren. Aus dem ursprünglich schwächlichen und ungeschickten Knaben, der sich dem Schulunterricht nur schwer fügte und angeblich nicht zur Disziplin taugte, wurde eine selbstbewusste Erscheinung. Sein Aussehen wurde weniger imposant als das seines Vaters beschrieben, aber doch als das eines starken, muskulösen und schönen sowie beredten Mannes und als das eines außergewöhnlichen Reitkünstlers.

Seine akademischen Grundlagen hat er am Collège de Guyenne in Bordeaux erworben, das er von 1539-1548 zehn Jahre lang besuchte. Und obwohl Montaigne kein gutes Haar an dieser Schule ließ, sei sie doch eine ausgezeichnete und experimentierfreudige Schule gewesen, in der die Redekunst und das Debattieren geschult wurde: „Hier lernte Montaigne kritisches Denken und rhetorische Fähigkeiten, die ihm ein Leben lang von Nutzen waren" (Bakewell 2013, S. 72). Der italienische Diplomat Lippomano bezeugte, dass Montaigne in jungen Jahren sorglos und leichtsinnig Geld ausgab und das Vermögen der Familie stark strapazierte. Ein zunehmender Groll des Vaters über den Sohn gipfelte darin, den immerhin schon 28-Jährigen 1561 testamentarisch zu enterben, unter die Vormundschaft der Mutter zu stellen und diese Verfügung erst 1567 zu revidieren. Die Bewunderung des Sohnes für den Vater hat diese Konflikte und Enttäuschungen überdauert, die ihn schließlich in den ungeliebten juristischen Beruf geführt haben. Weder in der Politik noch im diplomatischen Dienst hatten sich für Montaigne Perspektiven ergeben, sodass ihm als Notbehelf oder sogar als väterliche Strafe nur das Richteramt übrigblieb, woraus er in den *Essais* kein Geheimnis macht.

Montaignes Amtszeit als Richter umfasste 13 Jahre, und als er 1570 frei über Besitz und Amt verfügen konnte, gab er es zurück. In den letzten acht Jahren seiner Richter-Tätigkeit war ihm noch der berufliche Aufstieg zur angesehenen Kammer für amtliche Untersuchungen gelungen:

> Er führte die Untersuchungen, fasste sie zusammen und übergab seine schriftliche Beurteilung des Falls den Richtern. Er selbst fällte keine Urteile, sondern lieferte lediglich eine Dokumentation des Rechtsstreits und legte Standpunkte der verschiedenen Parteien dar (Bakewell 2013, S. 89).

Es ist gut möglich, dass Montaigne hier seine „Überzeugung von der Vielfalt der Perspektiven in jeder Situation" gewonnen hat, die sich wie ein roter Faden durch die *Essais* zieht (Bakewell 2013, S. 89).

In einer Situation beruflicher Unzufriedenheit und chronischer Spannungen mit den Eltern lernte Montaigne zwischen 1557 und 1559 den zweieinhalb Jahre älteren Berufskollegen und Staatsbeamten Étienne de La Boétie kennen. Ein Traktat La Boéties hatte die beiden zusammengeführt und ihre Freundschaft begründet, die sie nach Montaignes Aussage

> … auf derart vollkommene Weise gepflegt haben, daß sich in der Vergangenheit gewiß kaum ein Beispiel hierfür finden läßt – und unter heutigen Menschen schon gar nicht. Damit sich ein solch inniger Bund herausbilden kann, müssen zahlreiche Umstände zusammentreffen; es ist folglich bereits viel, wenn dem Schicksal das alle drei Jahrhunderte einmal gelingt (Montaigne 1998, S. 99).

La Boétie hatte ohne Zweifel ganz wesentlichen Einfluss auf die weitere Entwicklung Montaignes. Früh verwaist, hatte La Boétie dennoch eine zeitgemäße humanistische Bildung erhalten und zielstrebig Karriere gemacht. In seiner Tätigkeit als Rat am Parlament von Bordeaux war er als Verhandlungsführer bereits mit heiklen und schwierigen Missionen betraut. La Boétie und Montaigne teilten die Bewunderung eines Lebens nach dem Vorbild antiker Autoren, dem sie in gegenseitiger Förderung nacheiferten. Erhalten ist ein Sonett La Boéties, in dem er Montaigne unverhohlen mit der Freundschaft des Philosophen Sokrates zu dem strahlend jungen Alkibiades vergleicht und ihm mahnend aufzeigt, wie er sich selbst vervollkommnen könne:

> Das Sonett zeichnet nicht das Bild eines perfekten, in der Erinnerung erstarrten Montaigne, sondern [das A.S.] eines lebendigen Menschen. Es war keineswegs ausgemacht, dass aus diesem alles andere als makellosen Charakter jemals etwas werden würde, besonders wenn er weiterhin seine Energie damit verschwendete, mit hübschen jungen Frauen zu flirten und zu feiern (Bakewell 2013, 105).

Aus dieser Freundschaft ist Montaigne geläutert hervorgegangen. Sie gilt als Entstehungsgrund für das Gesamtwerk der *Essais* mit ihrem Schlüsselkapitel „Über die Freundschaft“, in dem Montaigne den Freund würdigt und ihm ein Denkmal setzt. Dieser wichtigste Lebensfreund wird 1563 von der Pest dahingerafft, und während des Sterbeprozesses bleibt Montaigne an seiner Seite. 1568 stirbt der Vater und kurz darauf ein jüngerer Bruder nach einem tragischen Sportunfall. Zum Wendepunkt seines Lebens wird insbes. ein lebensbedrohlicher Reitunfall Montaignes, der ihn zum Rückzug aus öffentlicher Betriebsamkeit in die Beschaulichkeit der Vita contemplativa veranlasst. Zur selben Zeit heiratet er, erlebt Geburt und Tod seines ersten Kindes und veröffentlicht die Schriften La Boéties.

Von einer zehnjährigen Zurückgezogenheit Montaignes kann allerdings keine Rede sein, sondern von einem permanenten Wechsel seines öffentlichen Engagements und Schreibens. Zwischen 1570 und 1571 bereitete er einige literarische Arbeiten La Boéties vor, um sie 1571 als Vermächtnis an den Freund zu veröffentlichen. Im selben Jahr wird Montaigne von Karl IX. zum Chevalier le l'ordre de Saint Michel ernannt und beginnt 1572 seine 20-jährige Arbeit an den *Essais,* deren erstes Buch er 1573 abschließt.

Als tausende von Hugenotten in der Bartholomäusnacht am 24.08.1572 ermordet wurden, erhob Montaigne nicht den geringsten Protest und schwieg. Nicht einmal in seiner bis heute gut erhaltenen Familienchronik „Beuther" hat Montaigne Aufzeichnungen über dieses dramatische Blutvergießen festgehalten. Ob seine Zurückhaltung durch Königstreue motiviert war, der Sorge um seine Familie galt oder den Hintermännern dieses Verbrechens aus eigenen Reihen geschuldet war, ist nicht bekannt (Lacouture 1998, S.174). In den Wirren nach der Pariser Blutnacht war Montaigne in politischer Mission unterwegs, vermittelte zwischen Heinrich von Anjou, dem Guisen und Heinrich von Navarra, dem späteren König Heinrich IV (Lacouture 1998, S. 168). Und er setzte seine politische Tätigkeit auch in den folgenden Jahren fort. 1577 kam es zu ersten Nierenkoliken. Im selben Jahr wurde er zum Gentilhomme ordinaire de la Chambre du Roi ernannt. Die Jahre zwischen 1577 und 1580 widmete er wiederum der Arbeit an den *Essais*, die erstmals in Bordeaux veröffentlicht wurden und ihren Autor über Nacht berühmt machten. Sie erschienen 1582 in zweiter Auflage schon mit dem zweiten Buch der *Essais.*

Auslöser für seine achtzehnmonatige Reise vom Juni 1580 bis zum Herbst 1581 über die Schweiz nach Deutschland und Italien, war die Sorge Montaignes um sein Land wegen immer wieder aufbrechender Unruhen und der Religionskriege, aber sie war auch motiviert durch häuslichen Verdruss. Weiterer Auslöser für seinen Aufbruch waren die seinen Frohsinn bis zur Beklemmung untergrabenden Nierenkoliken, die er durch gesundheitsfördernde Badekuren mildern wollte. Gleichermaßen galt diese „Badereise" politischen Missionen des Austauschs mit Vertretern verschiedener Religionen, mehreren Gesandten und einer Audienz beim Papst. Insbesondere den ersten Teil der Reise hatte Montaigne der Erforschung der Beziehungen zwischen katholischen und protestantischen Gesellschaften und den verschiedenen Strömungen innerhalb der Reformation sowie der Erkundung der Stadt Basel als faszinierendem Zentrum religiöser Vielfalt gewidmet (Lacouture 1998, S. 223).

Im September 1581 erreichte Montaigne die Nachricht seiner Wahl zum Bürgermeister von Bordeaux, und Ende November kehrte er nach Montaigne zurück. In seiner Amtszeit als Bürgermeister von Bordeaux in den Jahren 1582-

1585 war Montaigne mit gewaltigen Herausforderungen konfrontiert. Zumindest bis in die letzten Wochen seiner Amtszeit war er während dieser vier Jahre unverzagt im Einsatz, wurde zu einem Bollwerk der öffentlichen Ordnung und zum Geburtshelfer des Friedens (Lacouture 1998): Er hatte nicht nur die Liga in Bordeaux in Schach halten können, sondern auch der Versöhnung zwischen der Partei des französischen Königs und der des Königs von Navarra den Weg gebahnt. 1584 besuchte ihn der spätere König Henrich IV., Heinrich von Navarra, auf seinem Schloss.

In den Jahren 1586-1587 wurde das dritte Buch der *Essais* fertiggestellt, 1587 die dritte Auflage des ersten und zweiten Buchs abgeschlossen sowie 1588 die vierte Ausgabe einschließlich des dritten Buchs publiziert. In dieser Zeit lernte Montaigne seine künftige „Wahltochter" Marie de Gournay kennen, die sich um die *Essais* sehr verdient gemacht hat. Die Jahre 1589 bis kurz vor seinem Tod galten der Vorbereitung der *Essais* für eine weitere Auflage, das sog. „Bordeaux-Exemplar" mit handschriftlichen Ergänzungen. Wenige Wochen vor seinem sechzigsten Geburtstag starb Montaigne an multiplem Organversagen, ausgelöst durch eine seiner schweren Nierenkoliken, die ebenso wie Gicht- und Migräneanfälle seine letzten fünfzehn Lebensjahre begleitet hatten.

Überblick über die *Essais* Montaignes

Zwischen 1572-1592 sind die Essais in 20-jähriger Arbeit als dreiteiliges Hauptwerk Montaignes entstanden: Die erste Ausgabe erschien 1580, die zweite 1581 und die dritte 1587. Die vierte völlig überarbeitete und revidierte Ausgabe wurde mit dem dritten Buch 1588 veröffentlicht. Und von 1589-1592 entstand das sog. „Bordeaux-Exemplar" mit den handschriftlichen Eintragungen Montaignes.

In den letzten Jahren wird darüber diskutiert, ob es sich bei den maßgeblichen und von Montaigne autorisierten *Essais* nicht um das sog. Bordeaux-Exemplar, sondern um ihr verlorengegangenes Handexemplar handeln könnte. Nach dem Tode Montaignes wurde eben dieses Handexemplar der Marie Gournay zur Edition und Drucklegung übergeben. Da Autorenmanuskripte damals in der Regel nach ihrer Drucklegung vernichtet wurden, könnte das die Erklärung für das verloren gegangene und möglicherweise autorisierte Handexemplar der *Essais* sein (Bakewell 2013, S. 331f.). Im Jahre 1671 wurden die *Essais* auf den *Index librarum prohibitorum* gesetzt.

Die *Essais* handeln von Montaignes Leben und Taten. Sie enthalten eine moralistische Betrachtung des Homo sapiens und gelangen zu einer bis dahin unerreichten Verfeinerung der Menschenkunde. In der philosophischen Anthropologie des nachantiken Europa gehören die *Essais* zu den gehaltvollsten Schriften, in denen fast die ganze europäische Wesenskunde vom Menschen ihren Ursprung hat. Als Wiege einer neuzeitlichen Moralistik stellen die *Essais* die Lebens- und Seinsweise des Menschen in ihrer Tatsächlichkeit sowie Widersprüchlichkeit und Alltäglichkeit vorurteilslos dar und beobachten und analysieren sie. In ihnen ist eine gewaltige Bildungsmasse angehäuft, und fast jede ihrer Seiten hängt mit antikem Schrifttum zusammen.

Der Titel *Essais* verweist auf Montaignes Methode der Vorläufigkeit und des Offenlassens seiner experimentierenden Selbstbetrachtung sowie den Verzicht auf Belehrung (Friedrich 1993, S. 318f.). So auch: „Ich trage sehr menschliche Einfälle vor und auch nur meine eigenen, wie die Kinder ihre Schulübungen vortragen: belehrbar aber nicht belehrend." Im Essay I, 50 ist zu lesen:

> Zu den Versuchen, die ich hier mit meinem Denken anstelle, benütze ich jeden beliebigen Anlaß. Handelt es sich um eine mir nicht verständliche Sache, so mache ich eben darum einen Versuch mit ihr. ... Ich halte mich am Ufer ... Manchmal probiere ich, ob mein Denken einer nichtigen und wertlosen Sache mit irgend etwas mehr Gewicht geben kann. Ein andermal führe ich es zu einer edlen und oft behandelten Sache hin, wo es sich dann damit vergnügt, sich den Zugang auszusuchen, der ihm am besten dünkt.

Die Leitidee seines Werkes formuliert Montaigne im Vorwort der Erstausgabe 1580 folgendermaßen:

> In meiner einfachen, natürlichen, gewöhnlichen Art möchte ich hier sichtbar werden, entspannt und ungeschminkt. Meine Fehler kann man hier lesen, so wie sie sind, und mein ursprüngliches Wesen.

Die Jahre 1578-1580 werden in der Montaigne-Forschung als Durchbruch des Moralisten zur Selbsterkenntnis und Selbstdarstellung gesehen (Friedrich 1993, S. 363). In ihnen finden wir eine Häufung von programmatischen Äußerungen zum Thema der Selbsterkenntnis und Selbstdarstellung, wie:

> Die Menschen schauen immer aufs Gegenüber. Ich aber wende meinen Blick nach innen, binde und beschäftige ihn da. Jedermann schaut geradeaus, ich aber in mich hinein. Nur mit mir hab' ich's zu tun. Ich betrachte mich unaufhörlich, überwache mich, probiere mich aus. Die anderen drängen immer nach außen, ich aber kreise in mir selbst (Friedrich 1993, S. 196).

Das Leitthema des Werks ist die Frage, ob man dem konkreten, unbeständigen Menschen mit allgemeinen und starren Maximen beikommen könne. Mit einer bewundernswerten Redlichkeit breitet Montaigne vor dem Leser seine menschlichsten Intimitäten aus. „Das hier ist ein aufrichtiges Buch." schreibt er im Vorwort. Dadurch sind die *Essais* zum persönlichsten Buch der damaligen Weltliteratur geworden, und den Autor umgibt die Aura der Freiheit des Menschen, ganz er selbst zu sein.

Das sog. Exemplar von Bordeaux ist eine Zusammenfassung jenes Konzentrats seiner schöpferischen Weisheit, das von neuen Aufzeichnungen, Verbesserungen und Ergänzungen glänzt, die das Denken Michel de Montaignes klar und vollendet ausdrücken. Kurz nach dem Erscheinen der ersten Ausgabe bedachte sie Heinrich III. mit großem Lob. Die Zahl der Leser und Bewunderer wuchs auch außerhalb Frankreichs schnell und machte ihren Verfasser bereits auf seiner Italienreise 1580-1581 berühmt.

Montaigne über Erziehung und Selbsterziehung

Bei Montaigne treffen wir nicht auf den Begriff des Selbst, sondern auf den des Individuums. Vor allem zur Zeit der Renaissance soll – so Jacob Burckhardt – die Geburt des Individuums in Italien zu bedenken gewesen sein:

> Im Mittelalter lagen die beiden Seiten des Bewußtseins – nach der Welt hin und nach dem Innern des Menschen selbst – wie unter einem gemeinsamen Schleier träumend oder halbwach. Der Schleier war gewoben aus Glauben, Kindesbefangenheit und Wahn; durch ihn hindurch gesehen erschienen Welt und Geschichte wundersam gefärbt, der Mensch aber erkannte sich nur als Rasse, Volk, Partei, Korporation, Familie oder sonst in irgend einer Form des Allgemeinen. In Italien zuerst verweht dieser Schleier in die Lüfte; es erwacht eine objektive Betrachtung und Behandlung des Staates und der sämtlichen Dinge dieser Welt überhaupt; daneben aber erhebt sich mit voller

> Macht das Subjektive; der Mensch wird geistiges Individuum und erkennt sich als solches (Burckhardt 1985, S. 93f.).

Dazu mussten verschiedene Faktoren zusammentreffen, wie etwa das Zusammenwohnen der Menschen in Städten unter den Voraussetzungen einer tatsächlichen Gleichheit von Adligen und Bürgern, die Bildung einer allgemeinen Gesellschaft mit einem Bildungsbedürfnis sowie gesellschaftliche Rahmenbedingungen, die den Menschen Muße ermöglichte. Und diese Gesellschaft besaß auch die entsprechenden Mittel dazu und stellte sie bereit.

Der Hellenismus hatte sich im vierten vorchristlichen Jahrhundert als eine aus der Polis und dem nationalen Selbstbewusstsein der Griechen heraustretende und Europäisches und Nahöstliches umfassende Weltkultur entwickelt. Ihre Ideale einer kosmopolitischen Menschheit wurden durch die römischen Schriftsteller übermittelt. Im Zusammenhang des Erkennens eines weiten Horizonts von Völkern, Staaten und Religionen erwachte auch das Interesse an einer Persönlichkeitskultur, die fremde Individualitäten mit dem Geltungsgefühl der eigenen verbanden.

Dadurch wurde auch das Individuum in seinen Besonderheiten bedeutsam und biografisch oder autobiografisch bis in seine Intimität hinein porträtiert. Aber noch wichtiger wurde der Mensch als ein Wesen, das sich aus eigener Vernunft in die Weltvernunft einzugliedern vermochte, um Selbstbehauptung und Glück zu finden.

Montaigne hat die Impulse des Hellenismus und der Renaissance gebündelt. Wir finden bei ihm kosmopolitische Weite, eine Wendung zur Persönlichkeitskultur, einen auserlesenen Ausgleich zwischen den verschiedenen Meinungen und eine offene Form des Meditierens und Schreibens. Ethische Idealität und therapeutische Ziele treten bei Montaigne erheblich zurück und machen einer beschreibenden Betrachtung der Individualität Platz.

Nach Montaignes Auffassung unterscheiden sich Individuen nicht nur quantitativ, sondern vor allem durch die jeweilig einzigartige Lagerung und Kombination ihrer Eigenschaften auch qualitativ:

> Ich ginge gerne noch über Plutarch hinaus und möchte sagen, daß ein größerer Abstand zwischen einem Menschen und einem anderen liegt als zwischen dem gleichen Menschen und einem Tier, und daß es ebenso viele Stufen unter den Geistern gibt wie Klafter zwischen Erde und Himmel, und ebenso zahllose (Friedrich 1993, S. 147).

Montaigne begreift den Menschen verwickelt in ein Netz von äußeren und inneren Faktoren, von charakterlichen, leiblichen und milieubedingten Besonderheiten, die bei jedem Individuum anders geartet sind, und er verfügte über die außerordentliche Fähigkeit, dieses Einzigartige im Menschen aufzuspüren und aus den vorliegenden Details Erkenntnisse zu ziehen: „Gerne hätte ich zugeschaut, wie die Römer reden, essen, gehen", heißt es einmal (Montaigne 1998, S. 503).

Montaigne konstatierte die Widersprüchlichkeit des Einzelnen, dessen Kern lediglich annäherungsweise von außen zu erfassen ist. Auch bemängelt Montaigne die Unzulänglichkeit der menschlichen Sprache zum Erfassen der menschlichen Individualität.

Das Individuum ist für Montaigne eine Einheit von Leib und Seele, wobei der Leib eine Grenze bildet, aber auch gleichzeitig die Voraussetzung für das Seelische ist. Der Leib wird bei ihm entsündigt, der Sinnlichkeit und Sexualität werden Rechte eingeräumt, und die Seele wird in den Naturzusammenhang eingebettet.

Eine Erkenntnisgewissheit gibt es für den Menschen nicht. Sog. Vernunft wird entlarvt als Fantasie und Vorstellungskraft. Und der Gegenstand seines Wissens wird deshalb auf den Menschen beschränkt, der ihm in der beschreibenden Anschauung seiner eigenen Person verfügbar ist.

Gelungene Individualität zeichnet sich für Montaigne durch ihre Dialogfähigkeit aus. Eine freiheitliche Gesprächskultur lässt den Grundsatz von der Möglichkeit und dem Recht jeglicher eigenen, wie fremde Meinung gelten. Und so verstanden, wird Geselligkeit zur Verständigung von Klugen, die im Austausch ihrer Meinungen der Wahrheit nachspüren.

Das Individuum in seiner Unteilbarkeit und nicht reduzierbaren Eigentümlichkeit von leiblichen, seelischen und charakterlichen Eigenschaften erschließt Montaigne, indem er das Einzelne in seiner Einzigartigkeit soweit als möglich betrachtet und gelten lässt. Es geht dem Autor darum, den scheinbar bekannten Menschen neu zu erforschen. Hierzu stellt Montaigne die konkreten Fakten in ihrer Evidenz der Erscheinungen über die spekulative Konstruktion der Vernunft und bringt sie in ihrer perspektivischen Erscheinung zur Anschauung:

> Unsereiner, der seinem Verstand das Recht abspricht, endgültige Urteile zu fällen, schaut sich die andersartigen Meinungen leidenschaftslos an, und wenn er ihnen auch nicht seine Zustimmung

> gewährt, finden sie doch bei ihm ein geneigtes Ohr. Wo die eine Waagschale völlig leer ist, lasse ich die andre unter Altweibermärchen schaukeln ... Alle abergläubischen Verhaltensweisen dieser Art, die um uns her hochgehalten werden, sind es zumindest wert, daß man sich anhört, was das Volk dazu sagt. ... Wer ihnen nicht einmal das zugestehen möchte, verfällt leicht, um dem Laster des Aberglaubens zu entgehn, dem der Engstirnigkeit (Montaigne 1998, S.463).

Das Verfahren, mit dem Montaigne zu Werke geht, ist die Methode der Moralistik: An die Stelle des Klassifizierens nach Maximen oder ethischen Normen, die alle eine Beständigkeit oder Wiederholbarkeit von Situationen und Individuen voraussetzen, tritt eine skeptische Anschauung der Tatsachen und ihrer wechselnden Besonderheiten. Aufgrund der historischen und charakterlichen Vielartigkeit ist der Mensch viel zu variabel, als dass ihm eine allgültige Maxime auferlegt werden könnte (Friedrich 1993, S. 143).

Montaigne ist es um die gesamtmenschliche Wirklichkeit zu tun: Jede ihrer Facetten wird aufgefächert und beschrieben. Er lässt das Individuum in seinen positiven und negativen Eigenschaften bestehen und stellt nur seine – fern einer ethischen Kategorie liegende – Beschaffenheit fest.

Während heute die Erkenntnis einer komplex-widersprüchlichen Schichtung des menschlichen Charakters und Seelenlebens beinahe eine Selbstverständlichkeit in der psychologischen Wissenschaft ist, musste sie damals von Montaigne mittels destruierender Abtragung anthropologischer Typenbegriffe erst erworben werden. Montaigne fragt, was die Wissenschaft aus dem Menschen gemacht habe und antwortet spöttisch, einen Mikrokosmos, der zusammengestückelt ist aus lauter künstlichen, begrifflichen Gliedern, Untergliedern, Vermögen und Funktionen.

Montaigne betont, dass jede Klassifizierung schon kraft ihres logischen Ordnungsprinzips und ihrer Stufenwertung falsch ist, weil sie das Besondere des konkreten Menschen aus dem Allgemeinen herleitet und dabei übersieht, dass man ohne einen fortwährenden Neuanfang der Anschauung nicht aus dem Allgemeinen ins Besondere und Wirkliche vordringt.

Montaignes Erziehungs- und Bildungsidee liegt uns in den Essays I, 26 sowie im verwandten Essay I, 25 vor. Darin bezeichnet er das Problem der Kindererziehung als das hochrangigste und zugleich wichtigste der Wissenschaft vom Menschen überhaupt. Es bedarf einer außergewöhnlichen Sorgfalt des Erziehers, um das Kind entsprechend seinen Neigungen zu fördern.

Die Erziehung vergleicht Montaigne mit der Hilfestellung eines Freundes, die nur Empfehlung, Ratschlag und Vorschlag sein soll und keinen Entwicklungsvorgang von vornherein festlegt. Voraussetzung hierfür ist die Menschenkenntnis des Erziehers. Seine Aufgabe bestehe darin, das Kind zu sich selbst zu bringen. Diese Einstellung liegt im Menschenbild Montaignes begründet, welches von der Einzigartigkeit des Menschen ausgeht und deshalb die Individualität als Ziel der Sozialisation begriff. Montaigne baut auf die jedem Individuum innewohnende eigene Ordnung.

Montaignes Haltung dem Kind und Zögling gegenüber ist geprägt durch eine außerordentliche Toleranz. Die sog. Wesensbildung des Zöglings steht weit über der Wissens- und Formalbildung. Wesensbildung bedeutet für Montaigne Lebenskunst und Urteilsfähigkeit des Einzelnen aus eigenen Kräften und das Recht des Menschen zur vollen Entfaltung seiner natürlichen Persönlichkeit.

Ihr stellt Montaigne die pedantische Erziehung gegenüber als den Inbegriff geistiger Unfreiheit und eines Gedächtnis-Übungszwangs, das den Menschen an die kulturelle Tradition ausliefert, ohne ihn zur Erweckung von Seele und Selbstsein zu führen. Das war Montaignes Hauptkritik an der Erziehung seiner Zeit. In diesem Zusammenhang erläutert Josef Rattner:

> Die auf das Wissen beschränkte Schulung führt in der Regel zur Selbstentfremdung – sie ist für uns nutzlos, weil sie nicht auf das Leben bezogen und ausgerichtet ist. Das einzige, was die Schule fördert und bildet, ist das Gedächtnis; es wäre aber gleichgültig, wenn der Zögling vergäße, woher er seine Kenntnisse hat, wenn er sie nur in seinem Leben sinnvoll aufgenommen und angewendet hätte. Unsere Studien müssen uns nicht nur kenntnisreicher, sondern zuerst und vor allem besser und klüger machen. Klug wird man jedoch nur durch Selbsttätigkeit, nicht durch Auswendiglernen. Unglücklich sind die, die nur Buchgelehrsamkeit haben – sie entbehren eines Fundamentes, worauf sie ihr Leben aufzubauen vermöchten. Das Buchwissen ist nur der Schmuck, mit dem sich die Tugend – Charakterfestigkeit, Treue und Aufrichtigkeit – schmücken mag. Für Wahrhaftigkeit und Weltkenntnis kann man wohl einige tausend Folianten preisgeben; die Tüchtigkeit wird immer verstehen, die Buchweisheit anzuwenden, aber der Buchweisheit bleibt die Tüchtigkeit ewig fremd (Rattner 1981, S. 40).

Montaignes Erziehungs- und Bildungsentwurf besteht im Gegensatz zur pedantischen Sozialisation darin, dass er den Zögling kritisch urteilen, auswählen und alles als untauglich Empfundene freimütig verwerfen lasse und ihn veranlasse:

> ... alles durch die Urteilskraft zu sieben, und statte seinen Kopf mit nichts aus unter Berufung auf bloße Autorität und bloßes Ansehen. Die Lehrsätze des Aristoteles sollen ihm keine Lehrsätze sein, so wenig wie die der Stoiker oder der Epikureer. Ihm sollen alle diese verschiedenen Denkweisen gezeigt werden; er mag wählen, wenn er kann, wo nicht, verharre er im Zweifel (Friedrich 1993, S. 89).

Weitere Grundsätze der Pädagogik wurden schon oftmals referiert, wie etwa der Grundsatz, das Lernen als ein Spiel zu betreiben. Montaigne hat den Gedanken einer freizügig-weltoffenen Erziehung zum Ideal erhoben und stellte

> ... die freie Wesensbildung im Angesicht der Fülle der Welt dem heiteren Menschen gegenüber. Dieser ist in Gesellschaft, am Hof, auf dem Schlachtfeld ebenso zu Hause wie in der stillen Bibliothek, ein souveräner Partner geistiger Erbtümer ... ohne fachmännische Abschnürung, fähig zur eingestandenen Unwissenheit, bereit zur Selbstironie, achtsam auf das Wohl von Seele und Leib, anschmiegsam an jede Art von Menschsein, weitgereist, kundig im Buche der Welt, die Wahrheit ehrend, auch wenn sie beim Gegner liegt, ohne Täuschung über die Unwichtigkeit seiner selbst, dieses winzigen Pünktchens im All, und daher nur gegen eines unduldsam, nämlich gegen Dünkel, Erstarrung und Gewalt. Diese Idee, von Rabelais erst geahnt, bei Montaigne in aller Klarheit gesehen und gelebt, bedeutet die verinnerlichte Wiederkehr des einstigen italienischen Allgebildeten Uomo universale jetzt in Frankreich, zwar erneut mit ständischer Bindung, aber doch so, daß sie den Adelsstand zum Geburtsort der freiesten Humanität macht, die den Franzosen und den Europäern bislang beschieden war (Friedrich, 1993, S. 90).

Die soeben erörterten Gedanken zur Bildung und Erziehung hat Montaigne auch in seiner selbsterzieherischen Persönlichkeitsentfaltung verwirklicht. Sowohl seine intellektuelle wie auch emotionale Bildung war umfassend. Und als belesener Kenner griff er je nach Bedarf und mit großer Sicherheit in die Schatzkammer philosophischer und literarischer Zitate aus der Antike.

Er war weder typischer Stoiker noch Epikureer oder reiner Skeptiker, sondern suchte sich seine eigenen Verbündeten in Sokrates, Horaz, Plutarch und Seneca. In seiner maßvollen Genusswilligkeit verinnerlichte Montaigne einen Renaissance-Epikureismus. Sein Selbstverhältnis war geprägt von erstaunlicher Schuld- und Reuelosigkeit, sodass seine Verfehlungen und Schwächen für ihn in die Ordnung seiner Individualität gehörten: „Ich habe noch Schlimmeres an mir als die Unzulänglichkeit, dies nämlich, dass sie mir kaum missfällt, und dass ich kaum versuche, sie zu heilen (Friedrich 1993, S. 215).

Statt Schuldgefühlen und Impulsen zur Sühne, finden wir bei Montaigne einen Willen zur gehorchenden Selbsttreue, wenn er sagt: „Wenn ich jetzt als alter Mann das Verhalten meiner Jugend prüfe, so stelle ich fest, daß ich's gemeinhin mit Ordnung und meiner Art gemäß ausgeübt habe" (Friedrich 1993, S. 215). Er besaß eine ausgeprägte Neigung zum Leben seiner Individualität, die sich Genüge tun musste ungeachtet aller Verletzungen, denen er durch Menschen und Umstände ausgesetzt war, und die in einem tiefen Vertrauen der Geborgenheit des eigenen Lebens bestand:

> Ich finde, daß ich in meinen einstigen Entschlüssen meiner Regel gemäß immer klug im Hinblick auf die besondere Lage der betreffenden Sache gehandelt habe. Ich beurteile [die Sache A.S.] nicht nach dem, was sie heute ist, sondern nach dem, was sie war, als ich sie zu prüfen hatte (Friedrich 1993, S. 215).

Selbstwissen und Selbstüberwindung waren für Montaigne zweierlei, und er war davon überzeugt, dass Reue ein Verrat an dem einem Menschen überantworteten Wesen sein kann. Er pflegte den Umgang mit sich selbst sehr ernsthaft und geradezu ehrfürchtig. Gerade die Abwesenheit von Gewissensmahnungen ermöglichte ihm die Selbstentdeckung: Bei Montaigne finden wir eine heitere und gewissenlose Selbstbejahung, die sich der eigenen Begrenztheit bewusst ist und sich dennoch behaglich in ihr einrichtet.

Krankheit interessierte Montaigne in Bezug auf ihre Beeinflussung seines seelischen Befindens und als individualisierendes Merkmal seiner Person sowie seines Schicksals und als Aufgabe seiner Weisheit, sich mit ihrer Bedrohung auszusöhnen. Montaigne trotzte seinen Krankheiten nicht wirklich, beschönigte sie nicht und ließ sie ihren Weg gehen. Seine Fügsamkeit gestand dem körperlichen Leiden, ob heilbar oder nicht, seinen Platz in der individuellen Ordnung seiner Existenz zu:

> Ich bin der Meinung Krantors, daß man sich ...[den Krankheiten A.S.]...weder kopflos entgegenwerfen noch aus Feigheit vor ihnen in die Knie sinken sollte; notwendig ist vielmehr, ihnen der Natur sowie ihrer und unsrer Artung gemäß nachzugeben. Man muß ihnen freien Durchzug gestatten, und ich finde, daß sie sich bei mir, der ich sie gewähren lasse, tatsächlich kürzer aufhalten; einige von ihnen, die als besonders hartnäckig und langwierig gelten, bin ich durch ihren eignen Verfall losgeworden, ohne Hilfe der Heilkunst, ja, gegen deren Regeln. Lassen wir doch die Natur ein wenig walten, sie versteht ihr Geschäft besser als wir (Montaigne 1998, S. 549).

Das Alter schmerzte ihn, und er trauerte um die verlorene Jugend, fügte sich aber in die Unwiederbringlichkeit des Vergangenen und belächelte die Begrenzungen seines Lebens. Er anerkannte die Ordnung der Natur, weil es sinnlos wäre, gegen sie aufzubegehren. Aber er nahm sich auch das menschliche Recht, daran zu leiden.

Obwohl Montaigne um die Gebrechlichkeit des Menschen wusste, ist sein Lebensbegriff nicht düster. Das Leben wird ein Gut oder Übel, je nachdem was wir aus ihm machen. Quälendes nahm er ohne Leugnen auf sich und vertraute darauf, dass dieses Vorhandensein seinen Sinn hat, auf den eine konstruktive Antwort zu finden ist.

Selbsterziehung bedeutete für Montaigne daher die Kenntnis und Akzeptanz der Gesetze des Lebens, der Natur wie auch des Menschen. Sich erziehen hieß für den französischen Moralisten, die Eigentümlichkeiten und Qualitäten der eigenen Person und Individualität zu erahnen und ihnen gemäß zu leben, selbst wenn dies nicht den allgemein anerkannten ethischen Standards entspricht:

> Welchen Gewinn wir auch aus fremden Beispielen ziehen mögen, wird er uns kaum wesentlich weiterbringen, wenn wir die eigenen Erfahrungen schlecht zu nutzen verstehn, die uns doch vertrauter sind und gewiß ausreichen, uns zu lehren, was uns nottut (ebd., S. 541).

Montaignes Hauptleistung hinsichtlich der Thematik Selbsterkenntnis und Selbsterziehung bestand in der Tatsache, das Phänomen „Selbst" – bei ihm das Individuum – in vielfältiger Weise wahr- und ernst genommen zu haben sowie seine konkret gelebte Existenz danach auszurichten.

2.2 Immanuel Kant (1724-1804)

Immanuel Kant hat zur Thematik der Selbsterkenntnis und Selbsterziehung auf zweierlei Arten Stellung bezogen: Zum einen tauchen diese Themen und Begriffe in etlichen seiner Schriften zumindest am Rande auf, zum anderen jedoch kann seine Biografie in weiten Passagen als gelungener Prozess der Selbsterkenntnis und Selbsterziehung gedeutet werden. Mit diesem letzteren Aspekt wird die Untersuchung über Kant begonnen.

Kant wurde 1724 in Königsberg in relativ schlichte Verhältnisse hineingeboren. Sein Vater war Sattlermeister und konnte sich und die Familie mit diesem Handwerk leidlich gut ernähren. Die Mutter war hauptsächlich mit der Geburt und Aufzucht von insgesamt neun Kindern beschäftigt, wobei Kant an vierter Stelle in der Geschwisterreihe rangierte. Schon im Kleinkindalter verstarben vier seiner Geschwister.

Dem eigenen Bekunden Kants zufolge muss die Familienatmosphäre außerordentlich wohlwollend, zugewandt und friedfertig gewesen sein; der Philosoph hat angegeben, dass er bei seinen Eltern kein einziges ungutes oder böses Wort in Erinnerung behalten habe, das zwischen den beiden gefallen wäre. Außerdem muss Kant als Kind ein nahes und inniges Verhältnis zur Mutter gehabt haben, von der er später aussagte, dass sie ihn die Schönheiten der Natur und den Wert der Mitmenschen habe erkennen helfen:

> Ich werde meine Mutter nie vergessen, denn sie pflanzte und nährte den ersten Keim des Guten in mir, sie öffnete mein Herz den Eindrücken der Natur; sie weckte und erweiterte meine Begriffe, und ihre Lehren haben einen immerwährenden, heilsamen Einfluß auf mein Leben gehabt (Vorländer 2003, S. 17).

Man kann sich in etwa vorstellen, wie erschütternd es daher für den 13-jährigen Jugendlichen gewesen sein muss, als seine Mutter 1738 an einer fieberhaften Infektionskrankheit verstarb.

Die Mutter wies eine stark pietistische Welt- und Menschensicht auf, die u.a. dazu beitrug, dass ihr Sohn ab 1732 das pietistische Collegium Fridericianum besuchte, an dem er zwar solide ausführliche Unterrichtung in den antiken Sprachen sowie in der Kultur Griechenlands und Italiens erhielt, gleichzeitig jedoch einen starken Zwang und Drill bezüglich einer pietistisch orientierten Religionsauffassung erlebte, die später dazu beitrugen, dass Kant hinsichtlich religiöser Fragestellungen skeptisch und zurückhaltend wurde.

1746 – Kant war 22 Jahre alt – verstarb der Vater. In der Zwischenzeit hatte Kant an der Universität Königsberg ein Studium der Philosophie, Mathematik und Naturwissenschaften begonnen und mit Erfolg abgeschlossen. Insbesondere der Mathematiker und Astronom Martin Knutzen war für ihn zu einem Vorbild geworden, dem er nachzueifern suchte, und auf dessen Anregung hin er erste schriftstellerische Versuche unternahm. Durch Knutzen ist Kant mit den Schriften Newtons bekannt geworden und machte sich im vierten Studienjahr daran, ein selbständiges Werk über Physik zu verfassen. Außerdem fasste er aufgrund der Bekanntschaft mit Knutzen den Entschluss, selbst ein wissenschaftlicher Lehrer zu werden.

Aufgrund der finanziell misslichen Lage, dass er beinahe kein Erbe erhielt, war Kant nach dem Tod des Vaters gezwungen, seinen Lebensunterhalt selbst zu verdienen. Ähnlich wie Hegel, Fichte oder Hölderlin wurde Kant Hauslehrer und unterrichtete bei drei unterschiedlichen Familien in der Umgebung Königsbergs. Diese Tätigkeit hat Kant beinahe zehn Jahre lang von 1746-1755 ausgeübt, wobei er über sein Hofmeister-Dasein positiv urteilte, da diese Tätigkeit ihn das Lehren lehrte und den Grundstein für seine künftige wissenschaftliche Arbeit legte. Seinen pädagogischen Aufgaben kam Kant allem Anschein nach gewissenhaft und souverän nach:

> Pflichttreu ist er jedenfalls, wie sein ganzes Leben hindurch, so auch in dieser Stellung gewesen, und auch sein Unterricht wird nicht ganz so schlecht gewesen sein, wie er selber ihn in seinem Alter zu machen pflegte mit der scherzhaften Versicherung, daß in der ‚Welt vielleicht nie ein schlechterer Hofmeister gewesen sei als er‘, oder gegen seinen Famulus Lehmann: Noch jetzt, mache es eine seiner unangnehmsten Traumvorstellungen aus‘, wenn er sich wieder in seine Hofmeisterzeit versetzt fühle; das Geschäft eines Pädagogen sei ihm immer eines der verdrießlichsten erschienen (Feders Leben, Natur und Grundsätze, Leipzig 1825, S. 173). So sehr wir ihm glauben wollen, daß es ihm schwer geworden ist, ‚sich‘ zu solchen Begriffen der Kinder ‚herabzustimmen‘, hat er doch den ältesten seiner Zöglinge so weit gebracht, daß dieser auf dem berühmten Joachimstalschen Gymnasium sofort in die Prima aufgenommen wurde. Und in einer seiner vorkritischen Schriften erzählt er selbst, er habe einmal einem ‚Lehrling‘ einen mathematisch-physikalischen Satz derart klar zu machen verstanden, daß derselbe seine ästhetische Freude daran hatte (‚Einzig möglicher Beweisgrund‘,

S. 46). Auch die tiefgegründete Liebe und Hochachtung der Hülsens zu ihm könnte man sich ohne das kaum vorstellen (Vorländer 2003, S. 71f.).

Kants Werke

Daneben beschäftigte sich der angehende Philosoph vorrangig mit naturwissenschaftlichen Fragestellungen. Von Martin Knutzen war er auf diverse astronomische Probleme hingewiesen worden, sodass es kein Wunder war, dass Kant während der Jahre seiner Hofmeister-Zeit ein umfangreiches Manuskript über eine *Allgemeine Naturgeschichte und Theorie des Himmels* (1755) verfasste, in dem er sich insbesondere mit Newton und dessen physikalisch-astronomischen Erkenntnissen auseinandersetzte. Diese Schrift litt jedoch trotz aller früheren Belesenheit von Kant darunter, dass die allerneuesten Erkenntnisse die Astronomie betreffend bis ins abgelegene Königsberg Mitte des 18. Jahrhunderts noch nicht vorgedrungen waren, sodass der junge Schriftsteller z.B. den Halleyschen Kometen falsch interpretierte (Kant 1998, I, S. 153).

Auch in seiner ersten Schrift, die den Titel trägt: „Gedanken von der wahren Schätzung der lebendigen Kräfte und Beurteilung der Beweise, derer sich Herr von Leibniz u.a. Mechaniker in dieser Streitsache bedienet haben, nebst einigen vorhergehenden Betrachtungen, welche die Kraft der Körper überhaupt betreffen“ (1746), beschäftigte sich Kant intensiv mit physikalischen und mathematischen Fragestellungen. Ebenso wie in seiner Abhandlung über die *Allgemeine Naturgeschichte und Theorie des Himmels* befasste sich der junge Gelehrte intensiv mit z.B. Leibniz und Descartes und deren physikalisch-mathematischen Theorien zum Phänomen der Kraft, wobei ihm allerdings – wiederum aufgrund der fehlenden Unterlagen – die neueste Lösungsmöglichkeit für diese Problematik, welche der französische Mathematiker d'Alembert einige Jahre zuvor angeboten hatte, nicht zugänglich war.

Obwohl also die beiden ersten größeren Abhandlungen Kants nicht ganz auf der Höhe der wissenschaftlichen Diskussionen seiner Zeit standen, hatten beide für ihn großen emanzipatorischen Effekt. Er schrieb dieses erste Buch mit „jugendlichem Feuer und Selbstgefühl“, und in seiner Vorrede heißt es: „Ich habe mir die Bahn schon vorgezeichnet, die ich halten will. Ich werde meinen Lauf antreten und nichts soll mich hindern, ihn fortzusetzen“ (Kant

1998, I, S. 24). Die Hinwendung zur Mathematik, Physik und Astronomie stellte für den jungen Kant ein deutliches Gegengewicht gegen die Kindheits- und Jugendeindrücke des Pietismus und die damit verbundenen christlich-religiösen Konzepte der Welt- und Lebensanschauung dar. In gewisser Weise lassen sich diese Texte als Versuche des jungen Philosophen lesen, sich seiner selbst zu vergewissern, indem er die Welt um sich her auf ein empirisch begründetes, wissenschaftlich nachvollziehbares Fundament zu stellen versuchte. Der Weg zur eigenen Person wie auch zur Erkenntnis des eigenen Selbst – so kann man den frühen Kant interpretieren – führt über die wissenschaftliche Erkenntnis der Natur, des Lebens und des gesamten Kosmos. Diese Strategie hat in Kants Leben immer wieder eine entscheidende Rolle gespielt und wurde von ihm bis zu seinem Lebensende mehrfach praktiziert.

1755 konnte sich Kant an der Universität Königsberg promovieren und habilitieren und ab dieser Zeit als Privatdozent für Philosophie Vorlesungen halten. Diese Tätigkeit war nicht mit einer Festanstellung verknüpft, und als Privatdozent war Kant auf das karge Hörergeld seiner Studenten angewiesen. Dementsprechend weit gespannt waren die Themen, über die Kant Vorlesungen und Seminare anbot: Geografie, Theologie, Naturwissenschaften, Ästhetik, Pädagogik, Anthropologie, Medizin, Logik, Metaphysik, Ethik u.v.a.m. In der zweiten Hälfte der 50er Jahre verschlang der Unterricht Kants Zeit und Kräfte, sodass er fast nichts schrieb.

Ähnlich vielseitig wie seine Vorlesungsthemen fielen die Überschriften seiner Abhandlungen aus, die er in den Jahren 1755-1770 anfertigte. So beschäftigte er sich z.B. mit einem „Versuch über die Krankheiten des Kopfes“ (1764) ebenso wie mit einem Versuch, den Begriff der negativen Größen in die Weltweisheit einzuführen. Er beobachtete die „Träume eines Geistersehers“ (1766), und er brachte seine „Beobachtungen über das Gefühl des Schönen und Erhabenen“ (1763-1764) zu Papier. Bei vielen dieser Manuskripte hat man den Eindruck, dass Kant zu jener Zeit einem Ideal der Renaissance huldigte und ein Uomo universale zumindest auf geistig-kulturellem Gebiet werden wollte. Diese Phase seiner Biografie kann als zweiter Emanzipationsschritt gedeutet werden, der nun neben die Naturwissenschaften auch die übrigen Kultur- und Geisteswissenschaften sowie die Künste als attraktive Themen ins Visier nahm.

Kant hatte inzwischen viele Vorlesungen mit weitgespannter Thematik aus den Bereichen der Philosophie, den Naturwissenschaften, der Physik, Astronomie und Geografie gehalten und sich darüber hinaus auch eine Stelle als

Unterbibliothekar an der Königlichen Schlossbibliothek in Königsberg organisiert, die ihm ein geringes, aber festes Einkommen garantierte.

1766 publizierte Kant die Schrift *Träume eines Geistersehers, erläutert durch Träume der Metaphysik.* Dieser Text, der sich vordergründig mit den verschrobenen und eigentümlichen Ideen des schwedischen Mathematikers und Philosophen Immanuel Swedenborg beschäftigte, bedeutete für Kant einen neuerlichen Emanzipationsschritt, den man als eine Etappe hinsichtlich seiner Selbsterkenntnis und Selbsterziehung bezeichnen kann.

In seinem Buch *Träume eines Geistersehers* hat Kant nicht nur die abergläubischen und parapsychologischen Tendenzen Swedenborgs attackiert. Weit darüber hinaus hat er auch vielen religiösen und metaphysischen Gedankenexperimenten seiner Zeitgenossen, wie auch verflossener Philosophen und Theologen attestiert, sich damit in Sphären der puren Spekulation und womöglich sogar des blanken Unsinns zu begeben. Diese Distanzierung von metaphysisch-rationalistischen Positionen bedeutete für Kant eine Revision eigener Standpunkte, die z.T. noch als Relikte seiner religiösen Erziehung aufgefasst werden konnten. Z.T. entsprachen sie aber auch den rationalistischen Tendenzen der ersten Hälfte des 18. Jahrhunderts, wie sie z.B. von Christian Wolff u.a. deutschsprachigen Aufklärern vertreten wurden.

Statt dieser rationalistischen Lehren rezipierte Kant in den 60er Jahren des 18. Jahrhunderts vorrangig empiristische Modelle, wie sie in der englischsprachigen Aufklärung (John Locke oder David Hume) überzeugend vertreten wurden. Insbesondere die Schriften von David Hume sollen ihm – so hat der Königsberger Philosoph das selbst einmal ausgedrückt – den „dogmatischen Schleier" von den Augen, dem Gemüt und vorrangig dem eigenen Denken entzogen haben:

> Ich gestehe frei, die Erinnerung des David Hume war eben dasjenige, was mir vor vielen Jahren den dogmatischen Schlummer unterbrach und meinen Untersuchungen im Felde der spekulativen Philosophie eine ganz andere Richtung gab (Vorländer 2003, S. 152).

Als Resultat dieser Auseinandersetzungen zwischen rationalistischen und empiristischen Vorstellungen kann die Schrift *De mundi sensibilis atque intelligibilis forma et principiis* (1770) betrachtet werden. Diesen Text verfasste Kant, nachdem er an die Alma Mater von Königsberg berufen wurde, und dieser Berufungsakt eine neuerliche Dissertation notwendig machte. Bereits 1769 wäre Kant nach Erlangen und kurze Zeit später nach Jena berufen worden.

Beide Angebote lehnte er dankend ab und verwies als Begründung auf seine angeschlagene Gesundheit ebenso wie auch auf die Lücke, die er in der ostpreußischen Stadt hinterlassen würde.

In seiner Schrift *De mundi sensibilis atque intelligibilis forma et principiis* hat Kant den Grundstock für seine sog. kritische Phase der Philosophie gelegt. Er unterscheidet darin die sog. sensible Welt der Phaenomena als

> Erscheinungen, sofern sie als Gegenstände nach der Einheit der Kategorien gedacht werden ... Wenn ich aber Dinge annehme, die bloß Gegenstände des Verstandes sind und gleichwohl als solche einer Anschauung, obgleich nicht der sinnlichen ... gegeben werden können, so würden dergleiche Dinge Noumena (intelligibilia) heißen (Kant 1998, III, S. 29ff.).

Die Phänomene können mittels unserer Sinnesorgane wahrgenommen werden; bei ihnen sind empiristische Methoden nötig, um sie adäquat einzuordnen und wissenschaftlich zu bearbeiten. Die intelligible Welt hingegen, welche später von Kant als Ort der „Dinge an sich" identifiziert wurde, ist nur per Verstandesleistung erreichbar; eine Wahrnehmung mittels der Sinnesorgane oder eine empiristische Annäherung an diese Sphäre scheint für Kant unsinnig und von keinem Erfolg gekrönt. Diese beiden Sphären auseinanderzuhalten und jeder von ihnen die adäquaten Methoden wissenschaftlicher und philosophischer Bearbeitung zuzuweisen, bedeutete für Kant eine notwendige und grundsätzliche Grenzziehung, die er der menschlichen Vernunft zumutet.

Nach der Publikation dieses Textes und nach seiner Berufung als Professor hat Kant insgesamt elf Jahre fast gar nichts publiziert. Dies lag zum einen an der enormen Lehrverpflichtung, die der Königsberger Philosoph auf sich zu nehmen hatte. Darüber hinaus nahm er sich aber die Freiheit, die zukünftige kritische Philosophie, die ihm vorschwebte, mit aller Gründlichkeit und Konsequenz auszuarbeiten. Kant ließ sich durch drängende Anfragen von Kollegen und Freunden keineswegs beeindrucken und blieb seiner tiefschürfenden Art der Ausarbeitung der kommenden *Kritik der reinen Vernunft (KrV)* (1781) treu.

Diese elf Jahre des schweigenden Nachdenkens können nicht nur unter philosophischen Kautelen als fruchtbare und den Philosophen verändernde Jahre bezeichnet werden. Für die Ausarbeitung der *Kritik der reinen Vernunft* war es notwendig, dass auch Kant selbst enorme Veränderungen hinsichtlich seines Erlebens und Beurteilens seiner Person, wie auch der Wirklichkeit um sich her, ins Auge fasste. Sein Hauptwerk der *Kritik der reinen Vernunft* kann daher auch als Resultat eines langjährigen Selbsterziehungs- und Umbauprogramms der eigenen Person interpretiert werden.

Als ein zentrales Ergebnis dieser Zeit des Nachdenkens kann die sog. „Kopernikanische Wende" im Bereich des Denkens und Wahrnehmens bezeichnet werden. Bis zur *Kritik der reinen Vernunft* kümmerte man sich im Bereich der Wissenschaften und Philosophie z.T. sehr nachhaltig um die Frage, wie denn die Wirklichkeit um uns her wahrgenommen und eingeordnet wird. Besonders hervorgetan hatten sich diesbezüglich die oben schon erwähnten John Locke und David Hume mit ihren sensualistischen Modellen, die auch in der Französischen Aufklärung z.B. von Condillac stark favorisiert wurden.

Immanuel Kant nun sorgte für eine Drehung dieser Frage um 180 Grad. Er ging davon aus, dass der menschliche Verstand aufgrund bestimmter ihm eigenen Eigenschaften und Kategorien die Welt um sich her immer nur auf ganz bestimmte Arten und Weisen rezipieren und beurteilen kann; der Verstand – so Kant – schreibt der Natur ihre Gesetze vor und nicht umgekehrt: „Der Verstand schöpft seine Gesetze (a priori) nicht aus der Natur, sondern schreibt sie dieser vor (Kant 1998, III, S. 189).

Dies war nun in der Tat eine revolutionäre Sicht der Dinge. Bis weit in die Naturwissenschaften hinein spürte man allmählich das Beben, das von der *Kritik der reinen Vernunft* ausging, weil nun mit einem Schlage nicht mehr die Wirklichkeit als unumstößliches Faktum, sondern als Konstruktion des menschlichen Verstandes imponierte:

> Bisher nahm man an, alle unsere Erkenntnis müsse sich nach den Gegenständen richten; aber alle Versuche, über sie a priori etwas durch Begriffe auszumachen, wodurch unsere Erkenntnis erweitert würde, gingen unter dieser Voraussetzung zunichte. Man versuche es daher einmal, ob wir nicht in den Aufgaben der Metaphysik damit besser fortkommen, daß wir annehmen, die Gegenstände müssen sich nach unserer Erkenntnis richten, welche so schon besser mit der verlangten Möglichkeit einer Erkenntnis derselben a priori zusammenstimmt, die über Gegenstände, ehe sie uns gegeben werden, etwas festsetzen soll. Es ist hiermit eben so, als mit den ersten Gedanken des Kopernikus bewandt, der, nachdem es mit der Erklärung der Himmelsbewegung nicht gut fort wollte, wenn er annahm, das ganze Sternenheer drehte

> sich um den Zuschauer, versuchte, ob es nicht besser gelingen möchte, wenn er den Zuschauer sich drehen und dagegen die Sterne in Ruhe ließ. In der Metaphysik kann man nun, was die Anschauung der Gegenstände betrifft, es auf ähnliche Weise versuchen. Wenn die Anschauung sich nach der Beschaffenheit der Gegenstände richten müßte, so sehe ich nicht ein, wie man a priori von ihr etwas wissen könne; richtet sich aber der Gegenstand (als Objekt der Sinne) nach der Beschaffenheit unseres Anschauungsvermögens, so kann ich mir diese Möglichkeit ganz wohl vorstellen. Weil ich aber bei diesen Anschauungen, wenn sie Erkenntnisse werden sollen, nicht stehen bleiben kann, sondern sie als Vorstellungen auf irgend etwas als Gegenstand beziehen und diesen durch jene bestimmen muß, so kann ich entweder annehmen, die Begriffe, wodurch ich diese Bestimmung zu Stande bringe, richten sich auch nach dem Gegenstande, und dann bin ich wiederum in derselben Verlegenheit wegen der Art, wie ich a priori hievon etwas wissen könne; oder ich nehme an, die Gegenstände, oder, welches einerlei ist, die Erfahrung, in welcher sie allein (als gegebene Gegenstände) erkannt werden, richte sich nach diesen Begriffen, so sehe ich sofort eine leichtere Auskunft, weil Erfahrung selbst eine Erkenntnisart ist, der Verstand erfordert, dessen Regel ich in mir, noch ehe mir Gegenstände gegeben werden, mithin a priori voraussetzen muß, welche in Begriffen a priori ausgedrückt wird, nach denen sich also alle Gegenstände der Erfahrung notwendig richten und mit ihnen übereinstimmen müssen. Was Gegenstände betrifft, so fern sie bloß durch Vernunft und zwar notwendig gedacht, die aber (so wenigstens, wie die Vernunft sie denkt) gar nicht in der Erfahrung gegeben werden können, so werden die Versuche, sie zu denken (denn denken müssen sie sich doch lassen), hernach einen herrlichen Probierstein desjenigen abgeben, was wir als die veränderte Methode der Denkungsart annehmen, daß wir nämlich von den Dingen nur das a priori erkennen, was wir selbst in sie legen (Kant 1998, II, Vorrede zur 2. Auflage., S. 20 ff.).

Um die Welt, die Materie, die Natur und ihre Gesetze zu begreifen, war es deshalb scheinbar unumstößlich notwendig, zuerst den Menschen und dessen Verstandestätigkeit sachgemäß zu begreifen und zu beschreiben:

> Die (moralische) Selbsterkenntnis, die in die schwerer zu ergründenden Tiefen (Abgrund) des Herzens zu dringen verlangt, ist aller menschlichen Weisheit Anfang. Denn die letztere, welche in der Zusammenstimmung des Willens eines Wesens zum Endzweck besteht, bedarf beim Menschen zu allererst die Wegräumung der inneren Hindernisse (eines bösen in ihm genisteten Willens) und dann, die Entwickelung der nie verlierbaren ursprünglichen Anlage eines guten Willens in ihm zu entwickeln (nur die Höllenfahrt der Selbsterkenntnis bahnt den Weg zur Vergötterung (Kant (1998, IV, S. 576).

Nach der *Kritik der reinen Vernunft* hat Immanuel Kant noch weitere kritische Schriften verfasst, zu denen z.B. die *Kritik der Praktischen Vernunft (KpV)* und die *Kritik der Urteilskraft (KU)* gehören. In der *Kritik der Praktischen Vernunft* geht der Philosoph ethischen Fragestellungen nach, wobei er auch hierbei zu fundamentalen und die ethische Debatte enorm verändernden Resultaten gelangte.

Selbsterkenntnis und Selbsterziehung bei Immanuel Kant

Der wesentliche Grundgedanke hinsichtlich der Frage, wie Menschen handeln sollen, besteht für Kant in einem formalen und nicht in einem inhaltlich-materialen Hinweis. Bekannt geworden ist seine Formel vom sog. „Kategorischen Imperativ", die dem Einzelnen die Last der Entscheidung und des Nachdenkens in keiner Weise abnimmt, wie denn sein konkretes Handeln aussehen solle. Gleichzeitig ermöglichte die Formel vom Kategorischen Imperativ eine Grundlegung der Ethik, die weltweit und Globus umspannend gedacht werden konnte: „Handle so, daß die Maxime deines Willens jederzeit zugleich als Prinzip einer allgemeinen Gesetzgebung gelten könne" (Kant 1998, IV, S. 140).

Auch hierbei lässt sich ein enormer Selbsterziehungsprozess des Philosophen vermuten. Der ehemals pietistisch erzogene Kant, dem die Religion haarklein vorgeschrieben hat, was er zu tun oder zu lassen hatte, entwickelte mit dem Kategorischen Imperativ ein System der Ethik, welches freiheitlich und humanistisch angelegt war und bis auf unsere Tage als Basis einer von Religion und Weltanschauungen unbeeinflussten Ethik gelten kann.

Seit Kant gibt es in der ethischen Debatte den bis heute nicht geklärten Disput zwischen formaler Ethik und materialer Wertethik. Insbesondere Max

Scheler und Nicolai Hartmann haben sich im 20. Jahrhundert für eine materiale Wertethik eingesetzt und dem Königsberger Philosophen attestiert, dass er mit seinem Kategorischen Imperativ ein Zuwenig an inhaltlichen Vorgaben und Aspekten mitgeteilt habe. Im Gegenzug jedoch kann man Scheler, Hartmann u.a. Vertretern einer materialen Wertethik attestieren, dass ihre von ihnen formulierten Wertepyramiden nicht unumstritten und von allen Menschen akzeptiert sind. Nebenbei sei angemerkt, dass z.B. im „Gemeinschaftsbegriff" des Schöpfers der Individualpsychologie Alfred Adler diese Debatte ebenfalls ihren Niederschlag gefunden hat. Ernstzunehmende Individualpsychologen behaupten, dass dieser zentrale Begriff Adlers sehr stark an der formalen Ethik Kants und entsprechend weniger an den materialen Wertethiken von Scheler und Hartmann orientiert ist (Josef Rattner 1986/1987, S. 139-153).

Besonders eindrücklich schildert Kant seine Überlegungen zur Thematik der Selbsterkenntnis und Selbsterziehung in seinem berühmt gewordenen kleinen Aufsatz „Beantwortung der Frage – Was ist Aufklärung?" (1784). Mit dieser Schrift hat Kant in eine damals aktuelle Debatte eingegriffen, die u.a. von Moses Mendelssohn, Friedrich Nicolai u.a. Aufklärern in Deutschland initiiert und unterhalten worden war. Besonders bekannt geworden sind die ersten Sätze dieser Abhandlung, die wegen ihrer Prägnanz hier zitiert werden sollen:

> Aufklärung ist der Ausgang des Menschen aus seiner selbstverschuldeten Unmündigkeit. Unmündigkeit ist das Unvermögen, sich seines Verstandes ohne Leitung eines anderen zu bedienen. Selbstverschuldet ist diese Unmündigkeit, wenn die Ursache desselben nicht am Mangel des Verstandes, sondern der Entschließung und des Mutes liegt, sich seiner ohne Leitung eines anderen zu bedienen. Sapere aude! Habe Mut, dich deines eigenen Verstandes zu bedienen! ist also der Wahlspruch der Aufklärung (Berlinische Monatsschrift 1784, 481-494).

Diese Sätze beinhalten bereits wesentliche Aspekte dessen, was in moderner Terminologie als Selbsterkenntnis resp. Selbsterziehung beschrieben wird. Kant geht davon aus, dass eigentlich alle Menschen eine regelrechte Sozialisation hinsichtlich ihrer Unmündigkeit über sich ergehen lassen müssen: Schule, Kirche und Staat tragen alle auf ihre Weise dazu bei, ihr „Mündel Mensch" abhängig und klein zu halten und die Kraft des Räsonierens – wie Kant und seine Zeitgenossen damals das kritische Nachdenken und Reflektieren benannten – nicht sonderlich zu fördern. Tritt einmal – wie dies bei Friedrich II. der Fall war, – ein Herrscher auf den Plan, welcher der Reflexion etwas freieren Lauf lässt, so kann es leicht passieren, dass diese Freiheit neuerlich durch übergeordnete Prinzipien eingeschränkt wird: Kant erwähnt diesbezüglich den Friedrich II. zugeschriebenen Satz: „Räsoniert soviel ihr wollt, aber gehorcht!"

Neben eine mangelhafte Erziehung zur Selbständigkeit im Denken und Urteilen gesellt sich jedoch die Bequemlichkeit des Zöglings. Kant sah sehr scharf und richtig die Defizite resp. die Tendenzen nach Verwöhnung und Entlastung vieler Individuen, die dafür verantwortlich zu machen sind, dass die Betreffenden sich Jahre und Jahrzehnte liebend gerne in die Abhängigkeit von Autoritäten und Institutionen begeben und sich damit die Bürde eigener Verantwortlichkeit vom Halse halten.

Selbsterkenntnis ebenso wie Selbsterziehung sind jedoch nur denkbar vor dem Hintergrund eines beträchtlichen Maßes an Verantwortlichkeit für die eigene Person, die eigene Geschichte und die eigene Zukunft. Es ist zu bequem, unmündig zu sein – heißt es im erwähnten Aufsatz Immanuel Kants. Umgekehrt müssen wir schlussfolgern: Es ist anstrengend und mühsam, mündig, d.h. selbstkritisch und kritisch zugleich werden zu wollen. Aber nur derjenige, welcher diese Mühe auf sich zu nehmen und sie über Jahre und Jahrzehnte hinweg als „Lohn" seiner Erkenntnisarbeit in Kauf nimmt, versetzt sich in die Lage, selbsterzieherisch aktiv werden zu können.

Dass die Menschen zur Selbsterkenntnis, Selbstaufklärung und Selbsterziehung fähig sind, gesteht Kant ihnen vollumfänglich zu. Entscheidend dafür ist nach Meinung des Königsberger Philosophen lediglich der Grad der Freiheit, den man dem Homo sapiens zuerkennen mag. Die Geschichte der Menschheit war mehr oder weniger doch eine Geschichte der Unterdrückung und Einschränkung von Freiheitsgraden. Wer selbsterkennende, aufgeklärte und sich selbst zum Objekt der Erziehung machende Personen und nicht wie Kant es bezeichnet, „dummes Hausvieh" als Staatsbürger vorzuschweben hat, muss das Wagnis der Freiheit für viele ins Auge fassen.

Als Modelle für sowohl Selbsterkenntnis und Selbsterziehung als auch für den rechten Umgang mit Freiheit, deklarierte Kant die Intellektuellen und Gelehrten, deren Beruf und Berufung es sei, nur der Vernunft und ihren Gesetzen und niemandem sonst zu gehorchen. Jeder Philosoph oder Wissenschaftler, der öffentlich Gebrauch von seiner Vernunft machen will oder soll, ist dazu verpflichtet, die Wahrheit und nichts als die Wahrheit zu suchen und seinen Zeitgenossen darüber Rechenschaft abzulegen.

Eine weitere für das Thema der Selbsterkenntnis und Selbsterziehung relevante Schrift Immanuel Kants ist seine Abhandlung *Über Pädagogik*. Wie bereits erwähnt, musste Kant etliche Semester lang auch Vorlesungen über Erziehungskunst abhalten, worüber sein Schüler und Mitarbeiter Friedrich Theodor Rink nach dem Tode Kants eine Vorlesungsmitschrift bzw. das dabei zugrunde gelegte Manuskript als eigenständige Schrift herausgab. Kant selbst bezog sich bei seinen Vorlesungen auf das *Lehrbuch der Erziehungskunst* des Konsistorialrats Bock, von dessen Ansichten er sich jedoch immer wieder löste und sie mit eigenen Überlegungen überhöhte.

Ein erster und zentraler Gedanke Kants bezieht sich auf die Möglichkeit wie auch Notwendigkeit, den Menschen zu erziehen: „Der Mensch kann nur Mensch werden durch Erziehung. Er ist nichts, als was die Erziehung aus ihm macht" (Kant 1998, VI, S. 699ff.). Im Unterschied zum Tier, das über einen hohen Grad an Instinktausrüstung verfügt, weist den Menschen ein diesbezüglicher Mangel aus. Dieses Defizit muss und kann durch Erziehung kompensiert werden. Damit – so Kant – wird nicht nur die Natur im Menschen sozialisiert und kultiviert, sondern auch sein ethisch-sittliches Format angehoben und stabilisiert.

> Die Vorsehung hat gewollt, dass der Mensch das Gute aus sich selbst herausbringen soll und spricht sozusagen zum Menschen: ‚Gehe in die Welt' – so etwa könnte der Schöpfer den Menschen anreden. ‚Ich habe dich ausgerüstet mit allen Anlagen zum Guten. Dir kömmt es zu, sie zu entwickeln, und so hängt dein eigenes Unglück von dir selbst ab' (Kant 1998, VI, S. 70f.).

Diesen Satz des „Schöpfers" kann man nun nicht nur auf die ganze Menschheit, sondern auch für jedes einzelne Individuum anwenden. Übersetzt auf den Einzelmenschen und dessen Selbsterziehung steckt in dieser Anrede die Aufforderung nach Selbstentfaltung und Vervollkommnung der eigenen Person. Die jeweiligen Anlagen und Möglichkeiten, die als Resultat der Biologie und Biografie von Kindheit und Jugend gedacht werden können, sollen und müssen vom Individuum derart weiterentwickelt werden, dass daraus das sog. „Gute" – bezogen sowohl auf das Einzelschicksal, wie auch auf die Sozietät und die Kultur der gesamten Menschheit – entsteht:

> Der Mensch soll seine Anlagen zum Guten erst entwickeln; die Vorsehung hat sie nicht schon fertig in ihn gelegt; es sind bloße Anlagen und ohne den Unterschied der Moralität. Sich selbst besser machen, sich selbst kultivieren und, wenn er böse ist, Moralität bei sich hervorbringen, das soll der Mensch. Wenn man das aber reiflich überdenkt, so findet man, daß dieses sehr schwer sei. Daher ist die Erziehung das größeste Problem und das schwerste, was den Menschen kann aufgegeben werden. Denn Einsicht hängt von der Erziehung, und Erziehung hängt wieder von der Einsicht ab. Daher kann die Erziehung auch nur nach und nach einen Schritt vorwärts tun und nur dadurch, daß eine Generation ihre Erfahrungen und Kenntnisse der folgenden überliefert, diese wieder etwas hinzu tut und es so der folgenden übergibt, kann ein richtiger Begriff von der Erziehungsart entspringen (Kant 1998, VI, S. 702f.).

Dieses „Gute“, auf das hin Erziehung und Selbsterziehung ausgerichtet sein sollen, wurde von Immanuel Kant in seiner Abhandlung *Über Pädagogik* noch weiter und detaillierter beschrieben. Bezüglich der Erziehung von Kindern hat er dies in folgende Sätze gefasst:

> Ein Prinzip der Erziehungskunst, das besonders solche Männer, die Pläne zur Erziehung machen, vor Augen haben sollten, ist: Kinder sollen nicht den gegenwärtigen, sondern den zukünftig möglich besseren Zuständen des menschlichen Geschlechts, das ist die Idee der Menschheit und deren ganzer Bestimmung angemessen erzogen werden. Dieses Prinzip ist von großer Wichtigkeit. Eltern erziehen gemeiniglich ihre Kinder nur so, dass sie in die gegenwärtige Welt, sei sie auch verderbt, passen. Sie sollten sie aber besser erziehen, damit ein zukünftiger besserer Zustand dadurch hervorgebracht werde (Kant 1998, VI, S. 704).

Nicht nur an dieser Stelle seiner Ausführungen wird deutlich, inwiefern Immanuel Kant einer der wesentlichen Vorläufer und Ideengeber Alfred Adlers war. Denn Kants „Idee der Menschheit“, auf die hin alle Erziehung als Horizont ausgerichtet sein soll, entspricht ziemlich exakt dem Begriff des „Common sense“ oder dem Begriff des „Gemeinschaftsgefühls“, den Alfred Adler in den Mittelpunkt seiner eigenen Erziehungslehre und Individualpsychologie gestellt hat.

Die „Idee der Menschheit“ bedeutet auch Maß und Münze jeglicher Selbsterziehung. Wenn der Einzelne sich fragen sollte, auf welche Ziele hin er sein Streben ausrichten und welchen Inhalt er dabei realisieren solle, so hätte Kant ihm diese „Idee der Menschheit“ bzw. „das zukünftig Bessere der Welt“ als Antwort präsentiert. Natürlich kommt in diesen Begriffen der Grundzug der formalen Ethik des Königsberger Philosophen wieder zum Tragen, die ja bekanntlich im „Kategorischen Imperativ“ ebenfalls nur eine Formel und keinen fest umrissenen materialen Gehalt angibt. Was also inhaltlich im Detail die „Idee der Menschheit“ bzw. der „zukünftige bessere Zustand der Welt“ zu bedeuten haben, ist und bleibt diskussions- und fragwürdig.

Kant fragt sich in seiner Abhandlung, woher denn nun der bessere Zustand der Welt und damit auch die Erziehung auf einen solchen Status kommen sollen. Dem Staat, den Fürsten und den allgemeinen Schulen traut er diesbezüglich wenig innovative Kraft zu. Eher schon sind es die Einzelnen, die – ihren mehr oder minder großen Grad von Freiheit nutzend – sich, ihre Kinder oder die ihnen anvertrauten Zöglinge im eben dargestellten Sinne erziehen. Darüber hinaus müsse man – so der Königsberger Philosoph – regelrechte Experimentalschulen einrichten, welche sich zum Ziel setzen, die Erziehung und Sozialisation zum „Weltbesten“ hin und die dafür notwendigen Curricula auszuarbeiten. Derartige Experimentalschulen weisen durchaus Parallelen zur „pädagogischen Provinz“ auf, welche von einigen Pädagogen der Aufklärungszeit als Ideal formuliert worden war (Böhm 1988, S. 523).

Die Hauptvoraussetzung dafür, dass Menschen, nachdem sie Kindheit, Jugend und die damit verbundene Erziehung hinter sich gelassen haben, sich selbsttätig und autonom weiter erziehen und bilden, liegt für Kant im Vermögen des autonomen Denkens und Urteilens, folglich also im selbständigen Vernunftgebrauch. Jede Erziehung muss also darauf achten, das autarke Denkvermögen des Zöglings zu induzieren und zu respektieren. Diesbezüglich verweist der Philosoph immer wieder in seiner Abhandlung auf den Gedanken der Aufklärung, welcher in gewisser Weise ein Erziehungsprogramm für Einzelne und ganze Völker enthält.

> Der Mensch kann entweder bloß dressiert, abgerichtet, mechanisch unterwiesen oder wirklich aufgeklärt werden. Man dressiert Hunde, Pferde und man kann auch Menschen dressieren. ... Mit dem Dressieren aber ist es noch nicht ausgerichtet, sondern es kommt vorzüglich darauf an, dass Kinder denken lernen (Kant 1998, VI, S. 707).

Hat der Einzelne durch Erziehung, eigene Übung und günstige Rahmenbedingungen das Geschäft des autonomen Denkens und des regelrechten Vernunftgebrauchs für sich erlernt, ist er – so Kant – fürs Leben präpariert, sich selber weiterzuentwickeln, sich kritisch zu betrachten (Selbsterkenntnis) und im immer größeren Ausmaß seine Handlungen auf überpersönliche Ziele, wie etwa „die Idee der Menschheit", hin auszurichten (Selbsterziehung).

Diesen Prozess der Entwicklung wie Selbsterziehung hat Kant mit vier Begriffen charakterisiert, die zum Schluss noch kurz angegeben werden: Der erste Schritt der Erziehung besteht in der „Disziplinierung", was für Kant so viel bedeutet wie „Bezähmung der Wildheit". Den zweiten Schritt bezeichnet Kant mit „Kultivierung", worunter er Belehrung, Unterweisung und Geschicklichkeit (wie z.B. Lesen, Schreiben, Rechnen usw.) im Hinblick auf die Kultur meint. Den dritten Schritt charakterisiert er mit „Zivilisierung", d.h. dem Erwerb sozialer Geschicklichkeiten (in den Worten Alfred Adlers das „kleine Gemeinschaftsgefühl"). Der vierte Schritt, den Kant als den schwierigsten und bisher noch am wenigsten realisierten bezeichnet, nennt er „Moralisierung". Exakt dieser Schritt aber ist vorrangig der Inhalt der Selbsterziehung, bei der es darum geht, dass der Einzelne hinsichtlich seiner Handlung „gute Zwecke" wählt. Mit guten Zwecken meint Kant diejenigen, „die notwendigerweise von jedermann gebilligt werden, und die auch zu gleicher Zeit jedermanns Zwecke sein können."

Man sieht: Erziehung wie auch Selbsterziehung bei Immanuel Kant sind außerordentlich stark an dessen Ethik der *Kritik der praktischen Vernunft* ausgerichtet, und nur der kann i.S. des Königsberger Philosophen Person werden, der ein ethisch verantwortlicher, der Idee der Menschheit und dem Weltbesten zugewandter Mensch wird.

> Allein der Mensch als Person betrachtet, d.i. als Subjekt einer moralisch-praktischen Vernunft, ist über allen Preis erhaben; denn als ein solcher (homo noumenon) ist er nicht bloß als Mittel zu anderer ihren, ja selbst seinen eigenen Zwecken, sondern als Zweck an sich selbst zu schätzen, d.i. er besitzt eine Würde (einen absoluten innern Wert), wodurch er allen andern vernünftigen Weltwesen Achtung für ihn abnötigt, sich mit jedem anderen dieser Art messen und auf den Fuß der Gleichheit schätzen kann (Kant 1998, IV, S. 569).

2.3 Georg Christoph Lichtenberg (1742-1799)

Als zweites Beispiel eines Gelehrten, der bereits im 18. Jahrhundert die Themen der Selbsterkenntnis und der Selbsterziehung erstaunlich modern formulierte und zu lösen vermochte, sollen im Folgenden die Biografie und ein Teil des Werks von Georg Christoph Lichtenberg erörtert werden.

Georg Christoph Lichtenberg wurde am 01.07.1742 im hessischen Oberramstadt als siebzehntes und jüngstes Kind des Pfarrers Johann Conrad Lichtenberg und seiner Ehefrau Henrike Catarine geboren. Die Familie zog 1745 nach Darmstadt, wo der Vater 1750 Superintendent wurde. Von der Naturlehre begeistert und durch den Pietismus August Hermann Franckes geprägt, wandte sich Johann Conrad den Entdeckungen von Kopernikus, Kepler, Galilei und Newton zu. Dieser naturwissenschaftlich interessierte und besonders der Astronomie zugeneigte Vater unterrichtete den sensiblen und aufgeweckten Sohn schon früh, insbesondere in der Astronomie, Mathematik und Physik.

Vom achten Lebensjahr an machte sich bei Lichtenberg eine Kyphoskoliose mit gravierender Buckelbildung bemerkbar, aus der sein späterer Kleinwuchs resultierte. In der Folge dieser schweren Grunderkrankung kam es im ersten Halbjahr 1789 zu rezidivierenden Erstickungsanfällen, die Lichtenberg als sog. Hypochondrie benannte. Bis ins letzte Drittel des 18. Jahrhunderts galt sie als körperliche Krankheit mit organisch verursachter seelischer Begleitsymptomatik ohne ihr späteres Leitsymptom der Krankheitsfurcht.

Horst Gravenkamp diagnostizierte das bei Lichtenberg vorliegende Syndrom ebenso als „weitgehend körperlich verursachte seelische Auswirkung einer schweren Herz- und Lungenfunktionsstörung, die insbesondere sein letztes Lebensjahrzehnt schwer beeinträchtigte" (Gravenkamp 1989, S. 149). Diese körperliche Versehrtheit ist Lichtenberg sehr bewusst gewesen, sodass er einmal seinen munteren Geist sowie „elenden Körper" in einem Atemzuge nannte.

Als geistiges Erbe des Elternhauses verfügte Lichtenberg über die Intensität der Selbstreflexion, Selbstwahrnehmung und Selbstbeschreibungsfähigkeit, die ihn innere Erfahrungswelten einbeziehen und anerkennen ließ. Das versetzte ihn später in die Lage, eine exzellente schriftliche Form der Selbsterkenntnis in Form seiner *Sudelbücher* entwickeln zu können. Nach einem Studium der Mathematik, Astronomie und Naturgeschichte wurde Lichtenberg 28-jährig zum außerordentlichen Professor für Philosophie in Göttingen ernannt, wobei seine inhaltliche Lehrtätigkeit insbesondere die Mathematik und Naturwissenschaften umfasste. 1772-1773 nahm Lichtenberg im Auftrag des englischen Königs Georg III. eine astronomische Ortsbestimmung von Hannover, Osnabrück und Stade vor, die sich durch ihre für die damalige Zeit große Exaktheit auszeichnete und erst später durch Carl Friedrich Gauß überboten werden sollte.

1774 wurde Lichtenberg zum außerordentlichen Mitglied der Göttinger Sozietät der Wissenschaften ernannt und im selben Jahr von Lessing besucht. Vom Spätsommer 1774 bis zum Herbst 1775 lebte Lichtenberg als nun bekannter Astronom in England, wo er das für einen Deutschen seltene Privileg eines privaten Umgangs mit dem Königshaus genoss.

Nach seiner Englandreise verließ Lichtenberg Göttingen nicht mehr, aber er trug – wie er es scherzhaft umschrieb – in Göttingen „ein ganzes London im Kopf". Die Erfahrungen und Erlebnisse der Englandreise hatten ihn ausnehmend stark geprägt. Er pflegte seine Beziehungen nach England weiter und wirkte auf vielfältige Weise als Vermittler zwischen beiden Ländern.

Im Jahre 1777 machte ihn seine physikalische Entdeckung der später sog. „Lichtenbergschen Figuren" in den Fachkreisen bekannt, und Besucher aus ganz Europa strömten in die Vorlesungen des berühmtesten Physikers im Deutschland des ausgehenden 18. Jahrhunderts.

Indessen nahm sein Privatleben keine standesgemäße Entwicklung. Er wählte das elfjährige Blumenmädchen Maria Dorothea Stechard als Haushälterin, die auch bald seine Schülerin und Geliebte wurde. Als die „kleine Stechardin" 17-jährig plötzlich verstirbt, erschütterte dies den Gelehrten tief und nachhaltig. Seine ebenfalls aus einfachem Stande stammende zweite Frau Margarethe Kellner trat vermutlich im darauffolgenden Jahr in Lichtenbergs Leben und seine Dienste. Dem Paar wurden acht Kinder geboren, von denen eines früh starb.

1778-1783 verfasste Lichtenberg die Kalender-Erklärungen zu Kupfern Chodowieckies, und er gab gemeinsam mit Georg Forster das Göttingische Magazin der Wissenschaften und Literatur heraus. 1780 errichtete Lichtenberg den ersten Blitzableiter in Göttingen, und 1781 besuchte ihn der Herzog Karl August von Weimar in Begleitung von Johann Heinrich Merck, einem Freund Goethes. 1785 begann Lichtenbergs Freundschaft mit Samuel Thomas Soemmering, und im darauffolgenden Jahre besuchte Johann Caspar Lavater den Göttinger Physiker.

1789 wurde Lichtenberg zum Mitglied der königlichen Sozietät der Wissenschaften in London ernannt. Auch seine Korrespondenz und der Austausch über die Farbenlehre mit Goethe beginnen zu dieser Zeit. 1794 beauftragte Cotta ihn mit der Mitarbeit an den *Horen*. Einen Ruf an die Universität Leyden lehnte Lichtenberg 1795 aus gesundheitlichen Gründen ab. Und zur selben Zeit fand seine Aufnahme in die Akademie der Wissenschaften in Petersburg statt. Am 24.02.1799 starb Lichtenberg.

Die von Lichtenberg ab seiner Studienzeit 1764 bis zu seinem Tode geführten *Sudelbücher* enthalten seine regelmäßig verfassten privaten Notizen und dienten dem Autor u.a. auch zur Abbildung der eigenen geistigen Entwicklung. Mit ihrer imponierenden Aufrichtigkeit sind sie ein alle Lebensfragen betreffendes persönliches Bekenntnis des ungemein scharfsichtigen Selbstbeobachters Lichtenberg. Das Charakteristische, Originelle und Einmalige dieser Schriften wird durch die vom Autor überwiegend selbstironisch untertreibend verwendeten Bezeichnungen wie „Sudelbücher, Klitterbuch" (Lichtenberg 1994, I, S. 352) in keiner Weise hinreichend charakterisiert.

Die *Sudelbücher* demonstrieren Lichtenbergs Denkweise und zeigen idealiter, wie der Mensch seiner Meinung nach sich selbst erkennen und denken sollte. Alles ihn Interessierende oder Beschäftigende fand Aufnahme in Form seiner „Pfennigs-Wahrheiten" (Lichtenberg 1994, I, S. 639) und einer Mischung aus Gelesenem und Exzerpiertem sowie eigenen und fremden witzigen oder paradoxen Gedanken, Metaphern, Wortspielen, nachdenklichen Einfällen und selbstanweisenden Betrachtungen, die alle Bereiche des Lebens und der Kultur umfassen.

Die *Sudelbücher* werden Lichtenberg zur bevorzugten Methode der Selbstreflexion wie auch der gedanklichen Verarbeitung seiner persönlichen Entwicklung. In ihrer ungewöhnlichen Gedankenverbindung sind sie einzigartig durch das multiperspektivische Vorgehen Lichtenbergs, seines Ichs, wie der ihn umgebenden Welt habhaft zu werden. Diese Art der Selbstwahrnehmung macht die *Sudelbücher* zu einer Quelle der Inspiration für jeden Leser, der sich selber ebenfalls kennenlernen möchte. Lichtenberg war sich ihrer Bedeutung durchaus bewusst, und er schrieb im Heft F 1776-1779:

> Ich habe schon lange an einer Geschichte meines Geistes so wohl als elenden Körpers geschrieben, und das mit einer Aufrichtigkeit, die vielleicht manchem eine Art von Mitscham erwecken [wird], sie soll mit größerer Aufrichtigkeit erzählt [werden] als vielleicht irgend einer

> meiner Leser glauben wird. Es ist dies ein noch ziemlich unbetrettner Weg zur Unsterblichkeit ... Nach meinem Tod wird es der bösen Welt wegen erst heraus kommen (Lichtenberg 1994, I, S. 575).

Der Begriff des Selbst bei Lichtenberg

Lichtenberg geht von der Einzigartigkeit und Individualität des Selbst und aller Wesen aus:

> Die Menschen, so sehr sie auch im Zeichenblock einander ähnlich sehen, sind unter sich unendlich verschieden, und da die Größe überhaupt etwas Relatives ist, so ist hier eine unendliche Verschiedenheit, und wenn wir die Gesinnungen der Menschen sehen könnten, wir würden eine Verschiedenheit antreffen, die für das höchste forschende Auge unendlich sein würde (Lichtenberg 1994, I, S. 657).

Der Selbstbegriff Lichtenbergs ist grundlegend von seiner ganzheitlichen Naturauffassung des „...alles ist in allem befindlich..." geprägt (Lichtenberg 1994, I, S. 481f.). Für ihn ist das Selbst ein im kosmischen Zusammenhang stehendes ganzheitliches, leiblich-seelisch-geistiges Kontinuum, welches das innere Wesen des Menschen ebenso wie seine Gesamtexistenz umfasst. Basis des Selbst bildet die integrale Ganzheit der Leiblichkeit, die in steter Wandlung begriffen ist und aus selbständig sich organisierenden und einer Vielfalt von biologisch-körperlichen und materiell-dinghaften Erscheinungen besteht.

Dieser Leiblichkeit kommt eine weit über die bloße physikalische Erscheinungsform und Befindlichkeit hinausgehende, das Leben fundamental prägende Bedeutung zu. Sie hat in ihrem Körperganzen die Seele so zu integrieren, dass „unser Leib ... gleichsam mit Seele durchwürkt ist" (Lichtenberg 1994, II, S. 70f.). Körper und Seele bilden zwar eigenständig funktionierende Einheiten; der den eigenen Gegebenheiten und Gesetzen unterworfene Körper färbt jedoch die von ihm repräsentierte Seele in ihrem Erkenntnisvermögen auf seine eigene Weise. Als Orientierungsinstrument erschließt er mit Hilfe der Sinnesorgane das Dasein des Selbst in der Welt und die Welt der Dinge; allerdings ist seine Erfassungsmöglichkeit der Welt insofern beeinträchtigt, als das Selbst Sinneseindrücke glaubt und empfindet, „... dieses verwächst mit uns, und diese Meinung ist ein Teil unseres Körpers geworden, ehe wir einmal wissen, was wir selbst sind" (Lichtenberg 1994, II, S. 205).

Erst aus dem Zusammenspiel eigenständig funktionierender, mit- und untereinander in ständiger Bewegung befindlicher Ganzheiten ergibt sich das Wesen des Selbst, welches einen Teil der Natur u.v.a.m. ineinander übergehenden Teilen bildet:

> In jedem Menschen ist etwas von allen Menschen. Ich glaube diesen Satz schon sehr lange; den vollständigen Beweis davon kann man freilich erst von der aufrichtigen Beschreibung seiner selbst erwarten, nämlich, wenn sie von vielen unternommen wird" (Lichtenberg 1994, II, S. 146f.).

Das Selbst ist der Zeit und seinem ewigen Wandel unterworfen. Jedes Zeitmoment schreibt sich ein in sein Leben und summiert sich zu jeweils anderen Qualitäten mit einer eigenen Dynamik auf. Insofern gibt es für dieses System des Selbst kein bleibendes Sein, welches sich nicht ständig im Zeitverlauf ändert und vom zeitbedingten Wandel der Konstrukte und Anschauungen abhängig ist. Leben und Sterben gehören zum sich wandelnden Wesen der Natur, wie auch das Selbst dem Organischen und Anorganischen unterworfen ist. Das von der Natur Geborgte hat es nach Ablauf seiner Zeit zurückzugeben und wird selbst zu Erde (Lichtenberg 1994, II, S. 247) und damit vom Leben in den Tod entbunden (Lichtenberg 1994, I, S. 926). Auf diese Weise schließt sich der Naturkreislauf: „Nach dem Tode müßte man nicht sagen, sondern vor dem Leben und nach dem Leben. – Es wird wohl einerlei sein." Der Tod des Selbst bildet den Übergang von Stoffen in andere und damit die Voraussetzung und Möglichkeit zu einer wie auch immer gearteten Transformation: „Hier nimm meinen Stoff wieder, Natur, knete ihn in die Masse der Wesen wieder ein, mache einen Busch, eine Wolke, alles was du willst aus mir, auch einen Menschen, aber mich nicht mehr" (Lichtenberg 1994, I, S. 104).

Aufgrund des Wandels der Zeit gibt es für das Selbst keine fixen Erkenntnisse und überkommenen Annahmen. „Das principium indiscernibilium läßt sich auch noch dahin ausdehnen, daß keine Sache zween Sekunden dieselbe bleibt, alles verändert sich in jedem Augenblick" (Lichtenberg 1994, I, S. 503). Daher gibt es keinen unveränderlichen Untersuchungsstandpunkt. Es gilt, alle Untersuchungsergebnisse unter dem Aspekt der Vorläufigkeit und eines Versuchs zu betrachten, für die es keine Garantien gibt. Eine solche Art des Forschungsbewusstseins erfordere große geistige Wendigkeit, Beweglichkeit, ein Nichtverhaftetsein sowie Offenheit für neue Denkansätze und Perspektiven:

> Ich habe mir so oft gewünscht, daß ich ein Fleckgen finden könnte, wo ich sicher vor dem Schwanken der Mode, der Gewohnheit und aller Vorurteile einmal die eigene Bewegung dieses verwickelten Systems beobachten könnte … Aber leider sind die Beobachter des Menschen übel daran, und sie hätten ein weit größeres Recht sich über den Mangel eines genugsam festen Standorts zu beklagen, als alle seefahrende Astronomen und Sterngucker dieser Welt zusammengenommen. Wo wir jetzo sind das weiß unser guter Genius, wir wissen es nicht (Lichtenberg 1994, I, S. 129ff.).

Das Format des Selbst wird durch die verschiedenen Bereiche des Bewusstseins und Nicht-Bewusstseins bestimmt. Unbewusste „Triebfedern" des Selbst sind bspw. die autonomen, von Lichtenberg sog. „maschinenmäßigen" Selbststeuerungsvorgänge. Aber sogar scheinbar darüber hinausgehende bewusst durchgeführte Handlungen gestalten sich offenbar weitgehend unabhängig von der bewussten Wahrnehmungs- und Einflussmöglichkeit des Selbst, sodass nur ein Bruchteil der Wirklichkeit ins Bewusstsein eintritt:

> Wir tun sicherlich eine Menge von Dingen, von denen wir glauben, daß wir sie mit Wissen täten, und die wir doch tun, ohne es zu wissen. Es ist so was in unserm Gemüte wie Sonnenschein und Witterung, das nicht von uns abhängt. Wenn ich über etwas schreibe, so kommt mir das Beste immer so zu, daß ich nicht sagen kann, woher (Lichtenberg 1994, II, S. 432f.).

Das nach Naturgesetzen reagierende Mineral „tut seinen Willen …, der Mensch mit einem Gefühl, das er Bewusstsein nennt …" (Lichtenberg 1994, II, S. 249). Dessen Schutzfunktion besteht im Vorgaukeln eines Freiheitsgefühls, welches dem Selbst eine eigene unabhängige Willenssteuerung suggeriert. Für das Selbst existiert nur das bewusst Wahrgenommene, weil es nur das in ihm Existierende und dem Bewusstsein Zugängliche zu erkennen vermag, womit der Bereich des nicht Wahrnehmbaren potenziell unendlich groß ist: „Die Menschen können nicht sagen, wie sich eine Sache zugetragen, sondern nur wie sie meinen, daß sie sich zugetragen hätte" (Lichtenberg 1994, I, S. 223). Das Unbewusste determiniert das Selbst mehr als das Bewusstsein. Beobachtbar wird dieses in den Träumen, welche ehrlicher als das bewusst einengende konventionelle Denken Auskunft über das Gemüt des Selbst geben:

> ... wir leben und empfinden so gut im Traum als im Wachen und sind jenes so gut als dieses, es gehört mit unter die Vorzüge des Menschen, dass er träumt und es weiß. Man hat schwerlich noch den rechten Gebrauch davon gemacht. Der Traum ist ein Leben, das, mit unserm übrigen zusammengesetzt, das wird, was wir menschliches Leben nennen. Die Träume verlieren sich in unser Wachen allmählich herein, man kann nicht sagen, wo das Wachen eines Menschen anfängt“ (Lichtenberg 1994, I, S. 565).

Das Selbst zeichnet sich aus durch die Möglichkeit zur Selbst- und Fremdwahrnehmung mittels der über den Leib erfolgenden geistigen Funktionen der Seele. Diese weiß um ihr Vorhandensein, ist nach Lichtenberg allerdings substanzlos und unräumlich mit dem Leiblichen verwoben.

Ursachen des Wahrgenommenen liegen in unbewussten seelischen Wahrnehmungen und den aus ihnen gezogenen verstandesmäßigen Schlüssen oder Fehlschlüssen durch entsprechende Gedanken und Assoziationen des Selbst sowie einer ebenfalls subjektiven Wahrnehmung durch die Sinnesorgane. Eine annähernd adäquate Welt- und Fremdwahrnehmung steht in einem dialektischen Verhältnis zur Selbstwahrnehmung, [die euch weiter bringen A.S.] als Homer und Ossian, es wird euch Homer und Ossian verstehen lernen“ (Lichtenberg 1994, I, S. 562 f.). Eine tiefgreifende Seelencharakteristik könnte gelingen, wenn wir „bei verschiednen Nationen, die größten Männer, die Gefängnisse und die Tollhäuser durchsehen, denn diese Fächer sind so zu reden die 3 Hauptfarben, durch deren Mischung gemeiniglich die übrigen entstehen“ (Lichtenberg 1994, I, S. 9). Voraussetzung hierzu ist die Fähigkeit des Selbst zur Interaktion mit anderen Individuen, zur Einfühlung und zum Verstehen sowie dazu, einen Perspektivwechsel vornehmen zu können. Der das Selbst umgebende Raum übt wie jeder Gegenstand oder jede Person insofern einen Einfluss auf es aus, als es zu einem das Selbst charakterisierenden und es bestimmenden Zeichen wird. So gesehen kann auch eine physikalische Veränderung des eigenen Körpers im Raum bereits andere Erkenntnisperspektiven des Selbst bewirken:

> Ich habe allezeit von einer Stube größere Begriffe gehabt, als der gewöhnliche Teil der Menschen. Ein großer Teil unserer Ideen hängt von ihrer Lage ab, und man kann sie für eine Art von zweitem Körper ansehen ... Du mußt bedenken daß, hätte ich 50 Schritte weiter hinunter, um die Ecke herum, gewohnt, ich so wenig der Mensch wäre,

> der ich jetzo bin, als wenn ich 100 Meilen mehr mittäglich wäre empfangen worden" (Lichtenberg 1994 I, S. 110ff.).

Statt physischer Vorzüge hat die Natur dem Selbst die Möglichkeit des Verstandes und der Vernunft zur freien Entfaltung mitgegeben. Träger der Vernunft ist der Leib. Jedoch steht das Selbst auch noch in einem kulturellen Zusammenhang, der wiederum Einflüsse auf sein Denken, Fühlen, seine Wahrnehmung und damit auf seine Erkenntnisfähigkeit gewinnt.

Der Begriff der Erziehung bei Lichtenberg

Lichtenberg bezieht sein Ideal eines selbsterzogenen und somit „gebildeten, gesitteten und wissenden Menschen" aus der Geschichte der Griechen in der Blütezeit ihrer Kulturschöpfungen der Antike sowie der Renaissance in Italien. Insbesondere steht er in der sokratischen Tradition der Selbsterkenntnis und Selbsterziehung. Ausgehend von dieser Tradition ist er wie u.a. Rousseau und Kant von der nahezu unbegrenzten Erziehbarkeit und Bildungsfähigkeit des Menschen überzeugt.

Die Erziehung des Selbst ist für Lichtenberg nur über die Natur möglich, nicht ohne oder gar gegen sie. Sie wird zum „Laufseil" der Gedanken und bildet die Grundlage seines Wesens. Eine intakte Kreatürlichkeit aufgrund einer bestehenden Identität von Natur und Selbst bildet den Schutz vor eigener Entfremdung und Getrenntheit. Denken, Fühlen, Wollen, Sprechen und Handeln des Menschen sollen im Einklang mit den Bedingungen und Gesetzen der ihn bestimmenden Natur stehen und drücken sein Wesen aus.

> ... the whole man must move together. Die Vergehungen dagegen sind unzählbar, und der Schaden der daraus entsteht groß und öfters unersetzlich. Zum Menschen rechne ich Kopf Herz Mund und Hände, es ist eine Meister-Kunst diese durch Wind und Wetter unzertrennt bis an das Ende zu treiben, wo alle Bewegung aufhört" (Lichtenberg 1994, I, S. 260).

Diese Einstellung Lichtenbergs zum Körper als „vornehmstem" Teil des Menschen (Lichtenberg 1994, I, S. 24) lässt die zum eigenen Selbst gehörigen Triebe als gleichwertige Teile in seine Existenz integriert. Wird der Natur im Erziehungsprozess auf diese Weise ihr Recht zugestanden, kann sich das Selbst vollumfänglich entwickeln und durch Bewusstsein, Verstand und Gefühl und des sich in Sprache und Handeln gestaltenden Denkens und Fühlens auszeichnen. Eine antriebsfreundliche Kindererziehung beginnt für Lichtenberg bei der Bildung der Mütter, damit die Kinder „schon im Mutterleib erzogen werden". Vorbilder und Erziehungsmethoden haben seines Erachtens einen ganz entscheidenden Einfluss auf die Charakterentwicklung des Kindes, die ihm als Opfer einer unsachgemäßen Erziehung nicht zur Last gelegt werden darf: „Die Menschen sind sich in ihren Anlagen alle gleich, nur die Verhältnisse machen den Unterschied..." (Lichtenberg 1994, II, S. 524).

Lichtenbergs Erziehungskonzept liegt eine gesellschaftskritische Haltung zugrunde. Sog. zivilisierte Kulturgesellschaften übermitteln durch Erziehungspersonen – insbesondere durch die Mütter – den Kindern evtl. destruktive Moralvorstellungen, die sie verbilden und an ihrer Basis schädigen, indem sie den naturhaften Menschen als körperliches Geschöpf in qualvolle Selbstentfremdung stürzen. Stattdessen schlägt Lichtenberg eine Rückkehr zum Ursprung lebensfreundlichen Wahrnehmens, Empfindens und Denkens vor, welches das Kind sich selbst entdecken und in seiner Ganzheit wahrnehmen lässt.

Mit seiner eindrücklichen Metapher der „Muttermale am Verstande" (Lichtenberg 1994, I, S. 52) geht Lichtenberg davon aus, dass positive wie negative Qualitäten der Mutterbeziehung sich unbewusst tief ins Bewusstsein des Kindes einprägen und seine Existenz grundlegend formen:

> Das ganze Knochengebäude unserer Denkungsart und unsers Glaubens wird formiert aus unseren Helden, und Musterwahl geht zu einer Zeit vor, wo wir die wenigste Erfahrung und Überlegung haben und wirkt doch am Ende auf unsere Überlegung, wo nicht auf die Folgen unserer Erfahrung (Lichtenberg 1994, II, S. 137).

Im Selbst schreiben sich permanente Veränderungen ein, und es ist „eine mit natürlichen Zeichen geschriebene Geschichte aller Veränderungen..." (Lichtenberg 1994, I, S. 465), die es erfahren hat, „so gut als ein zinnerner Teller, dessen empfangene Schnitte, Stiche und Quetschungen alle die Mahlzeiten erzählen, denen er beigewohnt hat" (Lichtenberg 1994, I. S. 465). Damit wird das Selbst zum Spiegel aller sich in ihm und um es herum abspielenden Veränderungen und Bewegungen.

Eine Umerziehung des Selbst ist nicht nur wegen der eingefahrenen Denkstrukturen und Erfahrungen schwierig zu bewerkstelligen, sondern auch deshalb, weil diese gleichzeitig das gesamte „Knochengerüst unserer

Denkungsart“, das innere Rückgrat sowie die Stütze des Selbst darstellen und damit die Grundlage jeglichen Handelns und Wirkens in der Welt sind.

Das Erkennen eigener Schwächen, Vorgänge, Gedanken- und Gefühlsmuster und ihre Akzeptanz sind nur in der Spiegelung des Individuums in anderen Individuen möglich.

Daher ist Lichtenberg überzeugt: „Schwachheiten schaden uns nicht mehr, sobald wir sie kennen“ (Lichtenberg 1994, I, S. 234), weil sie durch eine bewusste Auseinandersetzung schließlich in das eigene Selbst integriert werden können:

> Über je mehr Gegenstände ich denke, das heißt, sie mit meinen Erfahrungen und mit meinem Gedankensystem in Verbindung zu bringen suche, desto mehr Kraft gewinne ich ... Merke ich bei meinem Denken Lücken, die ich nicht ausfüllen, und Schwiergkeiten, die ich nicht überwinden kann, so muß ich nachschlagen und lesen. Entweder dieses ist das Mittel, ein brauchbarer Mann zu werden, oder es gibt gar keines (Lichtenberg 1994, II, S. 169).

Eine Aufklärung des eigenen Selbstverhältnisses und der Umgang mit der eigenen Person sind auch der Schlüssel zur Welterfassung. Lichtenberg kann diesbezüglich von sich sagen: „Mit der Feder in der Hand habe ich, mit gutem Erfolg Schanzen erstiegen, von denen andere mit Schwert und Bannstrahl bewaffnet zurückgeschlagen worden sind“ (Lichtenberg 1994, I, S. 435).

Höchste zu erreichende Bewusstseinsstufe ist die Bewusstheit der eigenen Gesamtexistenz und ein Leben in der direkten Unmittelbarkeit der Gegenwart:

> Man ist nie glücklicher als wenn uns ein starkes Gefühl bestimmt, nur in dieser Welt zu leben. Mein Unglück ist nie in dieser sondern in einer Menge von möglichen Ketten von Verbindungen zu existieren, die sich meine Phantasie unterstützt von meinem Gewissen schafft ... Lebe erst dein erstes Leben recht, damit du dein zweites genießen kannst (Lichtenberg 1994, I, S. 786).

Ausdruck einer gelungenen Selbsterziehung ist der mit eigenen Augen und einem Schlussfolgern denkende Mensch (Rattner 2001, S. 19). Kriterium für das Erreichen dieses Ziels ist einzig das Individuum selbst, weil kein Gegenüber Einblick in ein aus sich selbst heraus lebendes Individuum gewinnen kann. Jedes Erkennen eines anderen ist ein Wiedererkennen seiner selbst. Eine Beurteilung seines Seins durch einen Zweiten ist jedoch nicht möglich.

2.4 Jean-Paul Sartre (1905-1980)

Jean-Paul Sartre (1905-1980) war ein Philosoph und Künstler, der in seinem Leben dem Thema der Selbsterkenntnis einen relativ hohen, dem Thema der Selbsterziehung jedoch einen etwas geringeren Stellenwert beigemessen hat. Beiden Aspekten soll auf den folgenden Seiten nachgegangen werden. Das Thema der Selbsterziehung und Selbsterkenntnis in den Schriften Sartres wird in einem zweiten Schritt bearbeitet.

Um nachvollziehen zu können, inwiefern Sartres Biografie von den Themen der Selbsterkenntnis und Selbsterziehung unterschiedlich stark geprägt war, soll zuerst ein kurzer Abriss seiner Vita vorgenommen werden. Sartre wurde in eine überaus verwöhnende und beinahe grenzenlose Situation hineingeboren, bzw. er wuchs in eine derartige Atmosphäre hinein. Kurze Zeit nach seiner Geburt schon verstarb sein leiblicher Vater, was dazu führte, dass er zusammen mit seiner Mutter Anne-Marie bei den Großeltern mütterlicherseits aufwuchs. Die Mutter erlebte er in dieser Konstellation als „ältere Schwester" und die Großeltern als sehr verständnisvolle und ihn fördernde Menschen, die – vor allem in der Person des Großvaters Schweitzer – ein relativ hohes kulturelles Niveau vorgegeben haben.

In seiner Autobiografie *Le Mots* (1964) beschrieb Sartre, dass er schon als kleiner Junge in die imaginäre Welt der Schriftstellerei und der Fantasie hineinwuchs: „... die Bücher waren meine Vögel und meine Nester, meine Haustiere, mein Stall und mein Gelände; die Bücherei war die Welt im Spiegel..." (Sartre 1968, S. 29).

Schon früh entwarf er sich als Künstler und Literat im Sinne Flauberts. Gleichzeitig betont er, dass er aufgrund seiner vaterlosen Existenz eine Entwicklung genommen habe, die ihn mit einem nur relativ rudimentären Über-Ich versehen habe, was später dazu beigetragen habe, dass er hinsichtlich moralischer und sonstiger gesellschaftlicher Konventionen und Vorgaben ziemlich unabhängig und frei gewesen sei:

> Hätte mein Vater weitergelebt, er hätte mich mit seiner ganzen Länge überragt und dabei erdrückt. Glücklicherweise starb er sehr früh; inmitten so vieler Männer, die gleich dem Äneas ihren Anchises auf dem Rücken tragen, schreite ich von einem Ufer zum anderen, allein und voller Mißachtung für diese unsichtbaren Erzeuger, die ihren Söhnen das ganze Leben lang auf dem Rücken hocken: ich ließ hinter mir einen jungen Toten, der nicht die Zeit hatte, mein Vater zu sein, und heute

> mein Sohn sein könnte. War es ein Glück oder ein Unglück? Ich weiß es nicht; aber ich stimme gern der Deutung eines bedeutenden Psychoanalytikers zu: Ich habe kein Über-Ich (Sartre 1968, S. 12).

Wenn wir auch die Charakterisierung seines Wesens diesbezüglich als richtig und zutreffend bezeichnen, muss hinter seiner Begründung, ein fehlendes Über-Ich wäre dafür verantwortlich zu machen, ein kräftiges Fragezeichen gesetzt werden. Sowohl der Großvater Charles Schweitzer als auch etliche literarische und konkrete Figuren seines späteren Lebens haben bei Sartre zweifelsohne dazu beigetragen, ein Über-Ich resp. bestimmte Inhalte dieses Über-Ichs zu induzieren.

Im Alter von zwölf Jahren zog Sartre mit seiner Mutter und dem Stiefvater und Ingenieur Joseph Mancy nach La Rochelle und verließ damit den großväterlichen Haushalt. Dieser Umzug bedeutete einen enormen Einschnitt im Leben Sartres: Er verlor den Bildungshorizont des Großvaters und tauschte diesen gegen den naturwissenschaftlich-technischen Interessenshorizont des Stiefvaters ein. Außerdem war seine Vorrangstellung bei seiner Mutter merklich in Frage gestellt, da diese sich einem neuen Partner zugewandt hatte. Darüber hinaus fühlte sich Sartre in der neuen Schulsituation außerordentlich bedrängt und schließlich vereinsamt:

> ... die Zeit in La Rochelle [war, A.S.] von Anfang bis Ende ein Leidensweg... In La Rochelle trafen ihn unversehens und hinterrücks eine ganze Reihe von Schicksalsschlägen. Sein Narzißmus wurde einer harten Prüfung ausgesetzt, und Poulou fiel vom Paradies der Schweitzers, wo das Beste gerade gut genug für das verwöhnte Kind gewesen war, in die reale Welt rüpelhafter und grausamer Gymnasiasten, die dem kleinen prahlerischen Monster nur mit verächtlicher Ablehnung begegneten und sich über seine altmodischen Lektüren, seine schwafeligen Wortspiele, sein unmögliches Aussehen und seine Pariser Manieren mokierten (Cohen-Solal 1989, S. 86f.).

Alle diese Veränderungen haben mit dazu beigetragen, seinen frühen Entschluss, sich literarisch zu betätigen, eher noch zu bestärken. Nach dem Besuch des Gymnasiums in La Rochelle von 1917-1920 schloss Sartre seine Schulbildung 1922 mit dem Abitur ab und besuchte in den Jahren 1924-1929 die École normale supérieure in Paris. Diese Eliteschule, an der viele zukünftige Diplomaten, Politiker und Hochschullehrer ausgebildet wurden und werden, war aufgrund des hohen intellektuellen Niveaus, wie auch aufgrund der sozialen Kontakte, für Sartre eine Stätte des Wohlbehagens: „Diese vier Jahre auf der École normale, an die er sich später als ‚vier Jahre Glück' erinnern wird, nutzte er zur langwierigen Arbeit einer Selbstanalyse" (Cohen-Solal 1989, S. 121). Hier fühlte er sich ganz in seinem Element und blühte zunehmend auf. Etliche seiner langjährigen Freundschaften fanden hier ihren Ursprung, so z.B. zu Raymond Aron, Maurice Merleau-Ponty und natürlich zu Simone de Beauvoir (Beauvoir 1960, S. 321). In diese Zeit fiel auch Sartres Entschluss, sich vorrangig der Philosophie zuwenden zu wollen. Insbesondere der literarische Kontakt zu Henri Bergson (Beauvoir 1986, S. 210) und Edmund Husserl bestärkte Sartre in seinem Entschluss, Philosoph zu werden.

> Husserl hatte mich gepackt, ich sah alles durch die Perspektive seiner Philosophie ... Ich war Husserlianer und sollte es lange bleiben. Gleichzeitig hatte mich die Anstrengung zu verstehen, das heißt, meine persönlichen Vorurteile zu durchbrechen und die Ideen Husserls nach seinen eigenen Prinzipien und nicht nach meinen zu erfassen, für dieses Jahr philosophisch erschöpft... Ich brauchte vier Jahre, um Husserl auszuschöpfen (Sartre 1984, S. 267f.).

Bei diesen beiden Weisheitslehrern wurde Sartre mit einer Philosophie bekannt gemacht, bei der er die Vorstellung entwickelte, zwischen ihr und den Künsten – vorrangig der Schriftstellerei – erfolgreich einen Brückenschlag herstellen zu können. Als dann noch Raymond Aron zu ihm sagte, dass man mit Hilfe der Phänomenologie Husserls selbst über Gin-Gläser philosophieren und spekulieren könne, war Sartre voll und ganz von der Philosophie und Phänomenologie überzeugt:

> Sartre sprach von seinem ‚Factum über die Kontingenz', Aron von seinem Studium der deutschen Philosophie; schließlich ereignete sich das Wunder, als Aron Sartres Intentionen begriff und eine Darlegung der Phänomenologie entwarf: Über dieses Glas und jenen Tisch redeten die Phänomenologen in philosophischen Begriffen ... Mehr war gar nicht nötig, Sartre fühlte sich sofort vertraut; er kaufte das Buch, das Emmanuel Lévinas drei Jahre zuvor bei Alcan unter dem Titel ‚Théorie de l'intuition dans la phènologie de Husserl' veröffentlicht hatte ... offenbar beschäftigte sich Husserl mit dem Begriff der Kontingenz. So stieß Sartre auf Husserl. Bis 1939 wird er, was Philosophie betrifft, ausschließlich Husserl lesen. Noch einmal wird es eine hautnahe Auseinandersetzung, eine direkte Konfrontation sein.

> Sechs Jahre lang wird Sartre die Cartesianischen Meditationen und die Ideen zu einer reinen Phänomenologie und phänomenologischen Philosophie studieren; wie besessen stellt er sich diesen schwer lesbaren Texten, stürzt sich in Husserl hinein und lässt sich völlig von ihm überwältigen (Cohen-Solal 1989, S. 166f.).

Nach seinem Militärdienst als Meteorologe in Tours (1929-1931) arbeitete Sartre zwischen 1931-1936 als Philosophielehrer in der Provinz, genauer in Le Havre. Obwohl ihm die Atmosphäre der Metropole Paris, wie auch die intensiven Kontakte zu seinen dortigen Freunden enorm fehlten, soll er als Pädagoge durchaus originell und effektiv gewesen sein. Sein Schüler Jacques-Laurent Bost jedenfalls hat viele Jahre später über seinen ehemaligen Lehrer überaus anerkennende Worte gefunden und besonders dessen unkonventionelle Art des Lehrens hervorgehoben – eine Art, die sehr viel Spontaneität mit überaus klugen und scharfen Gedanken zu verbinden wusste.

1933 bot sich Sartre die Chance, am Institut Francais in Berlin einen Studienaufenthalt zu realisieren, den er dazu nutzte, intensive Husserl-Studien zu betreiben. Er wollte Phänomenologe werden und mit dieser philosophischen Haltung und Methode weite Expansionsbewegungen im Bereich der Kunst und Literatur zuwege bringen – ein Unterfangen, das ihm sehr gut glückte, wovon der Roman La Nausée (1938) zeugt:

> Die dreißiger Jahre sind die große Periode des Entstehens und der Herausbildung des zentralen Sartre: des Philosophen. Er produziert, verfeinert und erprobt seine späteren intellektuellen Werkzeuge, er arbeitet die Begriffe, Kategorien und Argumentationen heraus, die das Fundament seiner Weltanschauung bleiben werden. Diese vermutlich unter den Schriftstellern seiner Zeit einzigartige Dimension darf nicht unterschätzt werden. Das Ziel einer sehr engen Verknüpfung zwischen Philosophie und Literatur, das Sartre sich von der École normale an gesetzt hatte, wird langsam Form annehmen, wenn auch nicht in dem zeitlichen Ablauf, den sich Sartre selbst vorgestellt hat. Der Philosoph wird dem Romancier vorausgehen; die Begriffe den Fiktionen. Doch der Plan wird eingehalten, und die beiden Karrieren laufen parallel (Cohen-Solal 1989, S. 170).

Dieser Roman entstand parallel zu seinen Husserl-Studien und war das erste Projekt, von dem Sartre rückblickend meinte, die Philosophie habe die Methoden und die Literatur die Inhalte und Worte dazu geliefert:

> Die zeitgenössischen Schriftsteller ... hinken den Philosophen hinter--her. Diese Zeitbegriffe sind nur die schriftstellerische Kehrseite der Theorien, die man bei Descartes und Hume finden kann. Ich glaube, es wäre interessanter, Heideggers Zeitbegriff in Romanform zu bringen, und das ist es, was ich für meinen Teil versuchen will (Cohen-Solal 1989, S. 170).

1934 kehrte Sartre nach Frankreich zurück und arbeitete bis insgesamt 1939 als Philosophielehrer. Parallel dazu kam es zu ersten gewichtigen Publikationen, wie etwa *Die Imagination* (1936), *Transzendenz des Ego* (1937), *Der Ekel* (1938) sowie *Skizze einer Theorie der Emotionen* (1939) und *Das Imaginäre* (1940). In allen diesen Texten werden die Studienergebnisse Sartres bezüglich der Phänomenologie (Husserl und Heidegger) mit z.T. originellen und neuartigen Gedanken verknüpft.

1939 wurde Sartre zum Kriegsdienst einberufen, und 1940 geriet er in deutsche Kriegsgefangenschaft, die er erst 1941 mit Hilfe gefälschter Papiere hinter sich lassen konnte. Nach seiner Rückkehr nach Paris nahm er Kontakt zu ehemaligen Freunden und Kommilitonen, wie etwa Maurice Merleau-Ponty und natürlich zu Simone de Beauvoir auf und engagierte sich mit ihnen zusammen politisch auf der Seite der Resistance. Gleichzeitig arbeitete er literarisch an seinem ersten Hauptwerk, das 1943 unter dem Titel *Das Sein und das Nichts* erschienen ist. Daneben beschäftigte er sich intensiv mit Dramen-Dichtung. 1943 kam es zur Uraufführung von *Die Fliegen*, 1944 von *Geschlossene Gesellschaft* und 1946 zur Uraufführung von *Die respektvolle Dirne.* Zusammen mit den Texten *Zeit der Reife* sowie *Der Aufschub* trugen diese dramatischen Dichtungen sowie die philosophischen Schriften dazu bei, Sartre zum Hauptvertreter des sog. Existenzialismus werden zu lassen. Außerdem engagierte sich Sartre im Kreise der Zeitschrift *Le Temps Modernes* zunehmend politisch und näherte sich merklich einem marxistisch und kommunistisch gefärbten Sozialismus an.

In den späten 40er und 50er Jahren kam es zu einer ganzen Reihe von Publikationen, die vorrangig Dramen und politisch-gesellschaftliche Essays betrafen. Des Weiteren widmete sich Sartre während dieser Zeit der Ausarbeitung seines zweiten philosophischen Hauptwerks *Kritik der dialektischen Vernunft,* das 1960 publiziert wurde. In diesem ebenfalls sehr voluminösen Werk korrigierte Sartre etliche seiner Positionen, die er in *Das Sein und das Nichts* noch mit Emphase vertreten hatte, insbesondere den Grad der persönlichen und individuellen Freiheit angesichts des Geschichtsverlaufs, schätzte er nun merklich geringer ein als noch 1943. 1964 trat Sartre erneut mit einem inzwischen regelrecht berühmt gewordenen Text an die Öffentlichkeit: seiner Autobiografie *Die Wörter*:

> Ich habe *Die Wörter* geschrieben aus dem gleichen Grunde, aus dem ich über Genet und Flaubert geschrieben habe: Wie wird ein Mensch zu einem Schriftsteller, zu einem, der von Imaginärem sprechen will? Das ist die Frage, die ich für mich – wie für andere – zu beantworten versucht habe. Was gäbe es über mein Leben seit 1939 zu sagen? Wie ich der Schriftsteller wurde, der ganz bestimmte Werke verfaßte? Warum ich *Der Ekel* geschrieben habe statt eines anderen Buches? Das ist uninteressant. Interessant ist nur die Entstehung des Entschlusses zu schreiben. Interessant sind auch die Gründe dafür, warum ich genau das Gegenteil von dem geschrieben habe, was ich schreiben wollte. Aber das ist ein ganz anderes Thema: die Beziehungen eines Menschen zur Geschichte seiner Zeit (Sartre 1977, S. 166).

Nicht nur für diesen Text, in dem der Autor die Entwicklung seiner Schriftsteller-Existenz kritisch beleuchtet und dargestellt hat, erhielt Sartre im selben Jahr den Nobelpreis für Literatur zuerkannt, den er allerdings ablehnte:

> Ein Preis wird verliehen und ich lehne ihn ab. Das liegt lediglich daran, daß ich nicht früh genug erfuhr, was sich da anbahnte... Ich wußte zu dieser Zeit noch nicht, daß der Nobelpreis vergeben wird, ohne daß man die Meinung des Kandidaten einholt, und ich glaubte, es wäre noch Zeit, meine Wahl zu verhindern... Die Gründe, aus denen ich den Preis ablehnte, betreffen weder die Schwedische Akademie noch den Nobelpreis selbst, wie ich es auch in meinem Brief an die Akademie erläutert habe. Ich habe zwei Arten von Gründen geltend gemacht: persönliche und objektive... Meine Ablehnung ist keine Stegreifentscheidung, offizielle Ehrungen habe ich immer abgelehnt ... Der Schriftsteller sollte sich also weigern, sich in eine Institution verwandeln zu lassen, selbst wenn es, wie hier, unter den ehrenvollsten Bedingungen geschieht (Sartre, 1979, S. 69ff.).

Die späten 60er und die 70er Jahre sahen den Schriftsteller und Intellektuellen Sartre vorrangig in der Rolle eines politisch hellwachen und überaus engagierten Mannes, der sich z.T. etwas unkritisch – mit der Sache des Kommunismus – später dann eines libertären Sozialismus identifizierte und dementsprechend viele gesellschaftliche und politische Entwicklungen attackierte und brandmarkte. Besonders bekannt geworden ist in diesem Zusammenhang sein Engagement im Rahmen des sog. „Russell-Tribunals", einer Art öffentlicher Gerichtsbarkeit, die sich mit den Gräueltaten der US-Amerikaner während des Vietnam-Krieges auseinandersetzte. Beim Stockholmer Tribunal erstattete Sartre einen Bericht über den Völkermord:

> Die amerikanische Regierung ist nicht schuldig, den modernen Völkermord erfunden oder auch nur unter anderen Möglichkeiten einer Antwort auf den Guerillakrieg ausgesucht zu haben ... Die amerikanische Regierung ist schuldig, eine Politik der Aggression und des Krieges, die auf den totalen Völkermord abzielt, einer Politik des Friedens vorgezogen zu haben ... Sie ist schuldig, den Krieg fortzusetzen und zu intensivieren ... Sie ist schuldig, mit Hilfe von Listen, Winkelzügen und Lügen, obwohl diese einzigartige und unerträgliche Erfahrung sie eines Besseren hätte belehren müssen, von Minute zu Minute immer weiter vorzustoßen... Nach eigenem Eingeständnis ist sie schuldig, diesen exemplarischen Krieg bewußt zu führen, um den Völkermord zu einer Herausforderung und Bedrohung aller Völker zu machen (Sartre 1988, S. 298).

1970-1972 kam es zur Publikation der ersten Bände von *Der Idiot der Familie*, einer voluminösen Studie über das Leben, die Persönlichkeit und das Werk von Gustave Flaubert. Anhand dieses Textes wollte Sartre die Tragfähigkeit seiner „existenziellen Psychoanalyse" unter Beweis stellen, die er mit seiner aus der Phänomenologie und dem Existenzialismus hergeleiteten Anthropologie sowie einer modifizierten, an Dialektik und marxistischen Theoremen orientierten Geschichtsphilosophie fusionierte:

> Das ist mein Ziel: zu beweisen, dass jeder Mensch vollständig erkennbar ist, vorausgesetzt, man benutzt die geeignete Methode und hat die nötigen Dokumente. Wenn ich zeige, wie Flaubert sich selbst nicht kennt und sich zugleich doch ausgezeichnet versteht, weise ich auf das hin, was ich das Elebte (le vécu) nenne, das heißt, das Leben im Einverständnis mit sich selbst, ohne daß eine Erkenntnis, ein thetisches Bewußtseins angegeben wäre (Beauvoir 1986, S. 15).

Die Analyse des Kindes Gustave, seiner Naivität, seiner Hysterie, seiner Zurückgebliebenheit und seiner Deppenhaftigkeit profitierte von

> Sartres lebenslangen Forschungen auf allen möglichen Gebieten. L'imagination, L'imaginaire, L'etre et le néant, Questions de méthode, kurz Sartres gesamtes philosophisches Werk wurde zur Sondierung der Entstehungsbedingungen des Genies herangezogen..., ... die Studie über Flaubert (stellt) für mich eine Fortsetzung meiner früheren Arbeit über *Das Imaginäre* dar' erläuterte er weiter. ,In Das Imaginäre habe ich zu beweisen versucht, daß imaginäre Objekte – Vorstellungen – Abwesenheit sind ... Das ist das ganze Problem der Beziehung zwischen dem Realen und dem Imaginären, das ich an Flauberts Leben und Werk studieren will. Von daher läßt sich schließlich die Frage stellen: Worin bestand die ,imaginäre gesellschaftliche Welt' der verträumten Bourgeoisie von 1848?'... ,Kann ich mit all diesen Methoden einen Menschen untersuchen, und wie bedingen sich diese Methoden dabei wechselseitig, welchen Stellenwert erhalten sie schließlich?'(Cohen-Solal 1989, S. 705).

1980 starb Sartre, der in den letzten Jahren seines Lebens zunehmend an den Folgen von Durchblutungsstörungen wichtiger Organe seines Körpers litt. Neben seinem jahrzehntelangen Nikotinabusus waren sein Konsum von Alkohol u.a. Drogen ebenso, wie sein häufig maßloser und ungeregelter Lebensstil wichtige Risikofaktoren für diese arteriosklerotischen Veränderungen, die letztlich zu völliger Blindheit und zerebraler Zirkulationsstörung beigetragen haben.

Selbsterkenntnis und Selbsterziehung im Leben Sartres

Betrachtet man dieses Leben unter den Prämissen der Selbsterkenntnis und Selbsterziehung, so kann man feststellen, dass Sartre bezüglich der ersteren Thematik ein durchaus geschickter und kundiger Experte seines eigenen Lebens und den Stil seiner Existenz betreffend geworden ist. So kann man etwa den Text *Die Wörter* als eine Manifestation der Selbsterkenntnis interpretieren, ein Text, der z.T. selbstkritisch und klarsichtig die „neurotischen" Mechanismen freilegt, die bei Sartre maßgeblich daran beteiligt waren, aus ihm einen Schriftsteller und Philosophen werden zu lassen.

Ähnliche Qualitäten weisen z.B. seine Tagebücher (1939-1940), die erhalten gebliebenen Briefe an Simone de Beauvoir sowie viele autobiografische Studien, Interviews und Skizzen auf, die Sartre vor allem in den letzten beiden Jahrzehnten seines Lebens ausgearbeitet und angefertigt hat. Ebenfalls ein

Produkt der Selbsterkenntnis und der Selbstkritik stellt die Entwicklung vom ersten zum zweiten philosophischen Hauptwerk dar:

> *Das Sein und das Nichts* ist eine Arbeit über die Freiheit. Damals glaubte ich wie die alten Stoiker, daß man immer frei ist, selbst in einer äußerst mißlichen Lage, die in den Tod führen kann. In dem Punkt habe ich mich sehr verändert. Ich denke, daß es tatsächlich Situationen gibt, in denen man nicht frei sein kann ... Ich bin von der stoischen Idee, daß man immer frei ist – die für mich ein sehr wichtiger Begriff war, weil ich mich immer frei gefühlt habe, in denen ich mich nicht mehr frei fühlte – von dieser Idee bin ich zu der späteren Idee gelangt, daß es Situationen gibt, in denen die Freiheit eingeschränkt ist. Diese Situationen rühren von der Freiheit der anderen her. Anders gesagt, eine Freiheit wird durch eine andere Dreiheit oder andere Freiheiten eingeschränkt, was ich immer gedacht habe (Beauvoir 1986, S. 458-459).

Diese Entwicklung kann vorrangig als eine Anerkennung der Faktizität des Daseins sowie der Notwendigkeit von Geschichtsabläufen charakterisiert werden. Es zeichnet Sartre aus, dass er innerhalb von zwanzig Jahren zwei philosophische Hauptwerke verfasst hat, in denen er beinahe polar angelegte Haltungen und Meinungen – beispielsweise im Hinblick auf die menschliche Freiheit – vertreten und mit überzeugenden Argumenten belegt hat:

> Ich glaube, daß eine Theorie der Freiheit, die nicht zugleich erklärt, was Entfremdungen sind, in welchem Maße die Freiheit manipuliert, pervertiert und gegen sich selbst gekehrt werden kann, tatsächlich eine grausame Täuschung sein kann, wenn man nicht versteht, was diese Theorie alles impliziert und glaubt, die Freiheit sei überall. Aber wenn man genau liest, was ich geschrieben habe, dann kann man, glaube ich, nicht in einen solchen Irrtum verfallen (Sartre 1977, S. 244).

Es zeugt darüber hinaus von einer humorvoll-distanzierten Art der Selbstbetrachtung, dass Sartre – befragt nach diesen unterschiedlichen Positionen – dazu gemeint hat, er müsse wohl „besoffen" gewesen sein, als er in *Das Sein und das Nichts* dem Menschen ein immenses Maß an Freiheit attestiert habe, „die Wahrheit liege eher in dem Bereich zwischen dem Determinismus einerseits und dem mehr oder minder freien Sich-Losreißen aus anfälligen bestimmenden Verhältnissen andererseits" (Danzer 2003, S. 161). Es wäre interessant zu erfahren, wie Sartre im hohen Alter über sein zweites philosophisches Hauptwerk geurteilt hätte, wenn er solange gelebt hätte.

Auch sein bereits erwähntes autobiografisches Werk *Die Wörter* kann als Produkt der Selbsterkenntnis gelesen werden. In diesem Text erläutert Sartre ausführlich die Entstehungsbedingungen und -verhältnisse, welche dazu beigetragen haben, dass er eine bestimmte Form von „Neurose" – nämlich das Schriftsteller-Dasein – entwickelt hat. Dabei habe seiner Meinung nach eine eigentümliche Art von Gottheit eine Rolle gespielt: nämlich die Wörter oder Sätze, für die er sein Leben ähnlich hingebungsvoll und z.T. sogar leidend gestaltet habe, wie andere Menschen dies im Rahmen ihrer religiösen Weltanschauung zu tun pflegen:

> Die Illusion der Rückschau [von der Zukunft her, A.S.] ist zerbröckelt; Märtyrertum, Heil, Unsterblichkeit, alles fällt in sich zusammen, das Gebäude sinkt in Trümmer, ich habe den Heiligen Geist im Keller geschnappt und ausgetrieben; der Atheismus ist ein grausames und langwieriges Unterfangen; ich glaube ihn bis zum Ende betrieben zu haben. Ich sehe klar, bin ernüchtert, kenne meine wirklichen Aufgaben, verdiene sicher einen Preis für Bürgertugend, seit ungefähr zehn Jahren bin ich ein Mann, der geheilt aus einem langen, bitteren und süßen Wahn erwacht und der sich nicht darüber beruhigen kann, und der auch nicht ohne Heiterkeit an seine einstigen Irrtümer zu denken vermag... (Sartre 1968, S. 143f).

Auch habe er lange Zeit der Überzeugung angehangen, dass die Wörter Sätze oder Gedanken erlösenden Charakter für sein individuelles, wie auch für das kollektive Leben haben könnten – auch dies letztlich eine Denkfigur, die ihre Parallelen zu religiösen Grundannahmen nicht verleugnen kann.

Ebenfalls in *Die Wörter*, z.T. aber bereits in den Briefen an Simone de Beauvoir aus den späten 30er und frühen 40er Jahren des 20. Jahrhunderts, hat Sartre recht tiefschürfende Betrachtungen über seinen Charakter angestellt. Dabei hat er ganz richtig bemerkt, dass in seinem Dasein das Motiv der Sucht eine große Rolle spielte. In manchen Briefen an seine Lebensgefährtin berichtet er über Versuche, weniger oder gar keinen Alkohol zu trinken, einige Seiten später jedoch muss er zugeben, dass er seinen eigenen Vorsätzen gegenüber untreu geworden sei und Wege gefunden habe, trotz der „heiligen Schwüre der Abstinenz" das ein oder andere Glas Rotwein zu genießen.

Ebenfalls suchtartig ging Sartre mit vielen Medikamenten, mit Zigaretten aber auch mit seiner Arbeitskraft und seiner regelrechten „Schreibwut" um, wie Simone de Beauvoir berichtet:

> Ich erinnere mich, dass Sie im Galopp schrieben. Aber es war notwendig oder war so etwas wie eine permanente Lust dabei zu fühlen, wie Sie über ihre Kräfte hinausgingen? Was übrigens 1958 zu einer ziemlich schweren Krise geführt hat.' Sartre: ‚Es war etwas von einer perversen Lust dabei. Das schloß auch ein, daß es zum Zusammenbruch kommen konnte, aber man wußte nicht, wann. Ich ging weit, ich nahm nicht eine Corydran-Tablette, sondern zehn auf einmal'. ‚Das erste, was mich frappiert hat, war Ihre Quasi-Negation des Schmerzes. Als Sie in Rouen Nierenkloliken hatten, Sie waren noch jung, Sie waren 25, 26. Sie haben die Ärzte sehr verwirrt, indem Sie sagten, daß Sie nicht wirklich gelitten hätten. Und in Wirklichkeit haben Sie solche Schmerzen gehabt, daß Sie sich übergeben mußten. Nur hatten Sie die Idee, daß das Leiden immer die Abwesenheit von Leiden ist, daß da immer so eine Art Leere ist, und daß sich das nie voll realisiert (de Beauvoir 1986, S. 411).

Sartre-Spezialisten haben errechnet, dass dieser Schriftsteller ca. 20 Seiten Manuskript pro Tag angefertigt haben muss. Alle diese Facetten seiner Persönlichkeit inkl. der „Kontaktsucht" – Sartre war immer auf dem Sprung zu anderen Menschen hin und hat mit ihnen permanent das Gespräch gesucht und gestaltet – waren Sartre bewusst, und er konnte sie gut in seinen Lebenslauf wie auch in seine Wesensart einordnen.

Verglichen mit dem hohen Niveau seiner Selbsterkenntnis waren die Versuche der Selbsterziehung auf einer niedrigeren und weniger effektiven Ebene angesiedelt:

> Ohne jemals eines seiner Hauptprojekte zu Ende zu führen, stellte er immer höhere Anforderungen an sein ungeheures Durchhaltevermögen. Sein Lebensstil hing in einer gefährlichen Schwebe zwischen widersprüchlichen Forderungen. Er reiste pflichtschuldig um die Welt und nahm Einladungen wahr, die werbewirksam für die Gastgeber waren, während er in der verbleibenden Zeit weiterhin halbherzig das Leben eines Schriftstellers führte. Er sagte gerne: ‚Man muß wählen zwischen dem Leben und dem Geschichtenerzählen.' Er wollte keine Geschichten mehr erzählen, weigerte sich jedoch auch zu wählen. In

> seinen letzten zwanzig Lebensjahren sollte er Reisen, politischem Journalismus und Agitprop mindestens genauso viel Zeit widmen wie Philosophie, Literatur und Biographie (Hayman 1988, S. 539).

Wie eben angedeutet, versuchte Sartre häufig, diverse Symptome bei sich zu verändern, ohne den dafür zuständigen Charakter bzw. die dafür verantwortlich zu machende existentielle Situation fundamental zu revidieren. Freunde, die ihm eine derartige Veränderung seiner Lebensführung bisweilen nahelegten – Maurice Merleau-Ponty z.B. hat selbst ein merklich meditatives und zurückgezogeneres Dasein als Sartre geführt, – wurden von ihm lächelnd zurückgewiesen; oder aber er überhörte geflissentlich deren Mahnungen und Ratschläge.

In gewisser Weise gehörten die eben angeführten, von Sartre selbst als partiell neurotisch bezeichneten Bedingungen seines Daseins als Voraussetzung zur Produktivität seines Lebens. Ähnlich wie Rilke, dem man aufgrund diverser neurasthenischer Beschwerden empfohlen hatte, eine Psychoanalyse bei sich durchführen zu lassen und der darauf geantwortet hat, er habe Bedenken, dass man mit seinen Teufeln auch seine Engel austreiben würde, muss wohl auch Sartre bei sich Bedenken gespürt haben, das fragile Gleichgewicht seiner Produktivität, das er sich mit viel Leiden und zum Schluss sogar mit einigen Jahren Siechtum und zu frühem Tod erkauft hat, in Frage zu stellen oder gar zu verändern.

> Ein Arzt im Salpetriere diagnostizierte Anoxie – Sauerstoffmangel im Gehirn – die zum Teil durch sein Rauchen, zum Teil auch durch den Zustand seiner Arterien verursacht worden war. Trotzdem weigerte er sich hartnäckig, das Rauchen und Trinken aufzugeben (Hayman 1988, S. 648).

Motive der Selbsterkenntnis und Selbsterziehung bei Sartre

Neben diesen biografischen Überlegungen zum Thema Selbsterkenntnis und Selbsterziehung bei Sartre sollen noch etliche seiner theoretischen Erwägungen dazu angeführt werden. Das Thema der Selbsterkenntnis – teilweise auch das der Selbsterziehung – lag Sartre sehr am Herzen, sodass er es sowohl in seiner philosophischen als auch in seinen poetischen Schriften immer wieder neu variierte. Insbesondere bezüglich seiner von ihm formulierten „Existenziellen Psychoanalyse" nehmen diese Themenkomplexe einen breiten Raum ein.

In *Das Sein und das Nichts* (Sartre 1974) bezeichnet Sartre das Bewusstsein des Menschen als Für-Sich-Sein. Dieses Bewusstsein stellt er den Dingen, der Natur und der Materie gegenüber, die er mit An-Sich-Sein bezeichnet. Verglichen mit dem An-Sich weist das Für-Sich deutlich mehr Fragilität, Durchsichtigkeit und Zerbrechlichkeit auf – Qualitäten und Defizite, die Sartre auch dem Terminus „Seinsmanko" zuordnet.

> Mögliches und Wert gehören dem Sein des Für-sich an. Denn das Für-sich stellt sich ontologisch als Seinsmangel dar, und das Mögliche gehört dem Für-sich als das an, was ihm mangelt, ebenso wie der Wert das Für-sich als die *mangelhafte* Seinsganzheit heimsucht. Was wir im zweiten Teil unseres Buches mit Hilfe des Terminus Mangel ausgedrückt haben, kann ebensogut mit *Freiheit* ausgedrückt werden. Das Für-sich wählt, weil es Mangel ist; die Freiheit ist eins mit dem Mangel, sie ist die konkrete Seinsweise des Mangels an Sein (Sartre 1974, S. 710f.).

Verglichen jedoch mit der Natur der Materie und allen anderen Lebewesen weist das Für-Sich die unschätzbare Möglichkeit auf, sich selbst zum Thema des Erkennens und Entwerfens zu machen. Der Mensch resp. das Für-Sich sind die Zukunft des Menschen, und in dieser zeitlichen Dimension manifestiert sich auch die Freiheit des Homo sapiens.

Neben der Zukunft kann und muss das Für-Sich jedoch auch seine Vergangenheit ins Auge fassen und die determinierende Kraft des Geworden-Seins anerkennen. Diesbezüglich weisen Menschen häufig einen eklatanten Mangel auf: Sie erinnern wenig oder gar nichts aus dem Stoff ihrer individuellen wie auch kollektiven Vergangenheit und können damit ihre Gegenwart wie auch die Entwürfe ihrer Zukunft meist nur bedingt realitätsgerecht gestalten. Der „Leuchtkegel ihres Bewusstseins" streift nur wenige Themen ihrer Geschichte und belässt vieles, was ihnen Schuld- und Schamaffekte sowie Irritationen aller Art bereiten könnte, im Dunkel oder Halbdunkel des Nicht-Erkennens.

Aus einem „luziden Bewusstsein", das potentiell vollkommen klar und durchsichtig sein könnte, wird ein – wie Sartre es bezeichnet – „opakes Bewusstsein" also eine Trübung des Denkens, Wahrnehmens, Urteilens und Verstehens. Zwischen das erkennende Für-Sich und das Objekt der Erkenntnis schiebt sich der Nebel der Unaufrichtigkeit, von Sartre auch mauvaise fois genannt. Dieser Vorgang wird von ihm nun keineswegs als passives Geschehen geschildert, vielmehr zeigt er überzeugend auf, dass das Subjekt selbst sich für eine Trübung seines Bewusstseins „entscheidet":

> Ich frage..., ob man nicht auf andere Weise als durch das Unbewusste über Tatsachen Rechenschaft geben kann, die man dem Unbewußten zuschreibt; und ich stelle fest, daß in vielen Fällen Begriffe, die Begriffe des reinen Bewusstseins sind, wie die Unaufrichtigkeit (mauvaise foi), viel besser über bestimmte innere Dialektiken Rechenschaft geben können als ein Unbewusstes, das ja nur als exklusiver Typ von Tatsachen, die sich nebeneinander präsentieren, aufgefaßt werden kann und nicht als Dialektik (Sartre 1973, S. 75ff.).

Wer jedoch den Weg von mauvaise fois eingeschlagen hat, dem bleibt zum Schluss lediglich eine reduzierte Form des Verstehens und Erkennens, die ihrerseits wiederum verhindert, den Mechanismus und die Entstehungsbedingungen des opaken Bewusstsein zu durchschauen. Das Für-Sich bewegt sich dann im Zirkel von mauvaise fois und Skotomisierung des Erkenntnisakts.

Diese Ausführungen werfen ein neues – und in gewisser Weise aber auch altes – Licht auf die Entstehung und Perpetuierung von Neurosen u.a. seelischen Erkrankungen. Nach Sartre steht im Zentrum jeglicher neurotischer Entwicklung irgendeine Form von Unaufrichtigkeit, für die sich der Betreffende „entschieden" hat.

> Die Vertrauensseligkeit will das ‚Nicht-glauben-was-man-glaubt' im Sein fliehen; die Unwahrhaftigkeit flieht das Sein des ‚Nicht-glaubens-was-man-glaubt'. Sie hat von vornherein alle Glaubensarten unwirksam gemacht; diejenigen, die sie erlangen will und gleichzeitig alle anderen, die sie fliehen will. Indem sie diese Selbstvernichtung des Glaubens will, aus dem das Wissen zur Evidenz hin entweicht, reißt sie die Glaubensarten nieder, die man ihr entgegenstellt und die sich selbst enthüllen, nichts als Glaube zu sein ... In der Unwahrhaftigkeit gibt es weder zynische Lüge, noch kunstvolle Vorbereitung betrügerischer Begriffe. Sondern die Unwahrhaftigkeit ist darauf aus, zu fliehen, was man nicht fliehen kann, zu fliehen, was man ist. Schon der Entwurf der Flucht enthült der Unwahrhaftigkeit einen tiefgehenden Zerfall inmitten des Seins, und dieser Zerfall will sie sein (Sartre 1974, S. 120).

Einen ähnlichen Mechanismus vermutet Sartre auch bei Sucht, Perversionen und Psychosen. Nicht ein Übermaß an Verdrängung und pathologischer Abwehr von Triebimpulsen (wie bei Sigmund Freud), sondern eben die weiter oben ausgeführte mauvaise fois bildet das dynamische Zentrum seelischer Irritationen, Störungen und Erkrankungen.

Mit diesem Konzept bewegte sich Sartre auf einer Linie mit dem norwegischen Dramatiker Henrik Ibsen, der in mehreren seiner Schauspiele – z.B. in *Die Gespenster, Die Wildente, die Stützen der Gesellschaft* oder auch *Hedda Gabler* – das Motiv der Lebenslüge breit und eindrücklich auf die Bühne zu bringen wusste. Nach Ibsen erkranken die Menschen an ihren existenziell relevanten Mogeleien und Unaufrichtigkeiten, die sich zu regelrechten „Lebenslügen" verdichten und dann weitreichende seelische, soziale und möglicherweise sogar somatische Konsequenzen in Richtung Pathologie nach sich ziehen können.

Wenn mauvaise fois oder die Lebenslüge das Zentrum aller Neurosen und sonstigen psychopathologischen Zustandsbilder ausmachen, geht es bei der Diagnostik wie auch der Therapie dieser Störungen um ein Aufdecken und möglicherweise Revidieren dieser Spielarten von Lüge und Unaufrichtigkeit. Selbsterkenntnis und Selbsterziehung (auch im psychotherapeutischen Sinne) zielen demnach auf die Freilegung relevanter Unaufrichtigkeiten eines Individuums, was in vielen Fällen gleichbedeutend sein kann mit einer zumindest partiellen Revision dieser Mogelei. Die von Sartre formulierte „Existenzielle Psychoanalyse" jedenfalls zielt ganz wesentlich darauf ab, neben dem Entwurf eines Individuums auch dessen Ausmaß und Inhalt von mauvaise fois zu erkennen, um dem Einzelnen die Möglichkeit an die Hand zu geben, diesbezügliche Korrekturen und Aspekt-Verschiebungen in seinem Dasein vorzunehmen.

> Im Schlußkapitel über die Möglichkeit einer ‚existentiellen Psychoanalyse' deutet Sartre ... an, daß im Verstehen und in der Liebe die Chance sich ergibt, in gegenseitiger Hilfe und Förderung miteinander zu existieren. Er skizziert eine Theorie des Seelenlebens, die eher an Adler als an Freud erinnert. Sie postuliert nämlich die Freiheit und die Zielstrebigkeit der menschlichen Psyche und weiß darum, daß Solidarität zu den höchsten Werten des Daseins gehört (Rattner 1981, 3, 54).

Ein derartig gelungener Selbsterkenntnis- und Selbsterziehungsprozess würde nach Sartre dazu führen,

> daß jedermann vor einem Fragesteller das Tiefste seines Selbst sagen können müßte. Was nach meiner Ansicht die Beziehungen zwischen den Leuten verfälscht: daß jeder in bezug auf den anderen eine geheime Ecke seiner selbst versteckt halten möchte, versteckt nicht für alle, aber für jenen, mit dem er gerade spricht. Ich glaube, daß die Transparenz jederzeit das Geheime verdrängen sollte, und ich sehe den Tag kommen, an dem zwei Menschen keine Geheimnisse mehr zwischen sich haben werden, weil das subjektive wie das objektive Leben total offen daliegt. Es ist unmöglich, daß wir unsere Körper ausliefern, wie wir es gegenwärtig tun, und daß wir dabei unsere Gedanken verstecken, denn für mich gibt es zwischen dem Körper und dem Bewußtsein keinen wesentlichen Unterschied ... Wenn wir wirklich für den anderen existieren wollten, existieren als Körper, als Körper, der demnach ständig entblößt werden kann – auch wenn man es nicht tut – dann müßten die Ideen dem anderen als etwas erscheinen, was vom Körper kommt. Die Wörter werden mit der Zunge im Mund gebildet. Alle Ideen sollten so erscheinen, auch die allervagsten, flüchtigsten, die am wenigsten greifbaren ... Ich glaube übrigens, daß diese Änderung mit einer wirklichen Revolution verbunden ist. Ein Mensch muß vollständig, ganz für seinen Nachbarn existieren, welcher wiederum vollständig für ihn existieren muß, damit ein wirklicher sozialer Einklang aufkommt. Das ist heute nicht durchführbar, es wird aber möglich werden, wenn die Änderung der wirtschaftlichen, kulturellen effektiven Beziehungen zwischen den Menschen vollbracht sein wird, zuerst durch die Abschaffung des materiellen Mangels, welcher, wie ich es in der *Kritik der dialektischen Vernunft* gezeigt habe, die Basis aller vergangenen und gegenwärtigen Widersprüche zwischen den Menschen ist (Sartre 1975, 26.07.75, 9).

Ein weiterer theoretischer Begriff, an dem Sartre exemplifizieren konnte, was er denn unter Selbsterkenntnis und möglicherweise Selbsterziehung verstand, ist derjenige der Dialektik. Insbesondere in seinem zweiten Hauptwerk *Kritik der dialektischen Vernunft* (1960) hat der französische Philosoph diesem Begriff und seiner Relevanz für das menschliche Dasein breiten Raum zugestanden (Sartre 1967).

Mit dem Terminus „Dialektik“ wurde bereits in der griechischen Philosophie der Antike eine exzellente Form des Erkenntniszuwachses bezeichnet. Etliche Philosophen verstanden darunter eine besondere Form des Zwiegesprächs, das sich durch Spruch und Widerspruch sowie These und Antithese auszeichnet und aufgrund dieses Wechsels die Möglichkeit für die Gesprächspartner eröffnet, dem Thema ihrer Disputation neue und überraschende Erkenntnisse abzugewinnen:

> Die Philosophie, bis dahin [bis zu Sokrates, A.S.] ein geistiger Monolog, verwandelt sich in einen Dialog. Nur mit Hilfe dialogischen oder dialektischen Denkens können wir etwas über das Wesen des Menschen in Erfahrung zu bringen versuchen. Früher mochte man sich die Wahrheit als ein für allemal fertiges Ding vorstellen, das der einzelne Denker durch eigene Anstrengung zu erfassen vermochte und das unschwer an andere weitergegeben und ihnen mitgeteilt werden konnte. Sokrates indessen konnte diese Ansicht nicht mehr teilen. Die Wahrheit in die Seele eines Menschen zu pflanzen, sagt Platon im Staat, sei genauso unmöglich, wie einem blind Geborenen die Sehkraft zu schenken. Wahrheit ist wesentlich Ausdruck von dialektischem Denken. Man kann sie einzig in der beständigen Kooperation der Subjekte, im Wechselspiel von Frage und Antwort ermitteln. Sie ist deshalb etwas anderes als ein empirisches Objekt, sie muß verstanden werden als Resultat einer sozialen Handlung (Cassirer 1996, S. 22).

In der neuzeitlichen Philosophie wurde dem Begriff der Dialektik vor allem bei Georg Wilhelm Friedrich Hegel besondere Aufmerksamkeit zuteil:

> Die Dialektik wird gewöhnlich als eine äußere Kunst betrachtet (d.h. eine Methode) ... Oft ist die Dialektik auch weiter nichts als ein subjektives Schaukelspiel von hin und herüber gehendem Räsonnement ... (Aber) in ihrer eigentümlichen Bestimmtheit ist die Dialektik vielmehr die eigene, wahrhafte Natur der Verstandesbestimmungen, der Dinge und des Endlichen überhaupt... Alles Endliche ist dies, sich selbst (dialektisch) aufzuheben. Das Dialektische macht daher die bewegende Seele des wissenschaftlichen Fortgehens aus und ist das Prinzip, wodurch allein immanenter Zusammenhang und Notwendigkeit in den Inhalt der Wissenschaft kommt (Hegel 1975, S. 162f.).

Dieser Denker ging davon aus, dass nicht nur die Form philosophischer oder wissenschaftlicher Diskussionen einen formalen Rhythmus von These, Antithese und Synthese Folge zu leisten habe. Weit darüber hinaus war Hegel überzeugt, dass die gesamte Welt, die Materie, die Natur, die Menschen und ihre Kultur im Grunde ihres Wesen dialektisch seien, d.h. einem Prozess unterworfen, bei dem immer wieder neue Polaritäten dafür sorgen, dass es Spannungen und Konflikte gibt, die jedoch bisher nicht zu einer synthetischen Lösung, sondern immer nur zu neuen Polaritäten mit neuen Thesen, Antithesen und Synthesen geführt haben. Hegel deklarierte, dass der gesamte Geschichtsverlauf dialektisch geprägt sei:

> [Die] Schicksale und Taten [der „Volksgeister"] ... sind die erscheinende Dialektik der Endlichkeit dieser Geister, aus welcher der *allgemeine* Geist, der *Geist der Welt*, als unbeschränkt ebenso sich hervorbringt, als er es ist, der sein Recht, – und sein Recht ist das allerhöchste – an ihnen in der *Weltgeschichte*, als dem *Weltgerichte*, ausübt ... Sie ist ein Gericht, weil in seiner an und für sich seienden *Allgemeinheit* das Besondere, die Penaten, die bürgerliche Gesellschaft und die Völkergeister in ihrer bunten Wirklichkeit, nur als *Ideelles* sind, und die Bewegung des Geistes in diesem Elemente ist, dies darzustellen (Hegel 1983, §340f., Hervorhebung im Original).

Zuletzt gäbe es jedoch ein „Ende der Geschichte", wenn alle Thesen und Antithesen synthetisch aufgehoben und damit Gott, der sich bei der Schöpfung der Welt den Luxus der Materie als Antithese zu sich selbst erlaubt hat, zu sich zurückgekehrt ist.

Der prominente Hegel-Schüler Karl Marx hat diese Geschichtsauffassung seines Lehrers „vom Kopf auf die Füße gestellt". Das Ende der Geschichte bedeutete für Marx nicht ein Zurückkommen Gottes zu sich selbst, sondern die Herrschaft des Proletariats, die gleichbedeutend sein sollte mit der Aufhebung von Selbstentfremdung und Fremdbestimmung des Menschen. Der Geschichtsverlauf bis zu diesem Zeitpunkt jedoch sei – so Marx – durchaus als ein dialektischer zu begreifen, nicht eine einfache und lineare Bewegung hin zu dieser Herrschaft des Proletariats, sondern ein thetisch-antithetischer Prozess der Historie sei zu erwarten.

In seinem zweiten Hauptwerk *Kritik der dialektischen Vernunft* hat Sartre die Gedanken Hegels und Marx' aufgegriffen und modifiziert. In Ergänzung zu *Das Sein und das Nichts,* in dessen Mittelpunkt das Individuum, sein Entwurf, seine Transzendenz sowie sein Für-Sich-Sein und An-Sich-Sein standen, berücksichtigte Sartre in seinem zweiten philosophischen Hauptwerk ausführlich die Determinismen und Notwendigkeiten der gesellschaftlichen Verhältnisse, der ökonomischen Rahmenbedingungen, der politischen Koordinaten sowie die der epochalen Bedingungen ganz generell. Angesichts dieser ungemein determinierenden Qualitäten betonte Sartre, dass die Idee der Freiheit des Einzelnen dadurch massive Einschränkungen zu gewärtigen habe. Sein Plädoyer aus *Das Sein und das Nichts,* dass der Mensch frei sei und die Freiheit verkörpere, wurde von ihm in der *Kritik der dialektischen Vernunft* selbstkritisch eingeschränkt und partiell aufgehoben.

Selbsterkenntnis und Selbsterziehung bedeuteten für Sartre nun, die determinierenden Gegebenheiten, in welche ein Individuum hineingeboren und sozialisiert wird, zu erkennen, zu benennen und zu durchschauen. Der Einzelne lebt sein Dasein in der permanenten Auseinandersetzung mit den ihn fixierenden und einengenden Notwendigkeiten der Materie, der Gesellschaft, der Institutionen und der Geschichte. Zwar ging Sartre nicht so weit wie Marx, der behauptet hatte, dass das Sein das Bewusstsein bestimme:

> Die Produktionsweise des materiellen Lebens bedingt den sozialen, politischen und geistigen Lebensprozeß überhaupt. Es ist nicht das Bewußtsein der Menschen, das ihr Sein, sondern umgekehrt ihr gesellschaftliches Sein, das ihr Bewußtsein bestimmt (Marx 1998, S. 93).

Aber einen beträchtlichen Anteil an der Prägung des Bewusstseins nehmen die epochalen Verhältnisse, in denen wir leben, allemal ein. Wenn Selbsterkenntnis auf die Kenntnis der Welt erweitert wird, muss parallel dazu die Selbsterziehung eine Kritik von Welt und Kultur mit beinhalten. Es wäre überhaupt eine Unaufrichtigkeit (mauvaise fois), dem Einzelnen die volle Verantwortung für seine Selbsterziehung aufzubürden, wenn man ihm andererseits zugestehen muss, dass vieles an ihm von äußeren Rahmenbedingungen determiniert wird.

Die *Kritik der dialektischen Vernunft* zeigt die Grenzen individueller Selbsterziehung auf. Gleichzeitig stellt sie eine imposante Aufforderung dar, die Selbsterziehung um die Elemente der Veränderung der Welt zu erweitern. Insbesondere in seiner monumentalen Flaubert-Studie *Der Idiot der Familie* hat Sartre in diesem Sinne zu zeigen vermocht, welchen Spielraum der Selbsterkenntnis und der Selbsterziehung ein konkretes Individuum – wie etwa Gustave Flaubert – realistischerweise aufzuweisen vermag.

In seiner *Skizze einer Theorie der Emotionen* (1939) unternahm Sartre den gelungenen Versuch, ausgehend von einer phänomenologischen Betrachtung eine eigene Theorie der menschlichen Emotionalität zu entwickeln (Sartre 1964). In manchen ihrer Ausführungen bedeutet diese Theorie wertvolle Ergänzung hinsichtlich der Thematik der Selbsterkenntnis sowie der Selbsterziehung.

Ausgehend von seinen Studien der Schriften Edmund Husserls konnte Sartre in seiner *Skizze einer Theorie der Emotionen* sowohl die klassischen als auch die psychoanalytischen Theorien und Konstrukte zur Emotionalität des Menschen kritisieren. Dabei attackierte Sartre insbesondere die reduktionistische Haltung, welche Emotionen auf bloß triebenergetische Dynamismen oder andere materielle Ursachen zurückzuführen gedenkt. Die Gefühle und Affekte, Stimmungen und Verstimmungen eines Menschen lediglich unter kausalen Aspekten erforschen und verstehen zu wollen, greift dem französischen Philosophen zufolge zu kurz: Eine Theorie der Emotionen muss nach Sartre die Finalität als Pendent zur Kausalität mitberücksichtigen.

Bei seiner eigenen phänomenologisch inspirierten *Theorie der Emotionen* fragt Sartre nach dem Wozu und Weshalb von Gefühlen und Affekten. Emotionen entstehen nicht nur aus einem kausalen Begründungszusammenhang, sondern dienen Zwecken, Zielen und Werthorizonten, die allerdings dem Betreffenden zu einem erheblichen Maße unbewusst und undurchschaubar sind.

Anhand etlicher konkreter Emotionen wie bspw. Wut, Trauer oder Angst, konnte Sartre zeigen, welche Effekte hinsichtlich der Wahrnehmung der Welt wie auch der Reaktion auf diese Welt der Einzelne erzielt, sobald in ihm diese Affekte „hochsteigen". Jede dieser Emotionen führt zu einer Trübung des Bewusstseins, zu einer Skotomisierung der Wahrnehmung und damit zu einer Einengung der Freiheitsgrade, die das Individuum hinsichtlich seiner Reagibilität und Aktivität aufweist. Der wütende, traurige oder ängstliche Mensch nimmt jeweils sich und seine Umwelt durch die „Brille" der Wut, Trauer oder Angst wahr. Dementsprechend fallen viele Aspekte, welche diesen Qualitäten nicht entsprechen, durchs Rost der Rezeption und kommen deshalb als Korrekturfahnen für den Betreffenden nicht mehr in Betracht.

Mittels dieser und anderer Emotionen – so Sartre – schafft sich der Einzelne für Augenblicke oder bei chronifizierter Verstimmung – auch für Wochen, Monate oder sogar Jahre eine ganz bestimmte Weltsicht und Erlebnisweise, von der er schließlich überzeugt ist, dass nicht nur sein Erleben, sondern die

Realität selbst diesen Emotionen entspricht. Der Wütende lebt zum Schluss in einer Welt, die scheinbar so konstelliert ist, dass er allen Grund dazu hat, wütend zu sein. Und ähnlich ergeht es denjenigen, die traurig, ängstlich, hoffnungslos oder sonst wie affektge- oder -verstimmt sind. Die Emotionalität schafft die Welt und nicht umgekehrt.

> Eine Theorie der Emotionen, die den Bedeutungscharakter der emotionalen Tatsachen bejaht, muß die Bedeutung im Bewußtsein selber suchen. Mit anderen Worten: Das Bewußtsein macht sich selbst zu einem Bewußtsein, das aufgrund der Bedürfnisse von bewußtseinsinterner Bedeutung emotional erregt ist (Sartre 1997).

Für Sartre, der Ende der 30er Jahre noch ein überzeugter Anhänger der Freiheit des Individuums war, steigen die von ihm skizzierten Emotionen nicht plötzlich und aus heiterem Himmel oder aus einem – wie Philipp Lersch es ausgedrückt hat – „endothymen Grund“ auf. Im Gegenteil: Der Betreffende „wählt“ eine Emotion bzw. überlässt sich mehr oder minder freiwillig einem Affekt, dessen Dynamik ihn dann allerdings tatsächlich dominieren kann:

> Durch das Bewußtsein sind wir immer mehr oder weniger ‚draußen in der Welt‘. Wird es uns dort unheimlich oder ganz einfach ‚zu viel‘, dann wollen wir die Welterfahrung reduzieren und vielleicht auch primitivisieren. Das geschieht durch die Affekte, die Sartre leider mit den Gefühlen in einen Topf wirft. Er bringt das Beispiel von jemandem, der in einer Situation zu unterliegen droht; er entzieht sich dieser Niederlage dadurch, daß er ohnmächtig wird. Oder ein Mensch entwickelt eine vorübergehende oder dauernde Depression. Die Welt, die vorher noch artikuliert und differenziert war, verwandelt sich in eine graue und widerständige Wand, die einschüchtert und verängstigt; aber die Probleme sind im allgemeinen Grau weggerückt und verschwunden (Rattner & Danzer 2000, S. 102).

Konkret heißt dies, dass es bei jedem Verstimmungszustand oder einem jeden aktuell hochschießenden Affekt einen Moment gab, in dem der Betreffende sich für diese emotionale Dynamik „entschieden“ hat bzw. in dem sich der Einzelne auch gegen diese Dynamik hätte entscheiden können. Das bedeutet, dass wir Menschen uns hinsichtlich unserer Affektivität und Emotionalität immer wieder „freiwillig“ in Situationen begeben, in denen aus unserem luziden ein opakes Bewusstsein wird, d.h. in dem wir bewusst-unbewusst eine Trübung unseres Bewusstseins in Kauf nehmen.

Bezüglich der Thematik der Selbsterkenntnis und Selbsterziehung bedeuten diese theoretischen Überlegungen Sartres Folgendes: Ein klarer Blick auf uns selbst wie auch auf die uns umgebende Welt, ist nach Sartre nur dann einigermaßen gegeben, wenn der Einzelne ein leidlich ungetrübtes und luzides Bewusstsein aufweist. Jede Spielart der Trübung reduziert das Erkenntnispotenzial hinsichtlich der eigenen Person und ihrer Verknüpfungen mit der sie umgebenden Welt. Wer demnach ein hohes Interesse an Selbsterkenntnis aufbringen will, muss sich hinsichtlich der Affektivität resp. Emotionalität einer gewissen Askese befleißigen. Man kann nicht sich und die Relationen zur Welt erkennen wollen und sich gleichzeitig den Luxus von trübenden und benebelnden Affekten, wie Wut, Neid, Scham, Hass, Ekel, Zorn, Angst oder Aggressivität in jeglicher Spielart leisten.

Nun kann man jedoch seit Martin Heideggers *Sein und Zeit* davon ausgehen, dass Menschsein immer schon ein bestimmtes Gestimmtsein bedeutet:

> Das Gestimmtsein bezieht sich nicht zunächst auf Seelisches, ist selber kein Zustand drinnen, der dann auf rätselhafte Weise hinausgelangt und auf die Dinge und Personen abfärbt... (Die Stimmung) kommt weder von ‚außen noch von innen', sondern steigt als Weise des In-der-Welt-seins aus diesem selbst auf (Heidegger 1986, S. 136f.).

Wir können uns keinen Zustand ausmalen, den wir nicht mit einer emotionalen Tönung erleben. Und diese emotionale Tönung beeinträchtigt unseren Blick auf uns selbst, wie auf die anderen wie eine Optik, die wir zwar wechseln aber niemals ganz abschaffen können. Der Wechsel der Optik erfolgt durch den Wechsel der Stimmungen, Affekte und Gefühle. Es wäre jedoch illusionär zu denken, jemals ganz ohne diese emotionale Beeinträchtigung einen Erkenntnisakt realisieren zu können.

Welche Emotion ermöglicht nun den weitest möglichen Blick und das realitätsadäquateste Urteil unserer Person? Es empfiehlt sich, diesbezüglich nicht nur auf die *Skizze einer Theorie der Emotionen* von Sartre zu rekurrieren, sondern dessen Konstrukte um die Ansichten und Aussagen zur Emotionalität von Max Scheler zu ergänzen (Scheler 1985). Dieser Philosoph unterschied Gefühle von Affekten und postulierte, dass die Ersteren einen relativ hohen Freiheitsgrad sowie eine intensive Kontaktnahme mit der Wertewelt ermöglichen, wohingegen sich die Letzteren durch einen reduzierten Freiheitsgrad und evtl. die völlige „Nichtung" von Wert- und Werthorizont auszeichnen. Diese Unterscheidung hat Sartre in seiner eigenen Theorie nicht explizit vorgenommen. Sie bietet sich allerdings an, um seine Konstrukte plausibel werden zu lassen. Die Emotionen, die besonders starke Trübungseffekte unseres Bewusstseins hervorrufen, sind diejenigen, welche in der Terminologie Schelers als Affekte bezeichnet werden (Greulich-Janssen 2017, S. 13-28).

Selbsterkenntnis ist demnach am ehesten möglich, wenn der Betreffende seine Emotionalität soweit möglich in Richtung differenziertem Gefühlshaushalt und relativem Mangel oder Abwesenheit von Affekten verschiebt. Dies darf und muss auch in psychotherapeutisch-psychodiagnostischen Situationen Berücksichtigung finden, in denen es ganz explizit um die Thematik der Selbsterkenntnis geht. Auch hier dürfen sowohl der Analysand, wie vor allem auch der Therapeut dafür Sorge tragen, dass die Gefühlshaftigkeit das Niveau der Affekte bei Weitem überwiegt.

Bezüglich der Selbsterkenntnis können die Sartreschen Ausführungen zur Emotionalität ebenfalls nutzbringend angewandt werden. Es wurde bereits erwähnt, dass Sartre überzeugt ist, dass jedes Individuum, welches in einen Affekt gerät, einen – wenn auch noch so kleinen – Freiheitsspielraum der Entscheidung besitzt, den es dazu nutzen kann, sich für oder gegen eine affektive Dynamik zu „entscheiden". Sobald allerdings der Affekt oder aber auch die chronische Verstimmung Platz gegriffen haben, wird der Betreffende tatsächlich zum Opfer dieser Emotionalität, und es kann ihm geschehen, dass er die „Geister, die er rief", aus eigener Kraft nicht mehr zu bändigen weiß.

Selbsterziehung heißt deshalb bezogen auf Sartres *Theorie der Emotionen*, den kleinen Moment der Reflexivität und Nachdenklichkeit zu nutzen, den es gemeinhin vor jedem Affekt, vor jeglicher Verstimmung und vor allen emotionalen Zuständen gibt, selbst wenn das Individuum diesen Augenblick für sich nur schwerlich akzeptiert und in den wenigsten Fällen gelernt hat, ihn produktiv zu nutzen. Angesichts der Wichtigkeit und Dominanz einzelner Affekte, die in ihrer Dynamik und Energie bisweilen Vulkanausbrüchen ähneln, kommt Selbsterziehung häufig zu spät und greift zu kurz. Sartre hat ganz richtig erkannt, dass das „Übel" dann angepackt werden muss, wenn die Entscheidung für es noch nicht ganz gefallen ist.

Auf Emotionen – vor allem auf Affekte – zu verzichten und sich stattdessen für andere Formen, vor allem für Gefühle zu entscheiden, zieht einige Konsequenzen nach sich, die der Betreffende nicht immer honorieren mag. Die wichtigste Folge bezieht sich auf die reduzierte „magische Umwandlung der Welt". Im Affekt, so wurde oben erörtert, verwandelt der Einzelne die Welt so lange in seinem Erleben, bis sie zu seinem Affekt passt. Der Verzicht auf Affekte bedeutet für den Einzelnen, von diesem bequemen Ausweg aus bedrängenden Situationen abzusehen und stattdessen die Komplexität der Welt anzuerkennen. Selbsterkenntnis und Selbsterziehung sind deshalb so selten anzutreffen, weil vorrangig verwöhnte oder narzisstisch orientierte Menschen angesichts der Komplexität der Welt die starke Tendenz aufweisen, eine Vereinfachung ihres Daseins (mittels Emotionen) bewerkstelligen zu wollen.

3. Tiefenpsychologische Konzepte der Selbsterziehung

3.1 Sigmund Freud (1856-1939)

Das Thema der Selbsterkenntnis und Selbsterziehung bei Freud kann auf doppelte Weise untersucht werden: Einerseits hat Freud mit seinem psychoanalytischen Modell der menschlichen Seele, der seelischen Entwicklung, der Psychopathologie und Psychotherapie sowie der Kulturanalyse sehr viel Material formuliert, das unter dem Gesichtspunkt Selbsterziehung/ Selbsterkenntnis einzuordnen ist. Andererseits kann die Biografie des Begründers der Psychoanalyse als imposantes Modell gelungener Selbsterkenntnis und Selbsterziehung aufgefasst werden. Mit diesem letzteren Aspekt wird die Darstellung über die psychoanalytischen Aspekte von Selbsterziehung und Selbsterkenntnis begonnen.

Sigmund Freud wurde naturwissenschaftlich als Arzt, Neuroanatom und Neurophysiologe sozialisiert. Sowohl sein Studium der Medizin als auch der damals dominierende positivistische und materialistische Zeitgeist bewirkten, dass Freud beinahe durch und durch ein Naturwissenschaftler geworden war. Seine philosophischen Interessen, die er während seines Studiums bisweilen bei sich wahrnahm, hat er ebenso wie seine literarischen und historischen Neigungen während seiner Jugend und in seinen jungen Erwachsenenjahren zurückgestellt.

Aufgrund seiner klinischen Arbeit mit an Hysterie erkrankten Patienten (zusammen mit Josef Breuer) sowie aufgrund seiner Studien, die er in Frankreich mit Jean Martin Charcot, Hippolyte Bernheim und Ambroise Auguste Liébault durchführte, wurde Freud mit Fragestellungen konfrontiert, die mit bloßer naturwissenschaftlicher Methodik nicht zu beantworten waren. Es zeichnete den Wissenschaftler Freud aus, dass er in diesen Situationen nach neuen, nicht etablierten Wegen und Strategien suchte, um die Probleme und

Themen, die sich im Kontakt mit der Erkrankung „Hysterie“ für ihn aufdrängten, zu lösen. Insbesondere die hypnotische, später dann auch die anamnestische Diagnostik und Therapie – als Beginn der sog. „Talking cure“ – sind in diesem Zusammenhang erwähnenswert.

Die Behandlungsverläufe seiner hysterisch erkrankten Patienten brachten Freud auf die Spur der sog. Bedeutungs- und Sinnzusammenhänge körperlicher Erkrankungen. Jenseits der Synapsen, Neurone, Gliazellen und motorischen Einheiten, die Freud in seinem Studium und in seiner weiteren Ausbildung kennengelernt hatte, schienen die Krankheitsbilder seiner Patienten darauf hinzuweisen, dass in ihnen Botschaften und Sinnzusammenhänge zum Ausdruck kamen, denen allerdings ein sprachliches Äquivalent fehlte. Freud entdeckte, dass bei einer Versprachlichung dieser vermuteten Zusammenhänge ein Sistieren oder völliges Verschwinden der Symptome (Gehstörungen, Sehstörungen, Sprachstörungen, Sensibilitätsstörungen) zu erwarten stand. Die weitere Erforschung dieser Krankheitsbilder erbrachte für den Begründer der Psychoanalyse den Verdacht, dass es sich bei diesen Sinn- und Bedeutungszusammenhängen im weitesten Sinne um sexuelle Themen und Probleme handelte.

Für eine derartige wissenschaftliche Erkenntnis war es notwendig, dass Freud bei sich selbst den vorherrschenden Zeitgeist zu überwinden hatte, der Ende des 19. Jahrhunderts noch weitgehend viktorianisch-prüde und sexualverdrängend war. Man kann diese Überwindung bereits als einen Akt der Selbsterkenntnis und Selbsterziehung bei Freud bezeichnen, ein Akt, zu dem er fähig war, weil ihn wissenschaftliche Redlichkeit, gepaart mit Wahrheitsliebe und Forscher-Elan dazu brachten, sich im Kontrast und in Distanz zur Meinung der Majorität zu platzieren. Mut, Unerschrockenheit und eine starke, innengeleitete Persönlichkeit (David Riesman) waren und sind Voraussetzungen für eine derartige Haltung. Selbsterkenntnis wie auch Selbsterziehung können ohne diese Eigenschaften und Persönlichkeitsmerkmale kaum vorgestellt werden.

In den Jahren nach der Veröffentlichung der *Studien über Hysterie* (1895) wandte sich Freud einem zweiten Thema zu, das beinahe noch größere Dimensionen der Selbsterkenntnis und Selbsterziehung für ihn bereithielt: Seine eigenen Träume. Als der Begründer der Psychoanalyse im Jahre 1900 unter dem Titel *Die Traumdeutung* sein Konzept der Interpretation von Träumen veröffentlichte, hatte er damit keineswegs nur eine neue und faszinierende Theorie über ein seit Jahrtausenden bedachtes menschliches Phänomen verfasst. Darüber hinaus stellt nämlich *Die Traumdeutung* eine Art Selbstanalyse, Selbstvergewisserung und autobiografische Positionsbestimmung des Begründers der Psychoanalyse dar.

In diesem Buch verwendete Freud viele Träume, die er selbst geträumt hatte und analysierte deren Form und Inhalt auf sehr redliche und teilweise auch überaus offene Art und Weise. Seine eigenen Träume und ihre Analyse wurden ihm zum „Königsweg der Selbsterkenntnis" und zur Grundlage seiner Selbsterziehung. Seine Rolle als Arzt, Wissenschaftler, Familienvater, Ehemann und Begründer einer tiefenpsychologischen Schule wurde von ihm anhand seiner Träume rekapituliert und in ihren Umrissen und Inhalten beschrieben. Teilweise benutzte er seine Träume als Korrektiv seines damaligen konkreten Daseins.

Freud hat im Kontext der Traumdeutung keine spezifische, sondern eine umgangssprachliche Vorstellung vom „Selbst" oder „Ich" und bewegt sich in der Sphäre der Umgangssprache, meint „ich selbst, meine Person". Nach der Unterweisung der Patienten in den „Zustand der kritiklosen Selbstbeobachtung" spricht Freud von sich selbst:

> Die meisten meiner Patienten bringen es nach der ersten Unterweisung zustande; ich selbst kann es sehr vollkommen, wenn ich mich dabei durch Niederschreiben meiner Einfälle unterstütze. Der Betrag von psychischer Energie, um den man so die kritische Tätigkeit herabsetzt und mit welchem man die Intensität der Selbstbeobachtung erhöhen kann, schwankt erheblich, je nach dem Thema, welches von der Aufmerksamkeit fixiert werden soll (Freud 1900a, S. 108).

Die Herausforderungen, die seine Tätigkeit als Psychoanalytiker im Umgang mit seinen Patienten bedeutete, wurden von ihm mittels seiner Träume ebenso bedacht, wie etwa die Niederlagen und Grenzerfahrungen, die er im Kontakt mit Patienten oder Mitarbeitern zu gewärtigen hatte. Träumend und analysierend gelang es Freud, die Umrisse seiner Persönlichkeit nachzuzeichnen und diese Skizze als Möglichkeit zu nutzen, an manchen Ecken und Kanten seines Charakters Korrekturen anzubringen. Ähnlich wie ca. 300 Jahre vor ihm der französische Moralist Montaigne in seinen *Essais,* hat Freud in seiner *Traumdeutung* das eigene Ich und dessen Geschichte zum Material und Ausgangspunkt sowohl für private Selbsterkenntnis und Selbsterziehung als auch für öffentliche und schließlich wissenschaftliche Erkenntnisse genutzt.

In den Schriften, die der *Traumdeutung* folgten (*Psychopathologie des Alltagslebens, Drei Abhandlungen zur Sexualtheorie, Der Witz und seine Beziehung zum Unbewussten, Charakter und Analerotik, Totem und Tabu, Jenseits des Lustprinzips* oder auch *Das Ich und das Es*), wird das Motiv der Selbsterkenntnis und Selbsterziehung nicht derart explizit gemacht, wie in dem Hauptwerk aus dem Jahre 1900. Dennoch kann die Abfassung und Publikation dieser Texte zumindest indirekt als eine Form der Selbstvergewisserung interpretiert werden. Denn in allen diesen Schriften hat Freud mit seiner Präferenz des Sexuallebens an ein Tabu der damaligen Zeit gerührt, das zur Folge hatte, dass der Begründer der Psychoanalyse zu Beginn des 20. Jahrhunderts in Wien heftig attackiert und von weiten Kreisen der Ärzteschaft und der Scientific Community ausgeschlossen wurde. Wie weiter oben bereits erwähnt, können Individuen einen derartigen „sozialen Ostrazismus" nur dann ertragen, wenn sie über ausreichende Ich-Stärke und ein stabiles Selbstwertgefühl verfügen, das nicht auf permanente Anerkennung und Gratifikation von außen angewiesen ist.

So analysierte Freud im Kontext seines Werks *Zur Psychopathologie des Alltagslebens* (1904) mithilfe seiner Deutungstechnik eine Reihe von eigenen Fehlleistungen und unterstrich 1911 nach seiner Einführung des Übertragungs-Gegenübertragungs-Modells in seine psychoanalytische Technik noch einmal die zentrale Bedeutung der Selbstanalyse für den künftigen Psychoanalytiker, welcher seine Berufstätigkeit

> mit einer Selbstanalyse beginne, und diese, während er seine Erfahrungen am Kranken macht, fortlaufend vertiefe. Wer in einer solchen Selbstanalyse nichts zustande bringt, mag sich die Fähigkeit, Kranke analytisch zu behandeln, ohne weiteres absprechen (Freud 1911a, S. 108).

Seine Situation im Wien des beginnenden 20. Jahrhunderts sowie seine wissenschaftlichen Forschungen konnte Freud u.a. nur deshalb erfolgreich gestalten, weil er um sich immer wieder Ansprechpartner, Kollegen und Mitarbeiter zu scharen wusste, die für ihn selbst Stabilisierung und Echo bedeuteten und gleichzeitig dazu beitrugen, die psychoanalytische Lehre und Schule nach und nach zu formulieren. Insbesondere die seit 1902 etablierte „Mittwochsgesellschaft" bedeutete für Freud eine ausgezeichnete Gelegenheit, in regelmäßigem Austausch mit Gleichgesinnten die Tragweite der neuen tiefenpsychologischen Schul- und Lehrmeinungen zu elaborieren.

Dabei war es notwendig, dass der Begründer der Psychoanalyse in eine Führungsposition hineinwuchs, die er später souverän und weitblickend ausfüllte. In den ersten Jahren allerdings lehnte er sich wiederholt an Kollegen oder Mitarbeiter an, denen er z.T. sogar die Rolle der Kronprinzen zuschrieb, ohne dass die betreffenden Personen tatsächlich in der Lage gewesen wären, die von Freud in sie gesetzten Erwartungen zu erfüllen. Sowohl im Kontakt mit Alfred Adler als auch besonders mit C.G. Jung täuschte sich Freud über deren Motivation und Charaktereigenschaften ebenso wie über seine eigenen Bedürfnisse hinweg.

Es bedeutete für ihn einen z.T. bitteren Selbsterkenntnisprozess, sich von diesen beiden und etlichen weiteren engen Mitarbeitern (z.B. auch Otto Rank) zu trennen und den eigenen Weg weiter zu verfolgen. Die Leitung der Mittwochsgesellschaft, aus der später ab 1908 die Psychoanalytische Vereinigung hervorging, war somit für Freud ein Feld der Selbsterkenntnis aber auch der Selbsterziehung. Nach und nach nämlich lernte er, die Rolle des „Moses der Psychoanalyse" für sich zu akzeptieren und entsprechend auszufüllen.

Das Thema der Selbsterkenntnis und Selbsterziehung bei Freud findet sich nicht nur in dessen eigener Biografie. Auch in diversen Begriffen, Konstrukten und theoretischen Aspekten der Psychoanalyse kann – bei geeigneter Übersetzung und Transformation – die Idee von Selbsterkenntnis und Selbsterziehung aufgespürt und namhaft gemacht werden. Dies soll an einigen psychoanalytischen Termini demonstriert werden:

Freuds Seelenmodell

Bekanntlich hat Freud in seiner Schrift *Das Ich und das Es* (1923) das sog. „topische Seelenmodell" der Psychoanalyse formuliert. Darin postuliert der Begründer der Psychoanalyse, dass die unbewussten Triebe und Antriebe – vorrangig aggressiver und sexueller Natur – ebenso wie das sog. Verdrängte den seelischen Ort des „Es" bevölkern. Das Es wird von Freud als eine Instanz im Seelenleben verstanden, die relativ leibnah und zum überwiegenden Teil unbewusst sein soll. Im Es wird laufend Triebspannung generiert, und einzelne Quanten dieser Spannung (Libidoquanten) bedrängen das Ich und wollen befriedigt werden.

Das Ich soll – so Freud – an der „Rinde" oder an der Oberfläche des Es lokalisiert sein und eine eigene Instanz bilden. Diese seelische Instanz kann denken, urteilen, wollen, handeln, bewusst fühlen sowie Handlungsentwürfe planen und – über den motorischen Apparat vermittelt – Handlungen ausführen. Alle diese seelischen Funktionen weisen die Qualität der Bewusstheit auf und sind damit den unbewussten Funktionen des Es z.T. diametral entgegengesetzt.

Wie eine Stufe im Ich, soll sich etwa ab dem fünften oder sechsten Lebensjahr das sog. „Über-Ich" herausbilden, ebenfalls eine seelische Instanz, welche die Funktionen des Gewissens, der Selbstbeobachtung und des Ich-Ideals verkörpert. Im Über-Ich – so Freud – seien weite Bereiche durchaus bewusst. Daneben existieren aber auch Über-Ich-Inhalte, die unbewusst sind und bleiben. Vorrangig das Ich-Ideal wird aus derartigen unbewussten Werten, Normen und Zielvorstellungen gebildet.

Bezogen auf das Thema der Selbsterkenntnis wie auch der Selbsterziehung, bieten sich nun die beiden seelischen Instanzen des Ich und des Über-Ich an, die prädestiniert scheinen, bei geeigneter Ausbildung und Formung den Prozess der Selbsterkenntnis, wie auch der Selbsterziehung zu initiieren und zu realisieren.

So kann etwa ein mildes, gütiges, maßvolles Über-Ich eine adäquate Basis für eine halbwegs realitätsgerechte Selbstbeurteilung und Selbsterkenntnis abgeben. Jedes Über-Ich, das rigide, moralinhaltig, asketisch oder sonst wie „sadistisch" und autoritär strukturiert ist, taugt nach Freud für eine wirklichkeitsnahe Selbstbeobachtung kaum. Bei einer derartigen Selbstbeobachtung muss vielmehr damit gerechnet werden, dass aus ihr statt Selbsterkenntnis Selbstvorwürfe und schlimmstenfalls sogar Schuldgefühle erwachsen.

Ähnlich verzerrte Ergebnisse der Selbstbeobachtung sind zu erwarten, wenn ein Individuum nicht ein zu rigides, sondern ein zu lässiges Über-Ich oder eventuell ein regelrechtes Über-Ich-Defizit aufweist. Viele Menschen, die in ihrem Leben delinquent oder dissozial werden, weisen bei näherer Betrachtung eine überaus defizitäre Über-Ich-Struktur auf. Ihnen mangelt es an tragfähigen Werten und Sinnstrukturen, und dementsprechend schräg sind ihre Urteile die eigene Person betreffend.

Der Prozess der Selbsterkenntnis ist demnach an ein funktionierendes und gleichzeitig mildes Über-Ich gekoppelt. Weder in der therapeutischen noch in der pädagogischen Situation kann daher Selbsterkenntnis angestrebt werden, solange der Betreffende über kein dementsprechendes Über-Ich verfügt.

Ähnliche Verhältnisse treffen wir bezüglich der Selbsterziehung an. Die Selbsterziehung kann als exquisite Funktion des Ich beschrieben werden, wobei diese seelische Instanz ebenfalls über bestimmte Qualitäten verfügen muss, um selbsterzieherisch aktiv werden zu können.

Diese Qualitäten kann man unter den Begriff der Ich-Stärke subsumieren. Darunter versteht die Psychoanalyse die Fähigkeit und Fertigkeit, nicht nur zu wünschen, sondern zu wollen. Ein kräftiges Wollen setzt ein Können in vielen Lebensbereichen voraus. Nur derjenige, der über die Fähigkeit verfügt, die ihm begegnenden Lebensaufgaben effizient und erfolgreich anzugehen und zu lösen, kann können und damit wollen.

Zur Ich-Stärke gehören weiterhin Mut, Geduld, Ausdauer, Zielstrebigkeit und Ausrichtung der Person an überpersönlichen Werten und Sinnhorizonten. Die meisten dieser „Tugenden“ werden bei Freud als Resultat des Sublimierungsprozesses erklärt. Wenn aus vorrangig sexueller, eventuell auch aus aggressiver Triebenergie sozial und kulturell Wertvolles deduziert wird, nennt Freud dies „Sublimierung“. Selbsterziehung ist damit beinahe synonym mit Sublimierungsfähigkeit zu übersetzen, wobei das Ich der Ort der menschlichen Seele sein soll, welcher die Sublimierung in Gang setzt.

In einem weiteren psychoanalytischen Konstrukt findet sich der Gedanke der Selbsterkenntnis und der Selbsterziehung wieder. Es ist dies der genitale Charakter. Bekanntlich hat Freud die Entwicklung der Person eng an die Entwicklung der Sexualität gekoppelt und dies z.B. in seiner Schrift *Drei Abhandlungen zur Sexualtheorie* (Freud 1905d) breit ausgeführt. Darin postuliert der Begründer der Psychoanalyse, dass beim kleinen Kind ursprünglich eine „polymorph perverse“ Trieborganisation anzutreffen sei. Erst nach und nach, und im Laufe von Jahren würde sich daraus eine orale, anale und phallische Organisationsebene ergeben, die im günstigen Falle in die sog. genitale Phase einmündet.

Nun haben bereits etliche Psychoanalytiker der zweiten Generation – z.B. Erik H. Erikson – dieses triebpsychologische Entwicklungsmodell Sigmund Freuds im Grunde anerkannt aber um die sozialen und interpersonellen Aspekte erweitert. Hier soll ähnlich verfahren werden und die triebpsychologischen Prämissen Freuds sollen respektiert werden. Gleichzeitig sollen sie aber auf die mögliche Selbsterkenntnis und Selbsterziehung hin untersucht werden.

Menschen, bei denen eine der prägenitalen Entwicklungsphasen dominierend ist (aufgrund von Fixierungen oder Regression), verfügen zwar durchaus über die Fähigkeit, sich selbst zu betrachten, Urteile über sich abzugeben und möglicherweise auch den einen oder anderen Aspekt ihrer Persönlichkeit einer Art „Selbsterziehung" zu unterziehen. Sie sind dabei jedoch an die Dominanz der jeweiligen Phase – also z.B. an Oralität oder Analität – gebunden. So kann etwa ein oral fixiertes Individuum bei sich sehr wohl Impulse, Strebungen und Neigungen des kaptativen Haben-Wollens oder des Besitzstrebens erkennen, ohne diese allerdings mit der evtl. nötigen Distanz und Kritikfähigkeit beurteilen zu können. Orale Menschen sind häufig „Nehmer-Typen", ohne dass sie an dieser Stelle eine merkliche Selbsterziehung an den Tag legen können, da ihnen hierfür die Plattform einer kritischen Selbstreflexion fehlt.

Eine derartige Basis ist Freud zufolge nur bei sog. genital produktiven Menschen zu erwarten. Diese zeichnen sich dadurch aus, dass sie die narzisstischen und ichbezogenen Kriterien der Oralität, Analität und des Phallozentrismus einigermaßen überwunden und stattdessen bei sich die Maßstäbe einer Interpersonalität, der Sozietät und der Kultur, der Wissenschaft, der Kunst und der Philosophie ausgebildet haben. Neben der Tatsache, dass der genitale Charakter die Voraussetzung für Liebesbeziehungen und Arbeitsfähigkeit darstellt, bedeutet er gleichzeitig eine unerlässliche Bedingung für eine einigermaßen realitätsgerechte Einschätzung der eigenen Person (Selbsterkenntnis), wie auch für eine behutsame und gleichzeitig nachhaltige Veränderung des eigenen Selbst (Selbsterziehung).

Allerdings schränkte Freud durch sein Plädieren für die Lehranalyse die Möglichkeit der Selbstanalyse bald darauf wieder ein, indem er darauf bestand, dass jeder, der andere analysieren wolle, sich „vorher selbst einer Analyse bei einem Sachkundigen unterziehen" solle (Freud 1912b, S. 382). Nach dieser „Eigenanalyse" durch analytische Erforschung der eigenen Person, könne diese Lehranalyse durch Selbstanalyse fortgesetzt werden, wobei der Betreffende sich damit bescheiden müsse, in sich wie außerhalb seiner selbst, immer Neues zu finden (Freud 1912b, S. 383).

Freuds Revision seiner Haltung, durch Selbstanalyse der eigenen Träume Analytiker werden zu können, fand aber nur halbherzig statt. Nur zögernd scheint Freud der Forderung der Züricher Gruppe nach einer Lehranalyse zugestimmt und die „Gefahr" der Selbstanalyse eher als Möglichkeit, denn als absolute Gegebenheit angesehen zu haben. Bei sich selbst zumindest vermutete Freud diesbezüglich keine Gefahr. Vielmehr sei sie ihm in Form der Traumdeutung „zum Trost und Anhalt in jenen schweren ersten Jahren der Analyse" geworden (Freud 1914a).

> Meine Selbstanalyse, deren Notwendigkeit mir bald einleuchtete, habe ich mit Hilfe einer Serie von eigenen Träumen durchgeführt, die mich durch alle Begebenheiten meiner Kinderjahre führten, und ich bin noch heute der Meinung, daß bei einem guten Träumer und nicht allzu abnormen Menschen diese Art der Analyse genügen kann (Freud 1914a, S. 59).

In seinen *Vorlesungen zur Einführung in die Psychoanalyse* (1917) beurteilte Freud die selbstanalytische gleichwertig mit der psychoanalytischen Technik, wobei er die Vorteile der ersteren gegenüber der psychoanalytischen sogar hervorhob (Freud 1914a, S. 112f.). Dieses Votum für die Selbstanalyse nahm Freud später zugunsten der Lehranalyse aber wieder zurück (Freud 1926, S. 226). Um den Gefahren der Selbstanalyse zu entgehen, empfahl Freud als Vorbereitung der zukünftigen Tätigkeit des Analytikers:

> ... ihr hauptsächlicher Zweck ist es, dem Lehrer ein Urteil zu ermöglichen, ob der Kandidat zur weiteren Ausbildung zugelassen werden kann. Ihre Leistung ist erfüllt, wenn sie dem Lehrling die sichere Überzeugung von der Existenz des Unbewußten bringt (Freud 1937, S. 94f.).

Aber erst die Prozesse der Ich-Umarbeitung, die sich „spontan beim Analysieren fortsetzen und alle weiteren Erfahrungen in dem neu erworbenen Sinn verwenden", machen den Analysierten „tauglich zum Analytiker" (Freud 1937, S. 94f.). Das zeigt, dass für Freud die Selbstanalyse lebenslang ein Instrument für ihn war, um bestimmte Seelenvorgänge am eigenen Leib zu erleben und Selbsterkenntnisprozesse anzustoßen.

Die kritiklose Selbstbeobachtung ist ein Instrument, welches Arzt und Patient gleichermaßen einsetzen können. Aufgabe des Arztes ist es, den Patienten hierin zu unterweisen, anwenden muss Letzterer es selber. Die kritiklose, zur freien Assoziation führende Selbstbeobachtung kennzeichnet die spezifische Beziehung einer Person zu sich selbst und ist prinzipiell unabhängig von der Anwesenheit des Analytikers in seiner, die freie Assoziation fördernden Katalysator-Funktion. Die Frage, ob Freud zuerst die Selbstbeobachtung der Patienten registriert und diese dann bei sich selber angewandt hat oder umgekehrt von seiner Selbstbeobachtung ausgegangen ist und sie dann als technisches Mittel in die Patienten-Behandlung eingeführt hat, ist wahrscheinlich so zu beantworten, dass Freud in dem Jahrzehnt zwischen 1895 und 1905 diese beiden gegenläufigen Bewegungen zugleich ausgeführt hat.

In seiner Selbstanalyse setzt Freud die Selbstbeobachtung unmittelbar ein. Seiner Konfrontation mit dem Widerstand von „Schwierigkeiten" aus dem eigenen Innern begegnet er durch Selbstüberwindung (Freud 1900a, S. 110). Indem er den Leser etwa im Vorfeld seines Traums von Irmas Injektion eindringlich auffordert, sich ganz in seine intimsten Vorstellungen zu versenken und in dieser Übertragungsleistung seinen Widerstand gegen die selbstanalytische Traumdeutung preiszugeben, fordert Freud diese Selbstüberwindung zugleich vom Leser, der erst im sinnvollen Nachvollzug Selbstanalyse nutzbar machen könnte.

Allerdings steht Freud der Selbstüberwindungskraft (Selbsterziehung) der meisten Menschen äußerst skeptisch gegenüber. Die Selbstüberwindung ist ein entscheidendes Moment bei der Durchführung der Selbstanalyse sowie wesentliches Moment der analytischen Arbeit. Die Selbstanalyse ist gegen den psychischen Widerstand gerichtet, der wie im Traum auch im Wachzustand wirksam in das Seelenleben eingreift. Wie bei der Selbstbeobachtung, wechselt Freud auch bei dem der Selbstüberwindung zwischen der Darstellung der Behandlungstechnik und derjenigen der Selbstanalyse hin und her (Freud 1900a, S. 524f.). Und die technische Regel „Was immer die Fortsetzung der Arbeit stört, ist ein Widerstand" (Freud 1900a, S. 521), gilt gleichermaßen für den selbstanalytischen wie psychoanalytischen Prozess, die sich komplementär zueinander verhalten.

3.2 Alfred Adler (1870-1937)

Die von Alfred Adler geschaffene Lehre der Individualpsychologie ist für die Selbsterkenntnis und Selbsterziehung insofern von großer Bedeutung, als sie sich mit der Erfassung und Beschreibung der Existenz des Individuums, der Gesamtheit seiner Beziehungen zur Welt sowie seiner seelisch-geistig-sozialen Stellung zur Kultur grundlegend auseinandersetzt. Auch stellt die Adlersche Lehre „das erste aufgezeichnete, einheitliche und vollständige System der Menschenkenntnis" dar. Diese philosophische Anthropologie wurde von Adler als Ganzheitstheorie des Seelenlebens formuliert, in der er die Einheit und Unteilbarkeit der menschlichen Persönlichkeit mit besonderem Nachdruck formuliert hat (Rattner 1986/1987).

Etymologisch bedeutet der Begriff „Individuum" Einzelwesen. Er ist eine sondersprachliche Neubildung zum lateinischen „individuum" und bedeutet „das Unteilbare". Das Wortbildungselement „in-" negiert einerseits den Inhalt des Adjektivs des lateinischen „dividere", welches teilen oder trennen meint und eine Lehnsbildung zum griechischen átomos des „Unteilbaren" bildet. Andererseits fügt es in der Wortbildung die Bedeutungskomponente „hinein" hinzu. In der Philosophie der Stoa wurde „Individuum" zunächst als Bezeichnung für ein Existierendes verwendet, welches nicht weiter zerteilt werden kann, ohne seine Eigenart zu verlieren. In der Renaissance und im Humanismus galt der Begriff für die Existenz eines menschlichen Einzelwesens, um letztendlich das Einzelwesen im Gegensatz zur Gesellschaft zu bezeichnen. Morphologisch zugehörig sind die Wörter „Individualisation", „Individualismus", „Individualist", „Individuation", „individuell" (Kluge 1989).

Nach dieser Idee des Unteilbaren und Ganzheitlichen der Personalität und des Individuums im bewussten Gegensatz zur Psychoanalyse Sigmund Freuds konzipiert, besteht die individualpsychologische Auffassung und Erforschung des Individuums in Abgrenzung zur empirisch-naturwissenschaftlich anmutenden Freudschen Vorstellung in „Synthese, Ganzheit und Stil" (Danzer 1995, S. 194). Dem Freudschen „psycho-analytischen" Zerlegen der Persönlichkeit steht das individualpsychologische, synthetische Schauen und Verstehen der Zusammenhänge des Individuums diametral gegenüber. Der Holismus Alfred Adlers ist naturgemäß antireduktionistisch und erfasst und beschreibt das Individuum in „seinen Weltbezügen, hierarchischen Gliederungen und Organen, die selbst wieder durch ihre spezifische Funktion in Relation auf das Ganze definiert sind“ (Danzer 1995, S. 194). Aufgrund dieses Einheitsprinzips ist das Adlersche Individuum zu verstehen als „eins und unteilbar sowohl im Hinblick auf die Beziehung zwischen Leib und Seele als auch auf die verschiedenen Tätigkeiten und Funktionen der Psyche“ (Ellenberger 1985, S. 820).

Es liegt in der Natur der Sache, dass eine systematische Darstellung des Selbst- wie auch des Erziehungsbegriffs der Individualpsychologie aufgrund ihres holistischen Systems zu Verkürzungen zwingt, die fälschlicherweise als oberflächliche Einschätzung fehlinterpretiert werden könnten. Adlers Theorien erscheinen zwar einfach, sind jedoch schwierig zu erfassen und noch schwieriger in die Praxis umzusetzen. Grundlagen der Individualpsychologie bilden vielfältige philosophische Gedankensysteme:

> Begonnen bei Aristoteles‘ „Entelechie“ und „zoon politikon“ sowie der Tugend- und Weisheitslehre des Stoizismus (Böhringer 1985, Ellenberger 1985) über Kants „pragmatische Anthropologie“ (Ellenberger 1985) und Nietzsches „Selbst“, das den „Willen zur Macht“ als finale Ausrichtung auf Wachstum und Werte hin kennt (Rattner 1986) bis zu Vaihingers „Philosophie des Als Ob“ (Ellenberger 1985, Rattner 1986, Rüedi 1988, Diltheys *Beschreibende und zergliedernde Psychologie* (Rattner 1986) und Jan Christiaan Smuts *Holismand Evolution* (Böhringer 1985, Ellenberger 1985). (Danzer 1995, S. 194)

Mit seinem Selbstbegriff lehnt Adler sich insbesondere an den Entelechie-Begriff seines Zeitgenossen Hans Driesch an, weist dem Individuum die Regelung der Beziehungen zwischen Organismus und Milieu zu und plädiert für seine Autonomie. Adlers Psychologie ist eine Wissenschaft der zwischenmenschlichen Beziehungen, wobei die Dynamik lebendigen Geschehens nicht als eine Funktion der Teile zu interpretieren ist, sondern als Funktion des Ganzen, ausgehend vom Individuum als dem Zentrum und Einheit bewirkenden Faktor der Persönlichkeit. Adler gesteht dem Individuum eine selbstständige, schöpferische und konstruktive Tätigkeit zu, bewahrt es damit vor einer Reduzierung auf Vererbung und bloße Milieubestimmtheit und verhilft ihm in der Wissenschaft wieder zu Freiheit und Autonomie.

Adlers Erziehungsbegriff ist tiefgreifend von seiner eigenen, eminent pädagogischen Persönlichkeit geprägt, die zeitlebens an der Vervollkommnung der Erziehungsmethoden gearbeitet hat und deren Lebenswerk geradezu mit dem Nietzsche-Motto überschrieben werden könnte: „Es wird eine Zeit kommen, die keinen anderen Gedanken kennen wird als Erziehung!" Die heutzutage von Tiefenpsychologen in der Kulturwelt einhellig vertretene These der Gewährleistung eines sinnvollen seelischen Gesundheitsschutzes durch eine psychologisch förderliche Erziehung verdanken wir überwiegend dem Engagement Alfred Adlers. Es wird oft vergessen, dass er als Erster die psychologische Bedeutung der Elternschulung hervorgehoben und auch diejenigen Prinzipien einer Kindererziehung angegeben hat, welche aus den Erfahrungen der Neurosenpsychologie die richtigen Konsequenzen zu ziehen vermochte (Rattner 2000 (6) 45).

Biografie und Werke

Alfred Adler wurde am 07.02.1870 in Wien als zweites von sechs Kindern des wohlhabenden Kaufmanns Leopold Adler und seiner Frau Pauline geboren. Nach eigenen Angaben war Adler ein vom gütigen, liebevollen Vater verzärteltes aber mit Sorgfalt erzogenes kränkliches Kind, das unter Rachitis, Bewegungseinschränkungen und Stimmritzenkrampf gelitten haben soll. Zunächst war Adler ein schlechter Schüler, der eine Schulklasse wiederholen musste, jedoch konnte er seine Minderwertigkeitsgefühle und Fehlschläge durch gelingende Kompensation und Überkompensation bewältigen und das Abitur erfolgreich bestehen.

> Frühere Organminderwertigkeit, die zu überwinden ich sehr kämpfte, und ein frühes Zutunhaben mit Vorgängen außerhalb des Familienkreises gaben sicher die Grundlage ab für meine seelische Verfassung und meine Haltung dem Leben gegenüber. Dazu kam der Drang, niemals hinter meinem älteren Bruder zurückzubleiben ... Die Erlebnisse meiner Kindheit haben auch mit der für mich charakteristischen Denkweise zu tun, alle seelischen Äußerungen als Ausdruck einer Bewegung zu sehen ...Es waren aber nicht sosehr meine Kindheitserlebnisse selbst, die wichtig waren; wichtig war die Art und Weise, wie ich sie beurteilte und verarbeitete (Adler 1947).

Nach Abschluss des Medizinstudiums qualifizierte sich Adler zunächst als Augenarzt in Wien und in der Folge als Spezialist für Nerven- und Gemütskrankheiten, was ihn mit dem damals um die Anerkennung seiner Forschungsarbeiten ringenden Sigmund Freud in Beziehung brachte. So wurde Adler ab 1902 Mitglied in Freuds Mittwochsgesellschaft, in welcher der Begründer der Individualpsychologie jedoch seine geistige Unabhängigkeit bewahrte und früh eigene, von der orthodoxen Psychoanalyse abweichende Gedanken vertrat.

In seinem ersten Werk *Studie über Minderwertigkeit von Organen* (1907) (Adler 1977b) wird bereits das spätere Lehrgebäude der Individualpsychologie keimhaft vorweggenommen. Adler vertritt hier die Auffassung, dass nicht alle Organe „vollwertig" seien und es zu Anomalien von Bau, Lage und Funktion kommen könne. Entweder sterbe das Individuum daran oder seine minderwertigen Organe belasten es in seiner Lebensbewältigung. Kompensatorisch werden um diese Organe herum „Sicherungen" aufgebaut. Mit seinem „psychischen Überbau" stellt das Nervensystem das wertvollste Sicherungssystem dar, das als „seelisches Organ" immer in seiner Entwicklung darauf Bezug zu nehmen scheint, wo immer organische Minderwertigkeiten vorliegen. Es leistet Kompensationen und evtl. sogar kulturell bedeutsame Überkompensationen. Jedoch können sich möglicherweise Erkrankungen am „minderwertigen Organ" auch häufen, welches seine „Sprache spricht" und zum Brennpunkt seelischer Fehlschläge und Fehlentwicklungen werden kann. Obwohl Adlers „Minderwertigskeitslehre" in einigen Punkten veraltet ist, erscheint sie in mancher Hinsicht wie eine Vorwegnahme der neueren Psychosomatik.

Um 1911 kam es zwischen Adler und Freud zum Bruch. Auslöser der sich bis dahin ca. zehn Jahre hinziehenden theoretischen Kontroverse war, „dass Adler nicht nur die ‚Überbewertung' der Sexualität reduzieren, sondern Sexualität als ätiologisches Moment in der Neurose überhaupt streichen wollte" (Handlbauer 1990, S. 179). Adler gründete daraufhin die „Gesellschaft für freie Psychoanalyse", die später von ihm in den „Verein für Individualpsychologie" umbenannt wurde. In seinem Hauptwerk *Über den nervösen Charakter* (1912) (Adler 2008a) formuliert Adler sein Konzept der Individualpsychologie. In ihm bilden Minderwertigkeitsgefühl, Gemeinschaftsgefühl und Geltungsstreben (Wille zur Macht) die Hauptachsen aller psychischen Strebungen. Nicht mehr die Organminderwertigkeit, sondern die Erziehung wird zur entscheidenden Instanz, indem die elterliche Haltung aufgrund eigenen Erziehungswissens oder Unvermögens im Kind Minderwertigkeitsgefühle vermindern oder verstärken und sich entscheidend darauf auswirkt, ob das Kind soziale oder asoziale Kompensationen anstrebt.

Adler wird hier zu einem der „Psychologie des Unbewussten" den Rang ablaufenden Begründer der „Ich-Psychologie", indem er dem seelisch kranken Ich sorgfältige Aufmerksamkeit widmet. Der nervöse Charakter und seine Lebenseinstellung werden für Adler zum Schlüssel unglücklicher Lebensführung. Seine Aufdeckung wird für Adler vorrangige Aufgabe der Psychotherapie. Wie *Die Traumdeutung* Sigmund Freuds ist dieses Werk zu einer Grundlage der wissenschaftlichen Seelenkunde geworden.

1913 bekundete Adler mit dem eigenen – sowie Beiträgen seiner Mitarbeiter enthaltenden – pädagogischen Standardwerk *Heilen und Bilden* eine Pädagogik der Gewaltfreiheit, welches die kindlichen Lebensäußerungen als sinnvolle Antworten auf innere Nöte und Konflikte des Kindes versteht (Adler 1973c). Unter dem Titel *Indivdualpsychologie in der Schule* und *Die Seele des schwererziehbaren Schulkindes* wurden die von Alfred Adler als Dozent am Pädagogischen Institut der Stadt Wien in den 20er Jahren des letzten Jahrhunderts erschienenen Vorträge und Demonstrationen vor Lehrern und Studenten veröffentlicht. In ihnen wird Adlers meisterliche psychologische Gesprächsführung deutlich. Er demonstriert, wie Kindern und Erziehern in knappen Anweisungen Verhaltensfehler deutlich gemacht und sie zur Überwindung angeleitet werden können.

Aus psychologischen Vorträgen an der Volkshochschule Wien ist Adlers vielleicht bekanntestes Buch *Menschenkenntnis* (1926) entstanden, das eine Psychologie für jedermann enthält, der an der Verbesserung eigener Selbsterkenntnis und Menschenkenntnis arbeiten will (Adler 1966). Die Kunst, Menschen zu erkennen und zu verstehen, lag Adler ganz besonders am Herzen, und auch später in den USA – wohin er ab den späten 20er Jahren immer häufiger reiste – lehrte er sie unter dem Begriff *Science of Living.*

Neben seiner Tätigkeit als Gastprofessor am Long Island Medical College in New York ging der Begründer der Individualpsychologie in den 30er Jahren seinen unermüdlichen Vortragsreisen in Europa nach. Die „Internationale Vereinigung für Individualpsychologie" schloss sich in individualpsychologischen Ortsgruppen zusammen, deren Publikationsorgan die „Internationale Zeitschrift für Individualpsychologie" wurde. In diesen Jahren entstanden u.a. Adlers Bücher wie *Das Problem der Homosexualität* (1929), *Der Sinn des Lebens* (1933b), *Religion und Individualpsychologie* (1933), *The Education of Children* (1937). Auf einer Vortragsreise in Aberdeen erlag Adler 1937 einem Herzinfarkt.

Der Selbstbegriff der Individualpsychologie Adlers

Das Individuum ist ein einmaliges, unverwechselbares und unwiederholbares Ich-Selbst-Sein. Allerdings ist es auch fragil, ängstlich und verletzlich, sodass es hoher Anforderungen bedarf, um seinem Aufbau, Schutz und seiner Pflege gerecht werden zu können (Danzer & Rattner 1999, S. 34). Das Individuum ist nur in seiner Einheit und Ganzheit zu verstehen, bestehend aus Bewusstsein wie Unbewusstsein (Unverstandenem), vielfältigen Funktionen, Leistungen, Bereitschaften, Fähigkeiten und Erscheinungsweisen (Danzer & Rattner 1999, S. 34). Diese spiegeln sich jeweils in den Teilaspekten Leib, Seele und Geist, die zwar perspektivisch als verschieden wahrgenommen werden können, jedoch immer nur Ausdruck der leib-seelisch-geistigen Totalität des Lebensgeschehens Mensch sind und auch nur so in ihrem komplexen Zusammenhang begriffen werden können (Rattner 1986, S. 119).

Zugrunde liegt dem eine personalistische Auffassung der Leib-Seele-Geist-Einheit, in der alle Teile im Dienst der Totalität zusammenwirken, alle Lebensäußerungen stilvoll zur Geltung gebracht werden und das lebendige Ganze zu erhalten und zu verwirklichen suchen (Eicke 1982, S. 149).

Adler versteht unter dem Individuum kein Faktum, sondern ein Fakultativum. Von der Natur erhält es seinen psychophysischen Organismus. Die jedem Individuum gegebene Disposition zum Gemeinschaftsgefühl als sozialgeistigen Horizont gilt es durch den Akt der Sozialisation mit Hilfe produktiver menschlicher Beziehungen und wertorientierter Handlungen in einem lebenslangen Prozess zu entwickeln und zu entfalten. Sie ist nie abgeschlossen und bedarf vonseiten der Erzieher liebevoller Pflege und Förderung, vom Individuum aber auch gewaltiger eigener Anstrengungen und Bemühungen. Die Einheit der Persönlichkeit ist in jedem Individuum angelegt und drückt sich in Stil und Kunstwerk, Finalität und Komposition aus (Danzer 1995, S. 194). Dieses komplexe, einheitliche Individuum ist Eigenschöpfung:

> Jedes Individuum repräsentiert gleichermaßen die Einheit und Ganzheit der Persönlichkeit wie die individuelle Ausformung dieser Einheit. Das Individuum ist mithin sowohl Bild wie Künstler. Er ist der Künstler seiner eigenen Persönlichkeit (Adler 1976, S. 7).

Das Individuum hat eine angeborene Disposition zum „Common sense" und Gemeinschaftsgefühl. Dieses bedarf jedoch der Förderung und Selbsterziehung, damit sich Solidarität und die Fähigkeit zu gegenseitiger Hilfe in seiner

Haltung, Einstellung und Tat konkretisieren können. Es steht im Zentrum der sozialen Beziehungen und Aufgaben und bildet mit ihnen ein wechselseitig wirksames dynamisches Bezugssystem, das sein eigentliches Lebenselement ist. Alle Handlungen des Individuums sind Botschaften an das Du und haben folglich soziale Bedeutung.

Der Charakter ist Produkt einer Entwicklung und Auseinandersetzung der schöpferischen Kraft des Individuums mit seinem Milieu, aufgebaut immer unter dem Einfluss biologischer, familiärer, sozialer und weiterer Gegebenheiten, die schließlich den Horizont seiner Lebensgefühle ausmachen. Dieses Erleben bestimmt alle Züge, Einstellungen und Haltungen des Individuums. Der Charakter dient der Sicherung und dem Schutz des fragilen Individuums vor Angst, Schwäche, Unsicherheit und Überwältigt-Werden und besteht aus konstanten, fast automatisch reagierenden, günstigenfalls flexibel bleibenden Reaktionsbereitschaften. Im Charakter sind die subjektiven Kindheitserfahrungen des Individuums verewigt, die sich während der Zeit seiner noch nicht entfalteten Urteilsfähigkeit gebildet haben und erst durch eine gesunde Gefühlsentwicklung und Vernunft zu korrigieren sind.

Die das Individuum schaffende und von ihm wiederum geschaffene Kultur wird seiner Natur gemäß ständig weiterentwickelt. Insofern hat es in der sozialen Evolution eine Sonderrolle inne, die ihm permanente Stellungnahme und Entscheidung durch eigenes ethisches Verhalten abverlangt und im evolutionären Humanismus seinen existenziellen Bezugsrahmen findet (Rattner 1999 (5) 2ff.). Bei gelungener Erziehung und Selbsterziehung ist die Gesamtpersönlichkeit durch die Entfaltung des Gemeinschaftsgefühls gereift, und der evolutionäre Drang der Lebensentwicklung kann durch die Überwindung von Schwierigkeiten wirksam werden: „Nach Adler ist das gesunde Leben enorm optimistisch, es behauptet sich sogar dort, wo die Logik sagen würde, daß Selbstbehauptung unmöglich ist“ (Rattner 1992 (5) 5).

Das vom Individuum erlebte Minderwertigkeitsgefühl ist ein Anthropinon, von Adler auch als „positives Leiden“ oder „Segen“ bezeichnet. Wie die Menschheitsgeschichte als Geschichte des Minderwertigkeitsgefühls und seiner Lösungen zu verstehen ist, ist dieses nicht nur die Quelle konstruktiver Veränderungen allgemeiner, sondern auch individueller menschlicher Verhältnisse (Fuchs 1998, S. 44). Diese fundamentale Erfahrung des Individuums bleibt angesichts der Größe des Kosmos, der Erhabenheit der Kultur und des Bewusstseins eigener Vergänglichkeit stets virulent.

Das Minderwertigkeitsgefühl bildet fortwährenden Reiz, ein Sicherheit und Geltung versprechendes, der Vervollkommnung des Individuums näher bringendes Ziel anzustreben (Fuchs 1991, S. 255). In ihm erscheint die Welt für das Individuum als wertvoll und anstrebenswert und gibt insofern für eine Dynamik des Seelenlebens den entscheidenden Impuls zu einer adäquaten Stellungnahme zu Unzulänglichkeit, Abhängigkeit und Unsicherheit. Wie diese individuelle Stellungnahme des Individuums beschaffen ist, sagt immer etwas über die Fähigkeit des Individuums aus, wie es die Überwindung der Minusposition hin zu einer Plusposition bewerkstelligen und mit welchen Mitteln es sie zu unternehmen gedenkt.

Das Individuum ist dynamisch, nicht statisch zu verstehen. In seiner Gangart strebt es aus seiner als Minderwertigkeit erlebten Unvollkommenheit auf eine als Fiktion gesetzte Vollkommenheit hin (Schmidt 1982, S. 114). Diese Kompensation seiner gefühlten Unvollkommenheit ist eine schöpferische Leistung des Individuums und als sein Lebensentwurf zu verstehen. Seinen Lebenslauf werden nicht allein Konstitution, soziales Milieu und seine „Geworfenheit“ als Gegebenheiten ausmachen, sondern insbesondere das, was das Individuum aus dieser Situation macht und wie sein einzigartiger Entwurf, der Lebensstil beschaffen ist, wird für seine Existenz zentral bedeutsam. Er ist das eigentlich Psychische, das dynamische und das eigentlich bildende oder formgebende Prinzip des Individuums. Insofern wird es nicht so sehr durch Ursachen als durch seine Ziele bestimmt.

Die geistig-soziale „Minderwertigkeit“ bei der ersten Geburt ist die Bedingung für das Streben des Individuums nach Vollkommenheit, wobei es dieses Ziel niemals zu erreichen vermag. Vervollkommnung als Ergebnis seiner zweiten Geburt bedeutet darüber hinaus Selbstgestaltung auf dem Boden von Selbstverantwortung durch Wertverwirklichung. Diese Vollkommenheit schließlich nicht erreichen, das Leben letztendlich nicht ausschöpfen und Fragen nicht endgültig klären zu können, macht nicht nur die Tragik des Individuums aus, sondern bedeutet vielleicht auch Glück und Gewähr für sein unablässiges Streben (Fuchs 1998, S. 45).

Das Gemeinschaftsgefühl ist das zentrale Wesensmerkmal des Individuums und durch seine Sonderstellung als bewusstseinsfähiges Wesen im Kosmos bedingt. Die Fähigkeit zur sozialen Verbundenheit und gegenseitigen Hilfe verlangt von ihm geradezu eine Einfügung in die gesamte Lebensgemeinschaft, von der seine eigene Weiterentwicklung abhängt:

> In der ganzen Menschheitsgeschichte finden sich keine isolierten Menschen. Die Entwicklung der Menschheit war nur möglich, weil die Menschheit eine Gemeinschaft war und im Streben nach Vollkommenheit nach einer idealen Gemeinschaft gestrebt hat. Das drückt sich in allen Bewegungen, in allen Funktionen eines Menschen aus, ob er diese Richtung gefunden hat oder nicht, im Strom der Evolution, der durch das Gemeinschaftsgefühl charakterisiert ist, weil der Mensch unverbrüchlich durch das Gemeinschaftsgefühl gelenkt, gehindert, gestraft, gelobt, gefördert wird, so daß jeder einzelne jede Abweichung nicht nur verantworten, sondern auch zu büßen hat (Adler 1981, S. 171).

Das gesamte Adlersche Gedankengebäude beruht auf diesem meist umstrittenen aber zentralen Begriff, der als Dreh- und Angelpunkt seiner Lehre deshalb bedeutendes Gewicht besitzt, weil es für Adler das einzig objektiv anzulegende Maß für Gesundheit, Krankheit, „richtiges“ oder „falsches“ Leben des Individuums ist. Inwieweit das Individuum produktiv arbeiten, im Lieben das Du respektieren und es zu fördern vermag und ob sein Sozialinteresse ein Fortschreiten der Menschheit im Auge hat und dies mit der Wertsteigerung der eigenen Person verbinden kann, ist vom Grad seines entfalteten Gemeinschaftsgefühls abhängig. Zentrales Strukturelement des Gemeinschaftsgefühls ist das Wohlwollen, das sich zusammensetzt

> aus Sozialinteresse, Entgegenkommen, Hilfsbereitschaft, Mitgefühl, Freundlichkeit, Großmut, Güte, Loyalität, Toleranz, Herzlichkeit, Treue, Freigebigkeit, Milde, Rücksicht, Humanität, Verbindlichkeit, Diskretion, Gerechtigkeitssinn, Friedfertigkeit, Verantwortung für Mitmenschen und Kultur, globalem Denken und Handeln, antiautoritären und antipatriarchalischen Beziehungs- und Gesellschaftsstrukturen u.v.a. Aspekten (Danzer 1998, S. 260f.).

Das Gemeinschaftsgefühl stellt einen Korrekturfaktor zwischenmenschlicher Beziehungen dar, sodass Solidarität, Beitragsleistung und Mitmenschlichkeit für den Begründer der Individualpsychologie die einzig wirksame Antwort auf eigene Unzulänglichkeitsgefühle darstellen. Relativ angstfrei kann das Individuum nur werden, wenn es soziale Gleichwertigkeit übt und praktiziert, sodass es nur als Mitmensch wirklich produktiv und glücksfähig werden kann (Rattner 1996, S. 43).

Erziehung und Selbsterziehung bei Alfred Adler

Alfred Adler sieht die Aufgabe der Erziehung in der individuellen und kollektiven Evolution (Adler 1981, S. 62ff.). Die seit dem Bestehen der Kultur um Möglichkeiten eines förderlichen Zusammenlebens neigende Menschheit wird seiner Auffassung nach nur eine Chance zum Überleben haben, wenn die Kultur unter den Leitstern einer permanenten Erziehung und Bildung gestellt wird, weil sonst die unabwendbare Gefahr drohte, dass Menschen sich selbst, ihre Umwelt und die Menschheit zerstören (Rattner 1996, S. 44).

Was Immanuel Kant als Pflicht-Ethik und Imperativ formuliert, transformiert Adler in ein Sozialisationsprogramm für Familie, Schule, Gesellschaft und Psychotherapie. Dabei gelte es, Strukturen und Rahmenbedingungen von Familien, Kindergärten, Schulen, Universitäten, Berufsausbildung, Studium, Politik, Wirtschaft, Wissenschaft, Technik, Kunst und Philosophie so zu gestalten und zu verändern, dass sie dem Ziel der Geburt des Individuums dienen können, wie dem Wachsen von Common sense und damit die Voraussetzung einer größtmöglichen Entwicklung von Gemeinschaftsgefühl bei den einzelnen Individuen schaffen.

In der Tradition der Aufklärung stehend, als viele Pädagogen, Philosophen und Wissenschaftler die Überzeugung einer fast grenzenlosen Erziehbarkeit des Menschen vertreten, propagiert Adler tief beeindruckt von den Resultaten jener Pädagogik: „Unsere Aufgabe ist es, das Kind zu einem Instrument des sozialen Fortschritts zu gestalten“ (Adler 1973, S. 35f.). Unentbehrlich hierfür gilt Adler sein aus der tiefenpsychologischen Neurosenpsychologie erwachsendes Erziehungsdenken, welches in der Prophylaxe die zu seelischen Deformationen führenden Fehler zu vermeiden sucht.

Das Kind benötigt für seine Entwicklung einen günstigen Nährboden, den die derzeitige Familie als Sozialisationsinstanz aufgrund mangelnder Selbsterziehung der Eltern und ihrem daraus resultierenden fehlenden Verständnis, disharmonischer Ehen u.a. Probleme oft nicht bieten kann. Aufgrund dieser Mängel kann sie dem Kind weder den nötigen Rückhalt durch eine sinnvolle moralische Führung noch ausreichende Liebe vermitteln:

> Leider können wir nicht leugnen, daß die Eltern weder gute Psychologen, noch auch gute Pädagogen sind. Was heute in der Familienerziehung die Hauptrolle spielt, ist ein in verschiedene Grade ausartender Familienegoismus. Dieser verlangt scheinbar mit Recht, daß die eigenen Kinder besonders gehegt, als etwas Besonderes angesehen

> werden, wenn auch auf Kosten anderer. So kommt es, daß gerade die Familienerziehung dadurch die schwersten Fehler begeht, daß sie sozusagen den Kindern einimpft, als müßten sie sich den anderen gegenüber immer überheben und sich als etwas Besseres betrachten (Adler 1966, S. 244).

Erziehung versteht Adler als Problem der Menschenführung, als eine Kunst und Wissenschaft. Für das Zusammenleben zwischen Erzieher und Kind sowie deren gemeinsame Entwicklung fordert Adler die Selbsterziehung des Erziehers als unabdingbare Voraussetzung. Unverstandene Voraussetzungen der eigenen Lebenseinstellung, wie damit zusammenhängend derjenigen zum Kind, sollten hierzu tiefenpsychologisch aufgearbeitet und verstanden werden, damit sie das Kind nicht infizieren und seine innere Spontaneität und seinen Lebenskontakt blockieren.

Ein erfolgreiches Lern- und Sozialisationsschicksal des Individuums wird in eine kontinuierliche, lebenslange Selbstbelehrung und Selbsterziehung münden, in der die eigene Person Subjekt wie Objekt eines permanenten Bildungsprozesses wird, der in das Gemeinschaftsgefühl mündet. Dort lebt das kulturell aktive und kreative Individuum annähernd gemäß des Common sense. Dieser ist so gestaltet, dass wissenschaftliche Wahrheit und Erkenntnis als weltumspannend zu verstehen sind analog dem Vernunftbegriff von Kant.

Nach Adler findet Selbsterziehung über die Gemeinschaftserziehung statt, in der das Individuum vorerst in einer solidarischen Familienatmosphäre sowie späterer größerer Gemeinschaften seine primär emotionale Beziehungs- und Lernfähigkeit trainiert, die seinen Lebensmut soweit stärkt, um sich einer ungewissen Ich-Expansion überhaupt aussetzen zu können. Soziale Gesinnung, innere Autonomie und Ausrichtung auf Werte des Gemeinschaftsgefühls gelingen durch Beziehungsfähigkeit des Individuums, welche sich auf Tugenden und Werte im Rahmen einer Zukunftsidee einer besseren Menschengemeinschaft i. S. Adlers auszurichten vermögen.

Verfolgt das Individuum diese Zielsetzung, sich in die werdende Kultur einzufügen, wird es sich emotional und intellektuell den Problemen und Fragen des Kosmos widmen. Durch diese Solidarität, sich als Teil der Menschheit zu verstehen, kann das Individuum zum eigenen, wie zum Nutzen der Menschheit denken, fühlen und handeln. Es bleibt deshalb nicht mehr nur Beobachter äußerer Vorgänge, sondern fühlt sich als selbst Betroffener und kann Stellung beziehen, weil es Vernunft und Realitätsbezug besitzt. In diesem uneingeschränkten Bekenntnis zu Mitmensch und Welt wird das Individuum zum Mitmenschen. Gelungene Selbsterziehung bekundet sich in Selbstüberwindung und Kooperation, die sich in Akten der Identifizierung, Einfühlung und des Verstehens ausdrücken und insofern Weisen des Mitseins im Sinne des Gemeinschaftsgefühls sind.

3.3 Carl Gustav Jung (1875-1961)

Der Schweizer Psychoanalytiker und Begründer der Komplexen Psychologie, Carl Gustav Jung, hat sich dem Thema der Selbsterkenntnis und Selbsterziehung ebenfalls gewidmet. Ähnlich wie bei Sigmund Freud, können wir auch bei dem Züricher Psychologen und Psychiater dieser Thematik im Bereich seiner eigenen Biografie wie auch im Bereich seines Werkes nachgehen. Wir beginnen mit einem kurzen Blick auf den Lebenslauf resp. die autobiografischen Anmerkungen Jungs dazu.

C.G. Jung hat im Alter eine Art Autobiografie verfasst, die er seiner engen Mitarbeiterin Aniela Jaffé diktierte, und die 1962 unter dem Titel *Erinnerungen, Träume, Gedanken von C.G. Jung* (Jaffé 1984) erschienen ist. Darin schildert Jung etliche Episoden und Entwicklungen aus seinem Leben und verwendet zur Illustration seines Daseinsprozesses vorrangig eigene Träume sowie Erinnerungs- und Assoziationsketten.

Anders als bei Freud (z.B. in *Die Traumdeutung)* entsteht bei der Lektüre dieses autobiografischen Textes entgegen seiner Versicherung: „Mein Leben ist die Geschichte einer Selbstverwirklichung des Unbewußten" (Jaffé 1984, S. 10) nur selten der Eindruck heller Durchsichtigkeit und unbedingter intellektueller Redlichkeit und Wahrhaftigkeit. Viele Traumbilder des „Gurus vom Zürichsee" sind zwar hinsichtlich ihrer Ausdrucksstärke und Bildhaftigkeit imposant, werden aber von Jung nicht dazu benutzt, sich selbst in einen offenen und schonungslosen Analyseprozess einzustellen, sondern bewirken oftmals eine gewisse Hagiografie, d.h. eine Helden- und Heiligen-Beschreibung ihres Urhebers C.G. Jung.

Die Tatsache, dass Jung bei sich selbst anhand von Träumen, Märchenbildern, mythischen u.a. Erinnerungen und Assoziationen nur bedingt Selbstanalyse treiben konnte, mag verschiedene Ursachen gehabt haben. Die wichtigste Ursache dieser begrenzten reflexiven und aufklärerischen Kraft die eigene Person betreffend, liegt wohl in den biografisch wenig problematisierten Aktivitäten und Haltungen des Begründers der Komplexen Psychologie begründet. So hat sich Jung bspw. sowohl zu seiner Trennung von Freud wie auch – ca. 30 Jahre später – zu seiner blamablen Haltung und Einstellung dem Nationalsozialismus gegenüber (Jung 1964, S. 10) – in späteren Jahren kaum je in einer souveränen, die eigenen Verfehlungen anerkennenden Art eingestellt. Im Gegenteil: Seine Ausführungen etwa zum arischen Unbewussten, das angeblich dem jüdischen Unbewussten himmelhoch überlegen sei, bezeichnete er später als einen lediglichen „Ausrutscher“:

> Das arische Unbewusste hat ein höheres Potential als das jüdische; das ist der Vorteil und der Nachteil einer dem Barbarischen noch nicht völlig entfremdeten Jugendlichkeit. Meines Erachtens ist es ein schwerer Fehler der bisherigen medizinischen Psychologie gewesen, daß sie jüdische Kategorien, die nicht einmal für alle Juden verbindlich sind, unbesehen auf den christlichen Germanen und Slawen verwandte. Damit hat sie nämlich das kostbarste Geheimnis des germanischen Menschen, seinen schöpferisch ahnungsvollen Seelengrund als kindisch-banalen Sumpf erklärt, während meine warnende Stimme durch Jahrzehnte des Antisemitismus verdächtigt wurde. Diese Verdächtigung ist von Freud ausgegangen. Er kannte die germanische Seele nicht, so wenig wie alle seine germanischen Nachbeter sie kannten. Hat sie die gewaltige Erscheinung des Nationalsozialismus, auf den eine ganze Welt mit Erstaunen blickt, eines Besseren belehrt? (C.G. Jung 1933. Januarausgabe 62)

An Jung lässt sich demonstrieren, dass nur derjenige zur Selbsterkenntnis und damit auch zur Selbsterziehung fähig ist, der sein eigenes Wesen und seinen Lebenslauf mehr oder weniger ungeschminkt und unverstellt zur Kenntnis nehmen kann. Wem sich hierbei größere Passagen als undurchschaubar erweisen, weil eine offene Betrachtung eine zu große Beschämung bedeuten könnte, wird hinsichtlich einer Reflexion der eigenen Person nur rudimentäre Ergebnisse zutage fördern.

Bei Jung kamen noch weitere Faktoren hinzu, die eine unbekümmerte Eigenanalyse behinderten. Den Urteilen der meisten Biografen und Mitarbeiter des Psychotherapeuten zufolge muss Jung ein relativ selbstbezogener, narzisstischer und in gewisser Weise auch eitler Mensch gewesen sein. Sein Lachen etwa war überaus laut und kräftig und dominierte ganze Gesellschaften. Derartige Charaktereigenschaften jedoch stellen Hindernisse bezüglich eines Prozesses der Selbsterkenntnis dar. Aufgrund etwa seiner Eitelkeit war Jung zeitlebens anfällig für öffentlichen Applaus, der sich z.B. in sieben Ehrendoktoraten Ausdruck verschaffte. Dies führte bei ihm zu einer starken Identifikation mit weltanschaulichen Facetten der Majorität (Religiosität, Patriarchat, Überlegenheit des Kapitalismus über den Sozialismus, Vorliebe für autoritäre Strukturen, übliche Karrieremuster u.v.a.m.). Des Weiteren trug diese Außenorientierung bei Jung dazu bei, in den Momenten der Introversion ebenfalls nach der Majorität und deren Meinung zu schielen. In vielen Textpassagen von *Erinnerungen, Träumen, Gedanken von C.G. Jung* hat man den Eindruck, dass der Schweizer Psychologe Binnenschau und Selbsterkenntnis immer im Hinblick auf das Urteil der Öffentlichkeit betreibt und von einer Ehrlichkeit und Direktheit, wie sie z.B. in Montaignes *Essais* so wohltuend zu finden sind, weit entfernt war.

Eine unvoreingenommene Betrachtung der eigenen Person führt normalerweise dazu, dieselbe als eine Vertreterin des „mittleren Menschentums" zu begreifen. Wer redliche Selbsterkenntnis betreibt, stößt meist auf eine Mischung aus Gelungenem und Misslungenem, aus Bedeutsamem und weniger Bedeutsamem. Der Mensch ist eben, wie Immanuel Kant dies in seinen anthropologischen Schriften ausgedrückt hat, „aus krummem Holz geschnitzt", und bei einem derartigen Material steht nicht zu erwarten, dass ausnahmslos „Gerades" bei uns Menschen zu erkennen ist. Bei C.G. Jungs autobiografischen Texten jedoch imponiert immer wieder der Hang des Autors, sich und sein Leben als etwas überaus Bedeutsames zu interpretieren:

> Dieser Glaube an eine absolute Einzigartigkeit durchzieht nicht nur Jungs eigene Selbstwerdung, er wird auch deutlich durch seinen Hang zur Isolation und zum Übersinnlichen, und es kommt in seiner Theorie vom kollektiven Unbewußten zum Ausdruck: Wer meint, soviel Bedeutungsvolles schon a priori in sich zu haben, bei wem sich alle Götter und Dämonen der Vorzeit im Unbewußten herumtummeln, der muß sich außerordentlich privilegiert fühlen (Schwarz 1989, S. 190).

Insbesondere die esoterischen, abergläubischen und parapsychologischen Interpretationsmuster, die Jung anführt, um eigene Träume und Erinnerungen verstehend einzuordnen, lassen einen solchen Eindruck wiederholt entstehen:

> Die Luft war dick, sage ich Ihnen! Da wußte ich: Jetzt muß etwas geschehen. Das ganze Haus war angefüllt wie von einer Volksmenge, dicht voll von Geistern. Sie standen bis unter die Tür, und man hatte das Gefühl, kaum atmen zu können (Jaffé 1984, S. 194).

Wendet man hierfür eine psychologische Denkfigur Alfred Adlers an, kann man mutmaßen, dass das Ich oder Selbst C.G. Jungs außerordentlich fragil und inferior gewesen sein muss. Wer nämlich die eigene Existenz mit übersinnlichen, religiösen und göttlichen Bedeutungsmustern aufladen muss, tut das normalerweise als Kompensationsbestrebung beim Erlebnis relativer Ich-Schwäche und Ich-Fragilität.

Resümierend lässt sich anhand der Autobiografie C.G. Jungs feststellen, dass der Begründer der Komplexen Psychologie hinsichtlich der eigenen Selbsterkenntnis, Selbstanalyse und Selbsterziehung aufgrund seiner charakterlichen Gegebenheiten, wie auch aufgrund seiner biografischen und lebensgeschichtlichen Verwicklungen, keine günstigen Voraussetzungen dafür hatte, unerschrocken und direkt seinem Wesen – das er in seinen theoretischen Schriften ganz richtig auch als „Schatten“ bezeichnet hat – ins Auge zu sehen. Er stellt eher ein Beispiel für einen Menschen dar, an dem sich zeigen lässt, dass trotz immensen psychologischen und kulturellen Wissens der Prozess der Selbsterkenntnis nicht erfolgreich durchgeführt werden konnte. Dieser hängt nämlich mindestens ebenso sehr mit emotionalen, sozialen und charakterlichen Haltungen und Einstellungen zusammen, wie mit kognitiven Fertigkeiten.

Im Folgenden werden einzelne Begriffe der Psychologie von Jung daraufhin untersucht, inwiefern sie Aspekte der Selbsterkenntnis bzw. Selbsterziehung intendieren oder sehr direkt zum Ausdruck bringen. Und ohne einen Anspruch auf Vollständigkeit zu erheben, sollen eingeschränkt nur die zentralen und z.T. recht bekannten Termini in diesem Zusammenhang betrachtet werden.

Extraversion

Im Jahre 1921 publizierte Jung sein Buch *Psychologische Typen,* das als Band VI in die Gesammelten Werke aufgenommen wurde (Jung 1995). Darin unterscheidet er sog. seelische Funktionen (Denken, Empfinden und Intuieren) sowie zwei „typische“ charakterlich-seelische Einstellungen und Haltungen: die Extraversion und die Introversion. Unter Extraversion versteht Jung eine nach außen gewendete Form der Libido. Der Mensch zeige dabei eine auf die Umwelt und die Objekte ausgerichtete Einstellung seines gesamten Wesens. Das Interesse und die Intentionalität eines Individuums sind auf seine Mitmenschen, auf Sachen und Dinge, auf Ereignisse und Geschehnisse um ihn her u.v.a.m. zentriert. Wenn die Extraversion passager auftritt, spricht Jung von einer Einstellung, persistiert diese Haltung, so nennt er dies einen Typus.

> Extraversion heißt Auswärtswendung der Libido (siehe dort). Mit diesem Begriff bezeichne ich eine offenkundige Beziehung des Subjekts auf das Objekt im Sinne einer positiven Bewegung des subjektiven Interesses zum Objekt. Jemand, der sich in einem extravertierten Zustande befindet, denkt, fühlt und handelt in bezug auf das Objekt, und zwar in einer direkten und äußerlich deutlich wahrnehmbaren Weise, so daß kein Zweifel über seine positive Einstellung auf das Subjekt bestehen kann. Die E. ist daher gewissermaßen eine Hinauswendung des Interesses aus dem Subjekt in das Objekt. Ist die E. intellektuell, so denkt sich das Subjekt in das Objekt ein. Im Zustande der E. ist eine starke, wenn auch nicht ausschließliche Bedingtheit durch das Objekt vorhanden. Es ist von einer aktiven E. zu sprechen, wenn die E. absichtlich gewollt ist, und von einer passiven E., wenn das Objekt die E. erzwingt, d.h. von sich aus das Interesse des Subjekts anzieht, eventuell entgegen der Absicht des Subjekts. Ist der Zustand der E. habituell, so entsteht daraus der extravertierte Typus (s. Typus) (Jung 1990, S. 139).

Die Extraversion soll dem Schweizer Psychologen gemäß als Einstellung und Haltung in der ersten Hälfte des Lebens die introvertierten Gegengewichte eindeutig dominieren und übertreffen. In den ersten ca. 40 Lebensjahren eines Individuums schieben sich existenzielle Fragen und Probleme in den Vordergrund, die normalerweise mit einer extravertierten, also nach außen gerichteten Haltung des Interesses, der Intentionalität und Aktivität gelöst werden können. Fehlen derartige Haltungen in einem beträchtlichen Ausmaß, kann es zu den von Jung sog. Introversionsneurosen kommen, worunter der Psychologe z.B. depressive oder schizophrene Erkrankungen subsumierte.

Der Begriff der „Extraversion“ enthält implizit mehrere Facetten, die man mit einer Aufgabe der Selbsterkenntnis und Selbsterziehung in Kontakt bringen kann. Von Jean-Paul Sartre stammt die schlichte Definition: „Der Mensch ist, was er tut.“ In der ersten Hälfte des Lebens soll nun nach Jung das Tun (also eine extravertierte Haltung) ganz konkret sichtbar werden und im Vordergrund stehen. Menschen, die diesbezüglich zu wenig Taten und konkrete Handlungen und stattdessen ein Übermaß an Fantasietätigkeit und Wunschvorstellungen an den Tag legen – d.h. im pathologischen Sinne introvertiert sind – gestehen sich, wie auch den anderen zu wenig die Möglichkeit der Selbsterkenntnis und in gewisser Weise auch der Selbsterziehung zu.

Wer sich nämlich selbst erkennen und sein Wesen genauer beschreiben möchte, kann dies erfolgreich durchführen, wenn er seine Taten und Handlungen unvoreingenommen betrachtet und einordnet. Weist ein Individuum bezüglich seiner Handlungen und Taten merkliche Defizite auf, bedeutet dies für es gleichzeitig eine reduzierte Möglichkeit der Selbsterkenntnis. Der Begriff der Extraversion bedeutet neben der Möglichkeit der Selbsterkenntnis auch ein gewisses Programm der Selbsterziehung. Insbesondere Menschen mit der Neigung, sich in den wohlfeilen Fantasiegespinsten des Konjunktivs einzurichten und damit „Ritter des Möglichen" (Sören Kierkegaard) zu werden, können und sollen den Begriff der Extraversion als Motto und Überschrift ihrer Selbsterziehung gelten lassen.

Introversion

Weiter oben wurde bereits erwähnt, dass Jung als den großen dialektischen Widerpart zur Extraversion die Introversion benannt und beschrieben hat. Introversion

> ... heißt Einwärtsdrehung der Libido (siehe dort). Damit ist eine negative Beziehung des Subjekts zum Objekt ausgedrückt. Das Interesse bewegt sich nicht zum Objekt, sondern zieht sich davor zurück auf das Subjekt. Jemand, der introvertiert eingestellt ist, denkt, fühlt und handelt in einer Art und Weise, die deutlich erkennen läßt, daß das Subjekt in erster Linie motivierend ist, während dem Objekt höchstens ein sekundärer Wert zukommt. Die I. kann einen mehr intellektuellen oder mehr gefühlsmäßigen Charakter haben, ebenso kann sie durch Intuition oder durch Empfindung gekennzeichnet sein. Die I. ist aktiv, wenn das Subjekt eine gewisse Abschließung gegenüber dem Objekt will, passiv, wenn das Subjekt nicht imstande ist, die vom Objekt zurückströmende Libido wieder auf das Objekt zurückzubringen. Ist die I. habituell, so spricht man von einem introvertierten Typus (siehe Typus). (Jung 1990, S. 151f.)

Unter Introversion versteht Jung die nach innen, dem eigenen Wesen resp. dem eigenen Personkern zugewandte Richtung der Libido. Nicht mehr die Themen der Umwelt und der Mitmensch, sondern diejenigen des eigenen „Innen" – also Erinnerungen, Träume, Assoziationen, Fantasien, Wünsche, Impulse u.a.m" – stehen dabei im Zentrum der seelischen Aktivität. Ähnlich wie bei der Extraversion unterscheidet Jung auch bei der Introversion passagere Haltungen und Einstellungen von persistierenden Typen.

Im Gegensatz zur Extraversion soll die Introversion als dominierende Haltung die zweite Hälfte des Lebens charakterisieren. Bei erfolgreich absolvierter erster Hälfte eines Daseins kann davon ausgegangen werden, dass das betreffende Individuum die Fragen der Berufsausbildung, der beruflichen Karriere, der Familiengründung, der Eroberung eines gesellschaftlichen Status usw. mehr oder minder erfolgreich beantwortet hat. Nun begegnet diesem Individuum nach Jung die Aufgabe, alle diese im Rahmen der Extraversion absolvierten Bewegungen und Aktivitäten, einem Reflexions- und Meditationsprozess zu unterziehen, der eindeutig introvertierte Qualitäten aufweist.

Dieser nach innen gekehrte Blick der Introversion darf nicht mit vollkommener Selbstverfangenheit oder gar depressiver Grübelei verwechselt werden. Am ehesten lässt sich eine derartige Haltung mit einer Metapher umschreiben, die der Philosoph Arthur Schopenhauer einmal für den Vergleich der beiden Lebenshälften gebraucht hat: Schopenhauer meinte, dass die erste Hälfte unseres Lebens einem Blick auf einen Teppich gleiche, bei dem wir ein wunderschönes Muster und imposante Farben erkennen können. Die zweite Hälfte des Lebens sei jedoch dadurch gekennzeichnet, dass wir diesen Teppich umdrehen und nun statt der illustren Muster die Machart dieses Kunstwerks erkennen. Dies bedeute eine Reduktion von Ästhetik aber gleichzeitig ein Plus an analytischem Verständnis:

> Man kann ... das Leben mit einem gestickten Stoffe vergleichen, von welchem jeder, in der ersten Hälfte seiner Zeit, die rechte, in der zweiten aber die Kehrseite zu sehen bekäme; letztere ist nicht so schön, aber lehrreicher, weil sie den Zusammenhang der Fäden erkennen läßt (Schopenhauer 1986).

Wer als Individuum introvertiert, sich – wie auch das Leben um sich her – betrachtet, kann dies erfolgreich nur tun, wenn er mit Distanz, Abgeklärtheit, Gelassenheit und ruhiger Geduld sich diesem Prozess hingibt. Wer noch vieles im Leben erreichen, verändern und gestalten will oder muss und damit unweigerlich in dieses Leben verwoben ist, kann schwerlich einen Blick der Erkenntnis und des Verstehens auf die „Machart des Daseins" werfen.

Introversion als Möglichkeit der Selbsterkenntnis bedeutet demnach, sich und die eigene Rolle im Kontakt mit der Welt und der Geschichte einordnen zu lernen. Dies geschieht am besten bei relativer Abwesenheit von Leidenschaften, Ängsten und Begierden. Eine derartige Haltung ist daher tatsächlich am ehesten im Alter zu erwarten, d.h. zu einem Zeitpunkt des Lebenslaufs, an dem das betreffende Individuum ein relatives Maß an Weisheit, Überblick und Güte sich und den anderen gegenüber entwickelt haben kann.

Der Schatten

Der Begriff des Schattens spielt in der Psychologie C.G. Jungs eine ähnlich wichtige Rolle, wie der Begriff der Verdrängung in der Psychoanalyse Sigmund Freuds. Schon im Kleinkindalter – so Jung – lernen Individuen eine Einteilung ihres Wesens in akzeptierte und nicht akzeptierte Eigenschaftsbereiche vorzunehmen:

> Der Schatten wächst parallel mit dem Ich, gleichsam als dessen Spiegelbild, und setzt sich zusammen aus dem teils verdrängten, teils wenig oder gar nicht gelebten psychischen Zügen des Menschen, die von Anfang an aus moralischen, sozialen, erzieherischen oder sonstigen Gründen weitgehend vom Mitleben ausgeschlossen wurden und darum der Verdrängung und Abspaltung anheimfielen. Dementsprechend kann der Schatten durch positive oder negative Qualitäten charakterisiert sein (Jacobi 1971, S. 50).

Diese Einteilung, die ursprünglich vonseiten der Umwelt initiiert wird, wird nach und nach vom Individuum selbst akzeptiert und verfestigt sich ohne ausdrückliches Zutun anderer Menschen.

Diejenigen Persönlichkeitsanteile, welche dem Urteil des Nicht-Akzeptiertwerdens unterliegen, können von dem Betreffenden meist nicht mehr genau und detailliert in ihrem Umfang wie auch in ihrem Inhalt wahrgenommen und beschrieben werden. Diese nicht akzeptierten Persönlichkeitsanteile unterliegen nämlich einem Prozess des Vergessens, Retuschierens, Fehlwahrnehmens und Fehlurteilens. Wie ein Landstrich, den man wegen dichten Nebels zwar vermuten aber nicht erkennen kann, trägt nach Jung jeder Mensch einen Bereich seiner Person bei sich, der von ihm selbst nicht deutlich gesehen werden kann:

> Der Schatten ist ... jene verhüllte, verdrängte, meist minderwertige und schuldhafte Persönlichkeit, welche mit ihren letzten Ausläufern bis ins Reich der tierischen Ahnen hinaufreicht und so den ganzen histo-

> rischen Aspekt des Unbewußten umfaßt ... Wenn man bis dahin der Meinung war, daß der menschliche Schatten die Quelle allen Übels sei, so kann man nunmehr bei genauerer Untersuchung entdecken, daß der unbewußte Mensch, eben der Schatten, nicht nur aus moralisch verwerflichen Tendenzen besteht, sondern auch eine Reihe guter Qualitäten aufweist, nämliche normale Instinkte, zweckmäßige Reaktionen, wirklichkeitsgetreue Wahrnehmungen, schöpferische Impulse u.a.m. (Jung 1976, S. 281f.).

Aufgrund dieser etwas „düsteren Belichtungsverhältnisse" bezeichnete Jung diese Anteile auch als „Schatten". Auch bei intensiver Bemühung können weite Bereiche dieses Schattens von Einzelnen kaum erkannt oder demaskiert werden. Wie die Rückseite einer Person von den nach vorne gerichteten Augen nicht betrachtet werden kann, so verhält es sich nach Jung auch mit dem Schatten, der außerhalb unseres psychophysischen Gesichtsfeldes liegt.

Nun mache sich aber der Inhalt dieses Person-Bereichs durchaus immer wieder bemerkbar. Dies geschieht jedoch nicht mittels direkter Begrifflichkeit oder Erinnerung, sondern in Form von Symptomen, Symbolen, Träumen, Assoziationen, Wunschbildern o.a. Fantasiegebilden. Insbesondere auch körperliche Funktionseinschränkungen bis hin zu manifesten Erkrankungen können Teilaspekte des Schattens einer Person zum Ausdruck bringen, wie dies z.B. der Komplexe Psychoanalytiker A.J. Ziegler in seinem Buch *Bilder einer Schattenmedizin* (Ziegler 1987) erläutert hat. Bei C.G. Jung heißt es dazu:

> Die Figur des Schattens personifiziert alles, was das Subjekt nicht anerkennt und was sich ihm doch immer wieder – direkt oder indirekt aufdrängt – also zum Beispiel minderwertige Charakterzüge und sonstige unvereinbare Charaktertendenzen (Jung 1976, S. 302).

Selbsterkenntnis i.S. Jungs bedeutet, sich nicht nur mit den bewussten Anteilen der eigenen Persönlichkeit zu beschäftigen, die der Theorie des Schweizer Komplexen Psychologen gemäß mehr oder minder vollständig von dem betreffenden Individuum als gelungen oder akzeptabel eingeordnet werden. Darüber hinaus ist es nötig, sich den Inhalten des Schattens anzunähern und damit die Kenntnisse über die eigene Person und das eigene Selbst teilweise massiv zu erweitern.

Nach Jung ist eine intensive Beschäftigung mit dem eigenen Schatten auch deshalb dringend nötig, weil damit allfällige Projektionen – die sog. Schattenprojektionen – zurückgenommen und deren Inhalt als Problem der eigenen Person eingeordnet werden können. Damit kommt es zu einem Wachstum sowohl der Selbsterkenntnis als auch des Selbstbewusstseins, das der Komplexen Psychoanalyse gemäß vorrangig ein Resultat der weitgehenden bewussten Durchdringung des Schattens darstellt. Normalerweise reagieren Menschen mit Widerstand oder sogar phobisch, sobald sie in die Nähe ihrer Schattenanteile verbracht werden:

> Von Problemen schaut jeder gerne weg; wenn möglich sollten sie nicht erwähnt werden, oder noch besser, man leugnet ihre Existenz. Man wünscht sich das Leben einfach, sicher und glatt, und darum sind Probleme tabu. Man will Sicherheiten und keine Zweifel, man will Resultate und keine Experimente, ohne dabei zu sehen, daß nur durch Zweifel Sicherheiten und nur durch Experimente Resultate entstehen können. So schafft auch künstliche Leugnung der Probleme keine Überzeugung, vielmehr bedarf es der weiteren und höheren Bewußtheit, um Sicherheit und Klarheit zu erzeugen. (Jung 1982, S. 428)

Es bedeutet einen großen therapeutischen oder selbsterzieherischen Akt, sich gegen den Strich des Widerstands mit Anteilen der eigenen Geschichte, des eigenen Charakters oder Wesens auseinanderzusetzen, ohne dabei immer mit sozial verträglichen oder die eigene Person aufwertenden Ergebnissen belohnt zu werden. Von unserem Schatten geht eine zentrale Dynamik aus, die auch alle anderen seelischen Funktionen mit beeinflusst: Nur wer sich diesbezüglich einigermaßen Rechenschaft abzulegen vermag, kann erwarten, dass beispielsweise die seelischen Funktionen des Denkens, Fühlens, Intuierens und Empfindens ohne größere projektive Trübungen und Verzerrungen gelingen.

Das Unbewusste

Bereits in seiner Assistenzzeit an der Züricher Universitätsklinik Burghölzli beschäftigte sich Jung schwerpunktmäßig mit den Problemen des Unbewussten. In seinen *Diagnostischen Assoziationsstudien* stellte er 1904 fest, dass seelisch gestörte Versuchspersonen auf affektauslösende Reizwörter verzögert oder mit sonderbaren Reizwörtern reagieren. Die Gründe hierfür liegen für Jung in affektgeladenen, sich wie autonome Teilpersönlichkeiten gebärdenden Vergangenheitserlebnissen des Individuums, welche sich in Komplexen Ausdruck verschaffen und den Ablauf psychischer Prozesse beeinträchtigen.

Diese Assoziationsstudien sowie die Beschäftigung mit dem Begriff des Unbewussten haben nicht unwesentlich dazu beigetragen, dass Jung relativ rasch und unkompliziert inhaltliche und später auch persönliche Nähe zu Sigmund Freud aufbauen konnte. Allerdings stellte sich bald heraus, dass die Konzepte des Unbewussten von Jung und Freud durchaus unterschiedliche Schwerpunktsetzungen verfolgen. Im Gegensatz zum Begründer der Psychoanalyse vertrat der Komplexe Psychoanalytiker Jung die Meinung, dass es neben dem individuellen und persönlichen Unbewussten auch ein sog. überpersönliches und kollektives Unbewusstes gäbe, welches sich dem Bewusstsein gegenüber komplementär verhalte und ebenfalls Sitz von unbewussten Anteilen kollektiven Ausmaßes sei.

> Zu diesen Inhalten kommen auch alle mehr oder weniger absichtlichen Verdrängungen peinlicher Vorstellungen und Eindrücke. Die Summe all dieser Inhalte bezeichne ich als das persönliche Unbewußte. Darüber hinaus aber finden wir im Unbewussten auch die nicht individuell erworbenen, sondern vererbten Eigenschaften, also die Instinkte, als die Antriebe zu Tätigkeiten, die ohne bewußte Motivierung, aus einer Nötigung erfolgen... (In dieser ‚tieferen Schicht‘ der Psyche finden wir auch die Archetypen.) Die Instinkte und die Archetypen ... bilden das kollektive Unbewußte. Ich nenne dieses Unbewußte kollektiv, weil es im Gegensatz zu dem oben definierten Unbewußten nicht individuelle, d.h. mehr oder weniger einmalige Inhalte hat, sondern allgemein und gleichmäßig verbreitete (Jung 1919, S. 153 f.).

Die Inhalte dieses kollektiven Unbewussten benannte er mit dem Begriff der „Archetypen“. Mit dem Begriff des Archetypus – aus der antiken Überlieferung übernommen – bezeichnete Jung Urbilder menschlicher Vorstellungsmuster, die sowohl im Individuum als auch – und das macht den Unterschied zu psychoanalytischen Konzepten aus – kollektiv auftreten sollen. Diese Archetypen sollen nach Jung eine angeborene Disposition und Strukturelemente des Unbewussten darstellen und beinhalten häufig mythologische Bilder, Erzählungen und Metaphern. Er bezeichnet die Archetypen als

> ... typische Formen des Auffassens und überall, wo es sich um gleichmäßig und regelmäßig wiederkehrende Auffassungen handelt, handelt es sich um einen Archetypus, gleichviel, ob dessen mythologischer Charakter erkannt wird oder nicht (Jung 1983).

Jung wurde nicht müde, während seiner über 50-jährigen Tätigkeit als Psychotherapeut und Tiefenpsychologe immer wieder neue Definitionen und Beschreibungen des archetypischen Geschehens zu liefern. So hat er z.B. in seiner Abhandlung *Über die Archetypen des kollektiven Unbewußten* (1934) seine bis dahin erfolgten Anläufe, das kollektive Unbewusste resp. die Archetypen zu beschreiben, zusammengefasst und überhöht. Darin vertritt er die Auffassung, dass die Archetypen eine in Bezug zum persönlichen und individuellen Unbewussten „tiefere Schicht" darstellen, da sie – wie der Name schon sagt – archaisch-archetypisches Erfahrungs- und Fantasiematerial der gesamten Menschheit widerspiegeln.

Archetypen weisen bei allen Individuen mehr oder minder gleiche Konturen auf und bilden somit eine allgemeine seelische Grundlage. Sie verfügen über eine eigene Sprache und Dynamik sowie über eigene Strukturelemente. In den meisten Fällen nähern sich Individuen diesen archetypischen Mustern lediglich in Ausschnitten an und zwar in Form von Träumen, Visionen, Metaphern und Symbolen. Vor allem im Schlaf sowie in Zuständen der Intoxikation oder der relativen Ich-Schwäche dominiere bei den Menschen das Archetypische, was normalerweise mit großen Affekten und Ängsten einhergeht. Sehr bekannte archetypische Inszenierungen und Bilder sind bspw. Anima und Animus, also die gegengeschlechtlichen Bilder, die jeweils bei Mann und Frau vorhanden sind:

> Jeder Mann trägt das Bild der Frau von jeher in sich, nicht das Bild dieser bestimmten Frau, sondern einer bestimmten Frau. Dieses Bild ist im Grunde genommen eine unbewußte, von Urzeiten herkommende und dem lebenden System eingegrabene Erbmasse, ein ‚Typus' (‚Archetypus') s.d. von allen Erfahrungen der Ahnenreihe am weiblichen Wesen, ein Niederschlag aller Eindrücke vom Weibe, ein vererbtes psychisches Anpassungssystem ... Dasselbe gilt auch von der Frau, auch sie hat ein ihr angeborenes Bild vom Manne. Die Erfahrung lehrt, daß man genauer sagen sollte: ein Bild von Männern, während beim Manne es eher ein Bild der Frau ist. Da dieses Bild unbewußt ist, so ist es immer unbewußt projiziert in die geliebte Figur und ist einer

> der wesentlichsten Gründe für leidenschaftliche Anziehung und ihr Gegenteil (Jung 1985, S. 224).

Weitere archetypische Bilder stellen etwa das chinesische Mandala, der Alte Weise, der ewige Jüngling, Gottvater, der Tiermensch, die Zahlen 3 und 4, der verborgene Schatz, der Schatten aber auch das Selbst dar. Alle diese Motive finden sich in Epen, Märchen, Dichtungen, Mythen, religiösen Geschichten sowie in künstlichen Symbolsprachen und Werken und bekunden allein durch dieses ubiquitäre Auftreten nach Jung den Charakter der Kollektivität.

Einen ganz zentralen Aspekt der Selbsterkenntnis wie auch der Selbsterziehung, macht nach Jung die Bewusstmachung der archetypischen Bilder und Inszenierungen eines Menschen aus. In seiner Schrift *Über die Archetypen des kollektiven Unbewussten* verweist er darauf, dass es Monate und in seltenen Fällen auch Jahre dauern könne, bis ein an sich unausschöpfbares archetypisches Bild einigermaßen dem Bewusstsein zugänglich gemacht worden ist (Jung 1971, S. 41). Nur aber nach Bewusstmachung dieser diversen Facetten des kollektiven Unbewussten sei das Individuum in die Lage versetzt, sein Leben jenseits der Faszination seiner archetypischen Bilder zu gestalten und ihnen gegenüber ein Minimum an Eigenständigkeit zu bewahren.

In diesem Zusammenhang verweist Jung auf psychotisch erkrankte Menschen, die im Rahmen ihrer Psyche (und damit ihrer massiven Ich-Schwäche) den Impulsen und Vorgaben ihres kollektiven Unbewussten und ihrer archetypischen Inszenierungsimperative beinahe vollständig erliegen und diese Eins-zu-Eins zum Ausdruck bringen. Der Zustand der Besessenheit oder Verrücktheit sei letztlich nichts anderes, als ein vollständiges Aufgehen im Archetypus und bedeutet damit eine hohe Einbuße an Selbstbestimmung und freiheitlicher Gestaltungsmöglichkeit der eigenen Existenz:

> Das kollektive Unbewußte besteht aus der Summe der Instinkte und ihrer Korrelate, der Archetypen. So wie jeder Mensch Instinkt besitzt, so besitzt er auch Urbilder. Die Beweise hierfür erbringt in erster Linie die Psychopathologie jener geistigen Störungen, bei denen das kollektive Unbewußte herausbricht. Dies ist bei der Schizophrenie der Fall. Dort sehen wir häufig das Auftreten archaischer Triebe, vergesellschaftet mit unverkennbar mythologischen Bildern (Jung 1919, §281).

So diagnostizierte Jung etwa an dem von Sigmund Freud her bekannten Fall Schreber eine angebliche „Anima-Besessenheit", die dazu führt, dass sich der Kranke durch Selbstkastration verwandeln wollte oder zumindest befürchtete, dass so etwas mit ihm geschehen könnte.

Die Jungschen Konstrukte des kollektiven Unbewussten sowie auch der Archetypen wurden in den letzten Jahrzehnten z.T. heftig kritisiert. Obgleich viele Argumente gegen die Existenz derartiger kollektiver und biologisch vererbter Urbilder ins Feld geführt werden, kann man diesem Jungschen Konstrukt möglicherweise doch eine sinnvolle und kulturkritische Wendung abgewinnen, die auch für das Thema der Selbsterziehung und Selbsterkenntnis Relevanz besitzt.

Geht man nämlich davon aus, dass beinahe alle Individuen mittels kollektiver Meinungen, Vorurteile, Imperative, Dressate und sonstiger Erziehungs- und Sozialisationsmaßnahmen mehr oder minder normiert und egalisiert werden. Sie sind nach Jung „... ein mehr oder weniger willkürlicher Ausschnitt aus der Kollektivpsyche" (Jung 1995, S. 171). Ein wesentlicher Auftrag im Rahmen der Selbsterkenntnis und Selbsterziehung besteht darin, diesen meist unbewussten oder halbbewussten Verhaltens- und Gefühlsschablonen mittels Reflexion und Aufklärung „auf die Schliche zu kommen." Nur derjenige, der sich über diese kollektiven Vereinnahmungen einigermaßen Rechenschaft ablegen kann, versetzt sich in die Lage, in Maßen das eigene, nicht normierte Denken, Fühlen, Urteilen und Handeln zu entwickeln und punktuell zu realisieren.

Individuation

Alle eben ausgeführten Therapieschritte resp. Prozesse der Selbsterkenntnis und Selbsterziehung münden nach Jung in den sog. Individuationsprozess, dessen Ziel in nichts Geringerem als dem eigenen und eigentlichen Selbst besteht. Jung, der zweifellos recht belesen und in der europäischen Kulturtradition gebildet und beheimatet war, verweist in seinen Schriften auf Individuationskonzepte z.B. von Friedrich Schleiermacher oder auch des jungen Leibniz, die sich in ihren philosophischen Schriften bereits tiefgründig um eine Beschreibung des Begriffs und des Phänomens des Individuums (das Selbst) bemüht haben. Bekannt geworden ist diesbezüglich z.B. die Formel vom Individuum est ineffabile, also von der Tatsache, dass das Individuum „unausschöpfbar" sei. Jung begreift das Individuum ähnlich, wie die von ihm zitierten Philosophen, als unausschöpfbare und undividierbare Ganzheit:

> Ich bin ja keineswegs in der Lage, das Ganze der mir gegenüberstehenden Persönlichkeit zu beurteilen. Ich kann über sie nur gültig aussagen, insofern sie allgemeiner oder relativ allgemeiner Mensch ist. Da aber alles Lebendige immer nur in individueller Form vorkommt, und ich über das Individuelle des anderen immer nur das aussagen kann, was ich in meinem eigenen, Indviduellen vorfinde, so stehe ich in der Gefahr, entweder den anderen zu vergewaltigen oder selber dessen Suggestion zu unterliegen. Ich muß daher wohl oder übel, insofern ich überhaupt einen individuellen Menschen behandeln will, auf alles Besserwissen und auf alle Autorität und alles Einwirkenwollen verzichten. Ich muß notwendigerweise ein dialektisches Verfahren einschlagen, welches nämlich in einer Vergleichung der wechselseitigen Befunde besteht (Jung 1995, S. 3).

Das Selbst verwirkliche sich im Laufe von Jahrzehnten und werde dann zum Austrag gebracht (Alexander Pfänder):

> Das Individuum oder die psychologische Individualität existiert unbewußt a priori, bewußt nur insoweit eine bewußte Verschiedenheit von anderen Individuen vorhanden ist ... Es bedarf eines bewußten Differenzierungsprozesses, der Individuation, um die Individualität bewußt zu machen, das heißt, sie aus der Identität mit dem Objekt herauszuheben (Jung 1950, S. 479).

Psychotherapie, Psychohygiene, Selbsterkenntnis und Selbsterziehung gipfeln in der Ausbildung der Bewusstmachung des Individuums resp. des Selbst. Beide Begriffe werden von C.G. Jung in den meisten seiner Schriften synonym verwandt, wobei er an vielen Textstellen betont, dass eine Individuation oder „Verselbstung" immer nur als Resultat der weiter oben beschriebenen Schritte und Reflexionsbemühungen bzw. Bewusstwerdungsprozesse verstanden werden können:

> Individuation bedeutet zum Einzelwesen werden und, insofern wir unter Individualität unsere innerste, letzte und unvergleichbare Einzigartigkeit verstehen, zum eigenen Selbst werden. Man könnte ,Indi-

viduation‘ darum auch als ‚Verselbstung‘ oder ‚Selbstverwirklichung‘ verstehen (Jung 1976, Über die Energetik der Seele, S. 191).

3.4 Karen Horney (1885-1952)

Aufgrund ihrer Ausbildung gehört Karen Horney in der Nachfolge Sigmund Freuds und seiner unmittelbaren Schüler zur zweiten Generation der Psychoanalyse. Neben Erich Fromm, Harry Stack Sullivan und Harald Schultz-Hencke gilt sie als Hauptvertreterin der Neopsychoanalyse, wobei ihr wissenschaftlicher Beitrag in einem Ergänzungsverhältnis zu dem ihrer Kollegen steht.

Die neofreudianische und kulturkritische Einordnung Horneys bezieht sich schwerpunktmäßig auf ihre wissenschaftlichen Arbeiten zwischen 1926-1939 im Zusammenhang ihrer engen Zusammenarbeit mit Erich Fromm und einigen Anthropologen. In ihren letzten Werken jedoch beschritt Horney eigene Wege und konzentrierte sich fast ausschließlich auf die inneren Konflikte sowie die innere psychische Struktur des Selbst, womit sie wichtige Einsichten in die Psychodynamik des neurotischen Selbst sowie in ihren komplexen Fragen der Selbsterkenntnis und Selbsterziehung zutage gefördert hat. Als exemplarisches Beispiel einer in vielerlei gelungenen Selbsterkenntnis und Selbsterziehung kann die Person und das Leben der Autorin selbst gelten, die in Fragen der Ätiopathogenese und Psychotherapie seelischer Störungen auf das ihr innewohnende persönliche und Neurosen überwindende Modell zurückgreifen konnte.

Karen Horney vertritt eine dynamische Psychologie. Ihr Verdienst besteht u.a. darin, deren Strukturdenken weiter ausgearbeitet zu haben. Zu ihren bedeutendsten Neuerungen gehört ihr Selbstkonzept, welches im Zentrum ihrer Forschungen steht und weit über dasjenige einer Dreiteilung von Ich, Über-Ich und Es Sigmund Freuds hinausreicht. Horney setzte sich als eine der ersten AnalytikerInnen mit den emotionalen Komponenten der Verarmungsgefühle sowie der Hilflosigkeit und Hoffnungslosigkeit des Selbst auseinander, wobei es ihr gelang, die Bedeutung des Sicherheitsbedürfnisses und der Selbstachtung des Individuums aufzuzeigen. Es ist ein wesentliches Verdienst Horneys, dass sie als eine der wenigen Autoren das Unbewusste des Selbst bezogen auf dessen für es selbst undurchschaubare Vorstellungen von Wert und Unwert begreift. Allerdings unterbleibt eine detaillierte Aufklärung über die Wirkung von Enkulturation und Sozialisierung des Selbst im Hinblick auf die Art der Neurose ebenso, wie im Hinblick auf ihre Auswirkung auf die Neurosenentstehung.

Ein Grund mag sein, dass Horney die Charakterologie und Neurosenlehre des Selbst phänomenologisch konzipiert hat und deshalb den in der Tiefenpsychologie sonst zentralen Wissensbestand der Entstehung seelischer kindlicher Deformationen fast immer nur andeutungsweise erwähnt, wie sie sich auch mit Fragen der Erziehung nie wirklich systematisch auseinandergesetzt hat (Rattner 1995, S. 412). Was Horney bietet, ist eine Psychologie des Selbst, jedoch kommt ihre psychoanalytische Herkunft und Schulung noch immer in ihrer Sichtweise eines in viele fast autonome Instanzen aufgespaltenen und in heftigen Konflikten und Auseinandersetzungen begriffenen Selbst zum Ausdruck.

Karen Horney entstammte einer gutsituierten Mittelschichtfamilie und wurde am 16.09.1885 als Tochter des norwegischen Kapitäns Berndt Wackels in Hamburg geboren. Im wohltuenden Kontrast zum dogmatisch-religiösen Vater stand der Charakter der schönen, gebildeten, erheblich jüngeren und freidenkerischen Mutter niederländischer Abstammung, Clotilde van Ronzelen. Ihr schützender und entwicklungsfördernder Einfluss auf die Tochter wurde nach deren anfänglicher Hochachtung des Vaters dominierend und mag mit ein Faktor für Karens Überwindung eigener Religiosität, Ängste und Hemmungen in der Pubertät gewesen sein.

1909 heiratete Horney den Berliner Anwalt Oscar Horney, mit dem zusammen sie drei Töchter hatte. Nach dem Medizinstudium absolvierte sie bei Karl Abraham am Berliner Psychoanalytischen Institut ihre erste Lehranalyse, die sie später bei Hanns Sachs abschloss. Zwischenzeitlich promovierte sie 1911 und war von 1920 bis zur Emigration 1932 an ihrem ehemaligen Ausbildungsinstitut als Analytikerin und Lehranalytikerin tätig, publizierte eine Reihe von Aufsätzen und hielt Vorträge.

Der geistige Austausch mit einer Reihe dort eigenständig und schöpferisch tätiger Köpfe wie Franz Alexander, Otto Fenichel, Erich Fromm, Harald Schultz-Hencke und Theodor Reik übte einen nachhaltigen Einfluss auf ihre eigene Theoriebildung aus, wie auch die Bekanntschaft mit der Philosophie Kierkegaards über Carl Müller-Braunschweig einige Bedeutung für Horneys Konzept der menschlichen Psyche gewinnen sollte. 1920 lernte Horney beim 6. Internationalen Psychoanalytischen Kongress in Den Haag Sigmund Freud sowie in Georg Groddeck einen maßgeblichen Pionier der Psychosomatik kennen, der aufgrund seiner geradlinigen Humanität, Originalität und seiner ärztlich-psychotherapeutischen Haltung fortan Vorbildcharakter für sie hatte (Danzer 1992).

In den Jahren zwischen 1922-1935 galt Horneys wissenschaftliches Hauptinteresse dem Thema der in über 15 Aufsätzen publizierten weiblichen Psychologie, erschienen 1967 im Sammelband *Die Psychologie der Frau.* 1926 trennte sie sich von ihrem Ehemann – mit abschließender Scheidung 1937. Sie profitierte vom Berliner Geistes- und Kulturleben, wie den existenzialistischen Ideen von Martin Heidegger, Karl Jaspers, der antirationalen Philosophie Ludwig Klages, dem logischen Positivismus sowie dem Symbolismus Ernst Cassirers. Persönlichen Austausch pflegte Horney mit Erwin Straus über den ätiopathogenetischen Einfluss der Kultur auf seelische Störungen (Danzer 1997, S. 131). Aber so sehr sie sich auch für kulturelle Fragen engagierte, so sehr vernachlässigte sie Ende der 20er und zu Beginn der 30er Jahre erstaunlicherweise politische wie gesellschaftskritische Themen, mit denen sich ihre Analytiker-Kollegen Ernst Simmel, Siegfried Bernfeld, Erich Fromm und Wilhelm Reich dezidiert auseinandersetzten.

1937 emigrierte Horney in die Vereinigten Staaten und war maßgeblich an der Leitung des Psychoanalytischen Instituts von Chicago beteiligt, um nach Meinungsverschiedenheiten mit Franz Alexander 1934 nach New York umzusiedeln. Am dortigen Psychoanalytischen Institut setzte sie ihre Tätigkeit als Psychotherapeutin und Lehranalytikerin fort und war im Professoren-Rang auch Lehrbeauftragte. In der *New School for Social Research* schloss sich Horney eng an amerikanische Kollegen wie Harry Stack Sullivan, Clara Thompson, Billy Silverberg und Karl Meininger an und lernte Margaret Mead und Ruth Benedict kennen. Diese Universität wurde zur zweiten Heimat für viele weitere Exilanten wie Max Horkheimer, Theodor W. Adorno, Kurt Koffka oder den religiösen Sozialisten Paul Tillich u.a.

Von ihrer Emigration bis zum Lebensende formulierte und publizierte Horney in 20-jähriger Tätigkeit eine eigene wissenschaftliche Lehre innerhalb der Tiefenpsychologie und Psychotherapie. Das Erscheinen ihres ersten diesbezüglichen Werks *Der neurotische Mensch unserer Zeit* im Jahre 1937 und auch des zweiten 1939 erschienenen Buchs *Neue Wege in der Psychoanalyse* wurde von den klassisch-freudianisch ausgerichteten Institutsrepräsentanten mit Ärger und Bestürzung aufgenommen und schließlich mit ihrem Ausschluss als Ausbildungsanalytikerin quittiert. In dieser für sie und ihre Studenten schwierigen Situation am New Yorker Institut trat Horney 1941 zusammen mit mehreren Kollegen sowie einer größeren Anzahl von Studenten aus den führenden Standesorganisationen der Psychoanalytiker aus.

Gemeinsam mit Clara Thompson, Bernard Robbins, Harmon Ephron und Sarah Kelmann gründete Horney ein eigenes Ausbildungsinstitut sowie eine eigene Gesellschaft zur Förderung der Psychoanalyse, deren erster Dekan sie selbst war. Anfang 1944 kam es auch innerhalb der Association zu Streit und Auseinandersetzungen mit Abspaltung, wobei sich die Dissonanzen diesmal auf Horneys engste Freunde und Kollegen erstreckten. Besonders schmerzlich betraf sie der Bruch mit Fromm nach über 20-jähriger Freundschaft, jedoch trennten sich auch Sullivan und Thompson von ihr, um im selben Jahr die Washingtoner Schule für Psychiatrie zu gründen (Danzer 1997, S. 144).

Diese Belastungen beantwortete Horney mit der ihr eigenen gesteigerten Aktivität von Vortragsreisen, Seminaren und dem Aufbau und Ausbau ihres Ausbildungsinstituts, dem sie jetzt allein vorstand. In den Jahren zwischen 1942 und 1950 veröffentlichte Horney drei weitere Bücher: Das bis in die Gegenwart umstrittenste ihrer Werke ist die *Selbstanalyse* (1942), gefolgt von *Unsere inneren Konflikte* (1945) und ihrem als Hauptwerk geltenden *Neurose und menschliches Wachstum* (1950). Darüber hinaus war sie Herausgeberin des sich mit Fragen der psychotherapeutischen Praxis befassenden Sammelbands *Are You Considering Psychoanalysis,* in der sie selbst zahlreiche Artikel veröffentlichte. Infolge einer Krebserkrankung starb Horney am 04.12.1952 in New York.

Selbstanalyse gilt als das umstrittenste ihrer Werke und wurde 1942 publiziert. Es stellt eine Plattform der Therapieauffassungen Horneys dar, auf der sie den Anteil des Patienten, wie den des Analytikers transparent zu machen versteht, ihre eigene Neurosenlehre referiert und die Stadien der analytischen Einsicht eingehend und eindrucksvoll beschreibt. Jedoch hätte sie das Buch nach Josef Rattners Auffassung besser der Selbsterkenntnis gewidmet:

> Letztere ist zweifelsohne das umfassendere Phänomen; es gibt auch eine reiche Tradition des Nachdenkens hierüber, die über die Befunde der Psychoanalyse hinausreicht. Von der Selbsterkenntnis wissen wir, daß sie nicht durch ‚psychologische Nabelschau' gewonnen werden kann. Sie verlangt allemal die Einheit von Selbsterkenntnis, Menschenkenntnis und Weltkenntnis; nur durch das Studium der Mitmenschen und der Weltverhältnisse in ihrer gewaltigen Kompliziertheit kann es dem Individuum gelingen, rückwirkend auch das Verständnis seiner selbst zu entfalten. Ähnliches meint wohl auch Goethe, wenn er in einem bekannten Ausspruch sagt, die Forderung ‚Erkenne dich selbst!' sei ihm immer wie ein Postulat geheim verschworener Priester erschienen, die den Menschen durch Unmögliches in die Irre

> führen wollten – in Wirklichkeitt erkenne der Mensch sich selbst, insofern er die Welt erkenne, und die Welt verstehe er, indem er sich selbst begreife. Die Selbstanalyse im Horneyschen Sinne stellt eine Verniedlichung und Verharmlosung des Prozesses der Selbsterkenntnis dar... Auch fehlt bei den Anleitungen der Selbstanalyse der entscheidende Hinweis, daß nur jener wahrhaftig Selbsterkenntnis für sich erobern kann, der von einem sittllichen Impetus beseelt ist. Der Anfang eines erhöhten Selbstverständnisses ist somit moralischer Natur; nur wenn der Mensch wirklich besser werden will, erträgt er die Einsicht in seine Fehler und Schwächen, ohne davor in ‚Widerstände' auszuweichen (Rattner 1995, S. 395f.).

Selbst und Geschlecht

Das Selbst wird von Horney früh als ein geschlechtsspezifisches gesehen, und wir können davon ausgehen, dass ihre Auseinandersetzung mit Freud über die Psychologie der Frau einerseits als ihr ureigener Versuch einer Abklärung der eigenen weiblichen Identität, wie darüber hinaus aber auch als ein umfassender Klärungsversuch über die weibliche Identität generell zu verstehen ist. Damit hat Horney nicht nur die Frage der weiblichen Identität angeschnitten, sondern überlegt auch, inwieweit das eigene Geschlecht das Selbst oder die Person determiniert.

In den 20er Jahren hatte Horney die Idee, dass das Selbst sich aus dem jeweiligen Geschlecht und der Biografie zusammensetzt und damit eine Mischung aus Biologie und Kultur darstellt. Was Horney im Folgenden speziell auf die weibliche Persönlichkeit bezogen ausführt, ist analog auch auf den Mann der Kultur übertragbar. Sie meint,

> ... daß diese kulturellen Faktoren einen mächtigen Einfluß auf die Frau ausüben: einen so starken in der Tat, daß es in unserer Kultur kaum vorstellbar ist, daß eine Frau irgendwie eine masochistische Entwicklung umgehen kann, und zwar allein von den Auswirkungen der Kultur her, ohne die zugehörigen Komponenten der anatomisch-physiologischen Merkmale der Frau und ihre psychischen Wirkungen mit einzubeziehen (Horney 1967, S. 161).

Bei der Zugrundelegung von Horneys ersten Schriften ist es für die Autorin ein Akt der Selbsterkenntnis, Biologie und Kultur gleichermaßen in ihrer

Wirkung und determinierenden Konsequenz auf das Selbst hin zu untersuchen und zu verstehen. Konkret heißt das, dass eine Frau sowohl ihre somatischen Voraussetzungen für ihre Geschlechtsidentität als auch die gesamte kulturelle Tradition – wie bspw. das Patriarchat – ins Visier zu nehmen hat, um einigermaßen abschätzen zu können, inwiefern sie als Frau ein ganz bestimmtes Selbst ausbilden kann. Wie groß diese Aufgabe für jede Frau ist, wird an einem Werk ersichtlich, das nicht Karen Horney, sondern Simone de Beauvoir unter dem Titel *Das andere Geschlecht* (1951) verfasst hat (Beauvoir 1968).

Selbsterziehung heißt in diesem Zusammenhang, diejenigen Anteile der weiblichen Identität, die einer Modifikation zugänglich sind – und das sind vorrangig die kulturell vermittelten – zu bedenken und evtl. zu verändern. Für Horney bedeutete das eine Analyse der individuellen und kollektiven Geschichte eines Individuums als Frau und möglicherweise eine Modifikation der Rolle, welche der Frau im kulturellen und gesellschaftlichen Kontext zugeschrieben wird.

Karen Horney hat dies selbst in ihrer eigenen Biografie realisiert, indem sie zum einen ein Studium wählte, das damals für Frauen eher als große Ausnahme und Exotikum galt. Sie hat darüber hinaus ihre Rolle als Frau und Mutter modifiziert, indem sie sich trotz dreier Kinder relativ bald wieder dem Arbeitsleben und einer weiterführenden Ausbildung zugewandt hat. Sie hat diese Rolle darüber hinaus sehr eigenwillig interpretiert, indem sie ihre Ehe mit Oskar zuerst lockerte und schließlich beendete. Und sie hat schließlich die Rolle als Frau emanzipatorisch begriffen, indem sie 1932 einen durchaus „männlichen" Akt der Emigration in die USA an den Tag gelegt hat.

Allerdings befürchtete Horney, das Individuum durch eine unnötige Konzentration auf den geschlechtsspezifischen Selbstbegriff festzuschreiben und damit konservativen und patriarchalischen Kräften das Wort zu reden. Deshalb setzte sie sich seit ihrem Vortrag „Die Furcht der Frau, aktiv zu werden" nicht mehr nur mit dem geschlechtsspezifischen Selbst der Frauen auseinander, sondern konzentrierte sich auf die Individuation beider Geschlechter. Wie die selbstverwirklichte Individualität bei Mann und Frau letztendlich beschaffen sein wird und inwieweit sie differiert, ist für Horney so lange nicht befriedigend zu klären, solange die Forschung nicht weit über die spezifischen weiblichen Merkmale jenseits der biologischen Unterschiede hinaus gelangt ist (Paris 1994, S. 426).

> In allererster Linie müssen wir begreifen, daß es eine unabänderliche – weil durch göttliche Fügung oder Naturgesetz verhängte – Inferiorität unseres Geschlechts nicht gibt. Unsere Beschränkungen sind zum größten Teil kulturell und gesellschaftlich bedingt. Männer, die lange Zeit unter den gleichen Bedingungen leben mußten, haben ähnliche Einstellungen und ähnliche Defizite entwickelt. Ein für allemal sollten wir aufhören, uns Gedanken darüber zu machen, was weiblich ist und was nicht. Derartige Anliegen schwächen nur unsere Kräfte. Die Maßstäbe der Männlichkeit und der Weiblichkeit sind künstliche Maßstäbe. Alles, was wir heute mit Sicherheit über die Unterschiede zwischen den Geschlechtern sagen können, ist, daß wir nicht wissen, worin sie bestehen. Naturwissenschaftliche Unterschiede bestehen mit Sicherheit, aber solange wir unsere Möglichkeiten als menschliche Wesen nicht voll entfaltet haben, werden wir nicht herausfinden können, worum es sich dabei handelt. So paradox es klingen mag, wir werden erst dann hinter diese Unterschiede kommen, wenn wir sie vergessen. In der Zwischenzeit können wir jedenfalls zusammenarbeiten, um die volle Entfaltung der Persönlichkeit – und zwar aller Menschen – zum Wohl der Gesamtheit zu fördern (Paris 1994, S. 434f.).

Selbst und Kulturanalyse

Ein zweiter gewichtiger Aspekt des Selbst bei Karen Horney besteht in der Beeinflussung eines jeden Individuums – also nicht nur der Frauen – durch die jeweilige Kultur, in welcher ein Individuum heranwächst, sozialisiert wird und lebt. Auf diese Aspekte wurde die Neopsychoanalytikerin insbesondere nach ihrer Emigration in die Vereinigten Staaten aufmerksam, als sie mit einer für sie neuen und ungewohnten Umgebung konfrontiert wurde. Dieser culturale shock bedeutete für Karen Horney ein wichtiges Ereignis, an dem sie nicht nur den Mechanismus der Entstehung von Neurosen, sondern weit darüber hinaus auch diejenigen der Entstehung und Beeinflussung eines Selbst studieren konnte.

Eine kulturelle Wendung ihrer Selbstkonzeption gelang der Neopsychoanalytikerin ferner auch aufgrund ihres geistigen Austauschs mit bedeutsamen soziologisch orientierten Wissenschaftlern wie Erich Fromm und Max Horkheimer. Durch ihren Einfluss vermochte sie die Zusammenhänge zwischen dem kulturellen Milieu und einer daraus resultierenden Selbstentfremdung des Individuums zu begreifen, die ihr Einsichten in die kulturelle und historische Bedingtheit eines möglichen Begriffs der seelischen Gesundheit des Selbst überhaupt erst ermöglichten.

Die Werte, Ideale und Normvorstellungen, die meist implizit innerhalb eines Sozialwesens hochgehalten und tradiert werden, schlagen sich nach Horney in der seelischen Struktur des Kleinkindes und Heranwachsenden nieder und bestimmen ganz maßgeblich dessen späteren Horizont von Wert, Sinn und Bedeutung seiner eigenen Existenz.

Ein Individuum – so Karen Horney – werde in die Situation der sog. Grundangst hineingeboren, d.h. in eine Situation der relativen Unbehaustheit, Heimatlosigkeit, Unsicherheit und Hilflosigkeit. Dieser Sammelbegriff der Grundangst dient der Autorin als Zustandsbeschreibung eines Individuums, welches sich durch ein Gefühl eigener Ohnmacht und innerer Schwäche von der Welt und den Mitmenschen bedroht fühlt:

> Diese Grundangst ist das Gefühl des Kindes, isoliert und hilflos in einer Welt zu sein, die es als latent feindlich empfindet. Der einengende Druck seiner Grundangst hindert das Kind daran, sich anderen mit der Ungezwungenheit seiner wahren Gefühle zu offenbaren und zwingt es, Wege zu finden, um mit ihnen fertig zu werden. Es muss (unbewußt) so mit ihnen umgehen, daß seine Grundangst nicht erregt oder verstärkt, sondern beschwichtigt wird. Die besonderen Verhaltensweisen, die sich aus solchen unbewußten strategischen Notwendigkeiten für das Kind ergeben, werden von seinem natürlichen Temperament und den Umweltbedingungen bestimmt. Kurz, es versucht vielleicht, sich an die stärkste Persönlichkeit seiner Umgebung zu klammern; vielleicht versucht es auch zu rebellieren und zu kämpfen oder die anderen aus seinem Innenleben auszuschließen und sich gefühlsmäßig von ihnen zurückzuziehen. Im Prinzip bedeutet dies, daß das Kind sich den anderen zuwenden, sich gegen sie wenden oder sich von ihnen abwenden kann (Horney 2000, S. 16f.).

Je nach den individuellen sozialen Gegebenheiten der Beziehung zu den primären Erziehungspersonen kann diese Grundangst mehr oder minder stark gedämpft und beruhigt oder aber auch gesteigert und vermehrt werden. Jede Distanz – egal ob real oder imaginiert – zu diesen sozial wichtigen Bezugspersonen verstärkt die Grundangst resp. erinnere das Individuum an dieselbe, wohingegen jede Form von Nähe und Übereinstimmung eine Reduktion dieser Angst nach sich zieht.

Der Heranwachsende wie auch der Erwachsene erleben nun Distanz zu den für sie relevanten Bezugspersonen vor allem auch dann, wenn sie nicht mit deren kulturell vermittelten Werten, Idealen und Normvorstellungen übereinstimmen. Jedes Kind versuche daher, diese über seine Eltern oder Erzieher vermittelten kulturellen Inhalte in das eigene Selbst derart zu integrieren, dass möglichst wenig Abweichungen vom Kollektiv auftreten.

Der Einzelne kann demnach in eine Haltung hinein erzogen werden bzw. hineinwachsen, in der ihm die kollektiven Werte seiner Umgebung schlussendlich mehr bedeuten und wichtiger sind, als eigene Antriebe und Strebensrichtungen. Immer ziele nach Horney das Individuum auf den Primat der Vermeidung oder Reduktion seiner Grundangst ab. Je mehr die kulturellen Werte und Ideale den individuellen widersprechen oder zu ihnen divergent sind, umso mehr muss der Einzelne sein „eigentliches Selbst" – von Karen Horney später als „wahres Selbst" definiert – verleugnen und hintanstellen, um nicht an seine Grundangst erinnert zu werden.

In ihren ersten beiden Büchern *Der neurotische Mensch unserer Zeit* und *Neue Wege in der Psychoanalyse* beschreibt Horney das Wesen des Selbst in keiner Weise als von Natur aus unersättlich, destruktiv oder antisozial, sondern wie sie später in ihren letzten beiden Werken *Unsere inneren Konflikte – Neurosen in unserer Zeit* und *Neurose und menschliches Wachstum* betont, bei Voraussetzung einer wohlwollenden Umgebung als durchaus zu geglückter Selbstverwirklichung fähig:

> Unter welchen Bedingungen auch immer ein Kind aufwächst – wenn es nicht schwachsinnig ist, wird es lernen, irgendwie mit anderen auszukommen, und sich wahrscheinlich einige Fertigkeiten aneignen. Daneben verfügt das Kind aber auch über Kräfte, die nicht erworben oder durch Lernen entwickelt werden können. Es ist nicht nötig, ja nicht einmal möglich, eine Eichel zu lehren, wie sie ein Eichbaum wird. Gibt man jedoch einer Eichel die Chance, so werden sich die ihr eigenen Möglichkeiten entfalten. Ähnlich verhält es sich mit dem menschlichen Individuum: Wenn man ihm die Chance gibt, strebt es danach, seine spezifisch menschlichen Möglichkeiten zu entwickeln. Der Mensch wird dann die einzigartigen Kräfte seines wahren Selbst entfalten: die Klarheit und Tiefe seiner eigenen Gefühle, Gedanken, Wünsche und Interessen; die Fähigkeit, seine eigenen Möglichkeiten

> zu erschließen; die Stärke seiner Willenskraft; die besonderen Fähigkeiten oder Begabungen, die er unter Umständen besitzt: die Möglichkeit, sich selbst zu offenbaren und sich mit seinen spontanen Gefühlen zu anderen Menschen in Beziehung zu setzen. Dies alles wird ihn mit der Zeit befähigen, seine Wertmaßstäbe und Ziele im Leben selbst zu finden. Kurz gesagt, wenn der Mensch im wesentlichen nicht abgelnkt wird, entwickelt er sich zur Selbstverwirklichung hin. Aus diesem Grund spreche ich an dieser Stelle und das ganze Buch hindurch vom wahren Selbst als der zentralen inneren Kraft, die – allen menschlichen Wesen gemein und dennoch einzigartig in jedem – die tiefe Quelle des Wachstums ist (Horney 2000, S. 15).

Bleibt allerdings das Bedürfnis des Individuum nach Sicherheit und Zufriedenheit unbefriedigt, wird es seinem Selbst entfremdet und reagiert unglücklich, defensiv und destruktiv, wobei der Grad der Deprivation die Selbstentfremdung bestimmt. Horneys Konzept der Selbstentfremdung schließt in dieser Beziehung an die soziologischen Konzepte, wie auch an die phänomenologischen Beschreibungen seelischer Erkrankungen von Victor Emil von Gebsattel und Erwin Straus sowie dem der Selbstauszeugung der Person von A. Pfänder an (Danzer 1997, S. 151).

Selbst und Konflikte

Ein dritter Aspekt, den Karen Horney in ihren Schriften erwähnt, und welcher die Dimensionen und Inhalte des Selbst eines Menschen entscheidend prägt, sind seine „inneren Konflikte". In ihrem 1945 erschienenen Buch *Unsere inneren Konflikte – Neurosen in unserer Zeit* beschreibt Karen Horney einige „typische" Konflikte, welche das Selbst eines Menschen dominieren können, wobei je nach Konflikt und je nach Ausprägungsgrad das individuelle Selbst eines Menschen beinahe verschüttet sein kann.

Diese inneren Konflikte sind ihrem Wesen nach interpersonale bzw. von den äußeren Bedingungen stark modulierte. Horney lokalisiert die Konflikte und ihre Wurzeln nicht, wie Freud als Trieb versus Moral in das Individuum, sondern zwischen das Selbst und seine Umwelt. In dieser Aufgabe der Bezugnahme liegt für Horney eine andauernde Quelle möglicher Angst und daraus resultierender Konflikte des Selbst begründet. Zunächst vom Individuum als Strategie einer Angstminderung eingesetzt, verfestigt sie sich zu Haltungen und regelrechten Charakterzügen, die bei entsprechend großer Grundangst zum Grundkonflikt mit den Bezugspersonen ausartet.

Die wichtigsten Grundkonflikte, die Karen Horney in diesem Zusammenhang erwähnt und die als Kerngeschehen das Selbst schädigen können, bestehen in einer übermäßigen Hinwendung zu den Menschen (später auch als „Reiz der Liebe" bezeichnet), in einer feindseligen Einstellung gegen die Menschen (eine Einstellung, die im späteren Begriff vom „Reiz der Meisterschaft" Eingang gefunden hat) sowie in einer Abwendung von den Menschen (dem späteren „Reiz der Freiheit"). Alle diese Konflikte, die natürlich beim Einzelnen in Mischformen vorhanden sein können, bedeuten eine Einschränkung und Schablonisierung des Selbst resp. der personalen Umrisse eines Menschen.

Konkret bedeutet dies: Individuen, denen bspw. das Leben die Aufgabe der Expansion und Emanzipation zuspielt, und die an diesen Aufgaben ihr Selbst erkennen, entwickeln und erziehen könnten, schrecken normalerweise davor zurück, wenn sie dem inneren Konflikt der „Hinwendung zu den Menschen" unterliegen. Das Wachstum des eigenen Selbst wird Mal um Mal hintangestellt, um den vermeintlich höheren Wert der Anlehnung, der Liebe und der sicheren Zweisamkeit zu präferieren. Eine Erziehung des eigenen Selbst scheitert deshalb an einer solchen von den inneren Konflikten geprägten und dominierten Gangart des Individuums.

Ganz analog können Situationen formuliert werden, in denen Menschen mit feindseliger Einstellung ihren Mitmenschen gegenüber oder mit schizoider Abwendung von ihrer Umwelt an der Aufgabe der Selbsterkenntnis bzw. Selbsterziehung aufgrund ihrer inneren Konflikte und des daraus resultierenden Meidungs- und Hemmungsverhaltens scheitern. Sie scheitern deshalb, weil diese ehemals als Schutzmaßnahmen gegen die Grundangst dienenden Grundhaltungen neue Ängste hervorrufen, letztlich in einer Spirale von Angst und Sicherheitsmechanismen zum Teufelskreis werden und das Selbst auf diese Weise destruieren. Einen Ausweg bietet oft nur eine Psychotherapie, in der das Individuum mit seiner existenziellen Grundangst und seinem Grundkonflikt konfrontiert wird und sie dort konstruktiv überwinden lernt.

Wahres und falsches Selbst

In ihrem 1950 herausgegebenen Buch *Neurose und menschliches Wachstum* (Horney 2000) hat Karen Horney ihre bis dahin formulierten Konzepte zum Selbst teilweise revidiert und in eine neue Terminologie gefasst. In ihrem Hauptwerk wird der Aufbau des Selbst oder die Ausbildung der Person als eine individuelle Antwort auf die Grundangst untersucht. Sie spricht nun nicht mehr – wie noch in ihrer Publikation *Unsere inneren Konflikte* – von Hinwendung zu oder feindseliger Abwendung von den Menschen, sondern lässt die Individuen ihr Selbst resp. ihre Person an bestimmten Werthorizonten – von ihr auch als „Reiz" formuliert – orientiert sein, sich ausrichten und letztendlich wachsen.

Wieder unterscheidet sie drei „typische" Ausformungen des Selbst, wobei sie diese Spielarten als „Reiz der Meisterschaft", „Reiz der Liebe" und „Reiz der Freiheit" tituliert. In allen diesen Formen der Wertorientierung stecken nach Karen Horney Chancen und Risiken für die Selbsterkenntnis, Selbstentwicklung und Selbsterziehung.

Jeder Mensch versuche, die allfälligen aktuellen Konflikte seiner Gegenwart, die ihn an seine Grundangst erinnern könnten, mittels „Meisterschaft", „Liebe" oder „Freiheit" zu lösen und zu klären. Idealiter kann ein Individuum je nach Situation und Anforderung auf einen dieser drei Werte zurückgreifen, um sein Antwortverhalten, seine „Patterns of behavior" zu modifizieren und situationsadäquat einzusetzen. Im pathologischen Falle jedoch reagieren Individuen monomorph mit der Präferenz jeweils eines Wertes und einer Strategie und scheitern damit essenziell an den Aufgaben und Anforderungen, welche ihnen von ihrem Dasein zugespielt werden.

Die Überbetonung nur einer Wertgruppe, verknüpft mit der Idealisierung dieser Werte und einer davon ausgehenden einseitigen Ethik und Moral – von Karen Horney auch als „Tyrannei des Solls" und als „idealisiertes Selbst" bezeichnet – führt der Neopsychoanalytikerin zufolge oft genug zur Ausbildung eines sog. „falschen Selbst". Dieses besteht aus übersteigert wirkenden Ich-Idealen, Selbsttäuschungen und Illusionen bezüglich der eigenen Person, die seiner imaginären Aufwertung und damit einer Beruhigung seiner Grundangst dienen sollen, wegen einer gleichzeitigen Abwertung des wahren Selbst jedoch meistens das Selbst destruieren.

Für den Betreffenden stellt es eine beinahe unlösbare Aufgabe dar, sich selbst als „falsch" zu erkennen und sich dementsprechend in Richtung eines wahren Selbst zu entwickeln und zu erziehen. Sobald nämlich die Inhalte und

Umrisse des falschen Selbst erkannt und zur Disposition gestellt werden, muss der Einzelne damit rechnen, neuerlich mit seiner Grundangst und damit evtl. massiv labilisiert zu werden. Selbsterkenntnis und Selbsterziehung bedeuten für Karen Horney daher in den meisten Fällen eine Kontaktnahme mit der Grundangst und damit mit existenzieller Unsicherheit und Fragilität. Dem wahren Selbst schreibt Horney in *Neurose und menschliches Wachstum* in etwa folgende Qualitäten zu:

> ... das klare und tiefe Empfinden eigener Gefühle, Gedanken, Wünsche und Interessen; die Fähigkeit, eigene Möglichkeiten zu erschließen; die Möglichkeit, sich selbst zu offenbaren und sich mit seinen spontanen Gefühlen zu anderen Menschen in Beziehung zu setzen; die Fähigkeit, seine Wertmaßstäbe und Ziele im Leben selbst zu finden; die Potenz und der Impetus zur Selbstverwirklichung sowie zu einem authentischen, echten und redlichen Dasein; die zentrale innere Kraft, die – allen menschlichen Wesen gemein und dennoch einzigartig in jedem – die tiefste Quelle unseres Wachstums darstellt. In Horneys Anthropologie treffen wir also das Konstrukt eines tief in uns Menschen verwurzelten Strebens nach Verwirklichung und Auszeugung unseres ureigensten Wesens an, das zwar oft jahre- und jahrzehntelang vom lauten Getöse des idealisierten Selbst übertönt wird (wir nennen vor allem auch dieses Getöse eine Neurose), nicht aber gänzlich zum Schweigen gebracht werden kann. In existentiellen Situationen wie gelingender und tiefgehender Psychotherapie, wie Krankheit oder aber auch wie Liebesbeziehungen, vernehmen manche von uns zum ersten Mal dieses Flüstern ihres wahren Selbst (Rattner & Danzer 1998, S. 147).

Nach Karen Horney weisen viele Menschen ein sog. „falsches Selbst" auf, ohne dass sie sich dessen bewusst sind. Im Gegenteil: Die meisten von ihnen leben relativ gut angepasst an die Normen und Konventionen ihrer Umwelt, ohne dass ihnen dabei die Tatsache zum Bewusstsein käme, dass sie möglicherweise ihre Angepasstheit und das daraus abzuleitende erfolgreiche und gute Funktionieren mit dem Preis eines „falschen Selbst" bezahlen.

Das „falsche Selbst" besteht aus vielfältigen kollektiven Vorstellungen, Werten und Idealen, die vom Einzelnen meist ungeprüft und ohne Möglichkeit der Kritik übernommen und ins eigene Ich (Selbst) eingebaut und integriert wurden. Sie – diese Elemente – tragen ganz wesentlich dazu bei, dass

Individuen bezüglich ihrer Umwelt keine übermäßige Distanz erleben und sich mehr oder minder identisch mit der Majorität und deren Denkschablonen und Gefühlsmatrizen definieren.

Gerät nun ein Individuum in Situationen der Distanz zu seiner Umwelt (z.B. im Rahmen einer Psychotherapie aber auch im Rahmen allfälliger Niederlagen oder existenzieller Erschütterungen), erlebt dieses evtl. das erste Mal in seinem Leben ein Nicht-Übereinstimmen der eigenen Impulse, Wünsche und Vorstellungen mit denjenigen seiner Umwelt. Anders ausgedrückt: Die Geburt, das Wachstum und die Entwicklung des sog. „wahren Selbst“ geht beinahe immer mit einer Labilisierung der bisherigen Rolle und Definition des tradierten Ich (Selbst) einher und kann dementsprechend Ängste und evtl. sogar massive Unsicherheitsgefühle auslösen. Der Prozess der Selbsterkenntnis wie auch derjenige der Selbsterziehung gehen – nimmt man Karen Horneys Terminologie und Theorie ernst – mit einer Labilisierung, evtl. sogar mit einer Destabilisierung und Desintegration des tradierten – aber falschen – Selbst einher.

Aufgrund dieser Begleiterscheinungen, die sich bis zur „Fragmentierung des Selbst“ und damit bis zu psychotischen Zuständen steigern können, ist im Rahmen von Psychotherapien aber auch anderer Prozesse der Selbsterkenntnis und Selbsterziehung darauf zu achten, dass die Distanznahme zur Meinung und Überzeugung der Majorität dosiert und in kleinen Portionen initiiert wird. Ein Individuum, das plötzlich und schlagartig mit den Dimensionen seines bisherigen „falschen Selbst“ konfrontiert wird, kann evtl. dieser Wahrheit nur sehr begrenzt ins Auge sehen und wird dementsprechend zur Vermeidung einer Angstüberflutung in Abwehr oder aber auch in Krankheit verfallen und damit die zur Disposition gestellte “Sicherheit des falschen Selbst“ retten wollen.

Ziel jeglicher psychotherapeutischer Bemühungen muss es daher sein, die Strebungen und Konturen des „wahren Selbst“ zu fördern, die gleichbedeutend mit einer Mischung aus pathologischen und gesunden Anteilen der Person ist.

Dies erlaubt noch einen Seitenblick auf das Gesundheitskonzept Karen Horneys. Gesundheit bedeutete für diese Neopsychoanalytikerin keinen einmal erreichten und damit gesicherten Zustand des Individuums. Vielmehr muss Gesundheit analog dem „wahren Selbst“ - immer wieder neu gewagt und errungen werden. Ähnlich verhält es sich mit dem „Status“ der Selbsterkenntnis; auch dieser muss permanent neu gesichert und immer wieder ins

Visier genommen werden, um nicht dem andauernd vorhandenen Angebot nachzugeben, ins „falsche Selbst“ und damit auf eine Stufe niedrigerer Selbsterkenntnis zurückzufallen.

Das Selbst und die Anderen

Ein großer Fortschritt der neopsychoanalytischen Selbstpsychologie Karen Horneys besteht in ihrem Konzept des Menschen als eines von der Kultur wie auch von den anderen Menschen her geprägten sozialen Wesens. Anders als Sigmund Freud, der von einer „Monaden-Vorstellung“ des Menschen ausging und den Homo sapiens beinahe wie der Philosoph Leibniz, als solipsistisch vor sich hin lebendes Triebbündel beschrieb, legte Karen Horney großen Wert auf die Interaktion des Individuums mit seinen kulturellen, gesellschaftlichen, historischen und epochalen Verhältnissen sowie mit seinen allernächsten Bezugspersonen, z.B. Eltern und Geschwistern, Verwandten, Partnern und eigenen Kindern, darüber hinaus aber auch Freunden, Arbeitskollegen und sonstigen Bezugspersonen.

In dieses Konzept Karen Horneys sind Überlegungen eingeflossen, die bereits in den 30er Jahren des 20. Jahrhunderts von Martin Buber formuliert worden sind. Dieser vom Existenzialismus her beeinflusste Philosoph betonte, dass der Mensch ein „Du-sagendes-Ich“ ist und nur in dieser Rolle bei ihm eine sozial und kulturell gesunde Entwicklung zu erwarten sei (Buber 1984). Es ist zu vermuten, dass Karen Horney über Paul Tillich mit diesen Konzepten Martin Bubers vertraut gemacht wurde.

Wie sehr jeder Mensch in Relation und oft genug auch in Abhängigkeit zu anderen Menschen, vorrangig zu den primären Bezugspersonen gedacht und definiert werden muss, wird in Karen Horneys Konzept der „Grundangst“ evident. Darin geht die Neopsychoanalytikerin davon aus, dass ein Individuum besonders starke und existenziell erschütternde Angst erlebt, wenn es von diesen primären Bezugspersonen allein gelassen und massiv enttäuscht wird. Bereits der Säugling erlebe Situationen der Angst und existenziellen Erschütterung, die – je nach Ausmaß und Frequenz – die Umrisse seiner späteren „Grundangst“ markieren.

Jedes Individuum versuche nun, dieser „Grundangst“ in seiner Biografie wann immer möglich auszuweichen. Horney formuliert die dem Selbst in unserer Kultur zur Organisation seines „idealisierten Selbst“ angebotenen drei wesentlichen Strebensrichtungen, welche – wie weiter oben schon erwähnt –

alle darauf ausgerichtet sind, die „Grundangst“ zu minimieren: den „Reiz der Liebe“, den der „Meisterschaft“ und der „Freiheit“. Insbesondere beim „Reiz der Liebe“ wird deutlich, wie sehr das betreffende Individuum die Stabilität von der liebenden und wohlwollenden Anwesenheit eines anderen abhängig werden lässt. Entfernt sich das Gegenüber durch Trennung, Krankheit, Tod o.a., wird der Betreffende erneut mit seiner „Grundangst“ konfrontiert, was zu heftigen Erschütterungen seines Selbstwertgefühls beitragen kann.

In den beiden anderen Strebensrichtungen versucht das jeweilige Individuum, seine „Grundangst“ klein zu halten, ohne unbedingt auf Mitmenschen angewiesen zu sein. Im „Reiz der Meisterschaft“ werden statt der intensiven Kontaktnahme zu anderen Menschen die eigene Leistung resp. „Ruhm und Ehre“ als wesentliche Stabilitätsfaktoren für das eigene Selbstwerterleben definiert. Der „Reiz der Freiheit“ scheint diejenige Strategie mit dem größten Grad an Unabhängigkeit von anderen Menschen zu sein, wobei Horney betont, dass auch denjenigen Menschen, die ihre Grundangst mittels jeweils neuer Freiheitsbewegung minimieren wollen, ein Rest an Abhängigkeit bezüglich der Mitmenschen erhalten bleibt.

Selbst und Erziehung

Der Begriff der Erziehung bei Karen Horney hat diverse Vorläufer. Ein wichtiges Modell für die Neopsychoanalytikerin stellte die Erziehungslehre Ellen Keys dar, die mit ihrem Buch *Das Jahrhundert des Kindes* (1902) in Europa während der ersten Jahrzehnte des 20. Jahrhunderts für Furore gesorgt hat (Key 2000).

Diese schwedische Reformpädagogin hat in ihrer eigenen Pädagogik mehrere philosophische Konzepte zur Erziehungslehre integriert und modifiziert. Erwähnenswert ist vor allem der französische Moralist Michel de Montaigne, darüber hinaus aber auch der französische Aufklärer Jean-Jaques Rousseau. Insbesondere dem Letzteren verdankt Key die Idee, dass der Mensch von Natur aus gut und „wohl gewachsen“ sei und nur durch kulturelle Einflüsse verdorben und zum Schlechten hin erzogen werden könne. Dieses Credo Rousseaus, das Ende des 18. Jahrhunderts bei vielen fortschrittlich gesinnten Geistern Europas energische Zustimmung gefunden hatte, wurde zum Fundament des Menschenbildes und darauf aufbauend der Pädagogik Ellen Keys.

Karen Horney übernahm von Ellen Key (resp. von Jean-Jaques Rousseau) diesen Grundgedanken und erachtete das Erziehungsgeschäft zuerst und vorrangig als ein „negatives“. Dieses bedeutet: So wie es schon Jean-Jaques Rousseau gefordert hatte, vom Kind oder Zögling all jene Einflüsse fernzuhalten, die seine von Natur aus günstigen Veranlagungen schädigen oder beeinträchtigen könnten, so hing auch Karen Horney der Idee an, die Erziehung von Kindern (wie auch die Erziehung Erwachsener) vor allem als einen Prozess zu begreifen, bei dem schädigende, das Selbst eines Menschen beeinträchtigende und damit ein „falsches Selbst“ induzierende Einflüsse zu eliminieren sind. Wie eindrücklich die Erziehungsideale Ellen Keys auf Karen Horney gewirkt haben, wird an ihrer Überzeugung deutlich, dass alles davon abhängt,

> was die Eltern mit der Erziehung ihres Nachwuchses bewirken wollen: ob sie bestrebt sind, das Kind zu einem starken, mutigen, selbständigen Menschen zu machen, der mit jeder Situation fertig wird, oder ob ihr Hauptanliegen lautet, das Kind zu beschützen, zum Gehorsam zu erziehen, es im Unwissen darüber zu lassen, wie das Leben wirklich ist – kurz gesagt, es zu infantilisieren (Horney 1991, S. 85).

Bezogen auf das Problem der Selbsterziehung bedeutet das, alle jene Einflüsse, die zu einer Verfestigung des falschen Selbst beitragen, soweit irgend möglich aus dem Dasein des Betreffenden zu entfernen oder zumindest Distanz zu ihm einzulegen. Selbsterziehung im Horneyschen Sinne manifestiert sich somit z.B. in der bewussten Auswahl von Gesprächspartnern, Freunden und sonstigen nahen Bezugspersonen, die auf die Entwicklung und die Kontur unseres „wahren Selbst“ Einfluss nehmen.

Einen weiteren wesentlichen Einflussfaktor auf diese Erziehung sah Ellen Key in den Strukturen von Institutionen und der Gesellschaft ganz allgemein gegeben. Die schwedische Reformpädagogin untersuchte vorrangig die Strukturen von Schuleinrichtungen, um nachzuweisen, inwiefern bestimmte Regeln, Vorschriften und Prüfungsmodalitäten zu einer unbefriedigenden und sozial wie kulturell ungünstigen Erziehung von Kindern beitragen.

Auch dieser Gedanke kehrt in Karen Horneys Erziehungskonzepten wieder. Bei ihr sind es die kulturellen Verhältnisse, welche auf den Erziehungs- und Prägungsprozess von Menschen enormen Einfluss nehmen. Analog zu den Forderungen Ellen Keys, die bspw. – um eine Erziehung vom Kinde her zu gewährleisten – eine kindgerechte Kommunikation, antipatriarchalische Einstellungen der Erzieher oder auch am Sozialismus und Atheismus orientierte Weltanschauungen von Lehrern und Eltern postulierte. Das bedeutete auch für Karen Horney eine antriebsfreundliche und vorurteilsfreie Atmosphäre im Rahmen von Erziehungsprozessen, eine Conditio sine qua non für das Gelingen jeglicher Pädagogik.

Wiederum bezogen auf die Frage der Selbsterziehung können diese Überlegungen Karen Horneys als Aufforderung verstanden werden, dass Individuen, die sich einem Prozess der Selbsterziehung unterziehen wollen, dies nur dann mit Aussicht auf Erfolg bewerkstelligen werden, wenn sie dabei auf die Rahmenbedingungen der Antriebsfreundlichkeit wie auch der relativen Vorurteilsfreiheit Rücksicht nehmen.

Durch Analyse können nach Karen Horney Selbsterkenntnis und Selbsterziehung immer dann initiiert werden, wenn es gelingt, den Prozess der Selbstentfremdung in den einer Selbstverwirklichung des Individuums umzukehren. Die Entfremdung des Selbst ist für Horney individuell, kulturell, gesellschaftlich-historisch und ökonomisch bedingt und geht mit interpersonellen sowie intrapsychischen Konflikten einher, in deren Folge die Kontrolle eigener Selbstanteile zum Angstschutz abgespalten wurde.

Ein Wachstum des Selbst sowie eine damit zunehmende Selbsterkenntnis und Selbsterziehung werden nach Horney möglich, wenn es gelingt, verschiedenen, in die eigene Charakterstruktur verwobenen und als „neurotische Tendenzen" bezeichneten und abgespaltenen Selbstanteile zunehmend zu integrieren. Horneys differenziert ausgearbeitetes Strukturdenken bezüglich des Selbst leistet für die psychotherapeutische Arbeit insofern gute Dienste, als es gut erkennen lässt, in welche typischen Konflikte ein Individuum entsprechend seiner Werthaltung oder Strebensrichtung verwickelt wurde, und auf welche Art es darin verfangen ist. Die Psychotherapie beruht nach Horney auf der Analyse der Charakterstruktur sowie auf zunehmender Selbsterkenntnis und damit einhergehender Selbststärkung des Individuums durch das Aufdecken, Durcharbeiten und Lösen der interpersonellen sowie intrapsychischen Konflikte zur Überwindung seiner Selbstentfremdung.

4. Ziel der Selbsterziehung: Die Selbstauszeugung der Person

Bei den eben erörterten historischen Beispielen für Selbsterkenntnis und Selbsterziehung wurde immer wieder auf deren personale Qualitäten und Dimensionen verwiesen, ohne in diesem Zusammenhang näher geklärt zu haben, was unter einer Person zu verstehen ist. Dies soll im Folgenden nachgeholt werden, wobei die Hauptthese lautet, dass das Ziel der Selbsterziehung – wie auch der Selbsterkenntnis – der Auszeugung und Austragung der Person gewidmet ist.

Zur Erörterung der Frage, was denn eine Person sei, wird auf das bereits mehrfach erwähnte Strukturmodell Wilhelm Diltheys (Dilthey 1990) und Edmund Husserls verwiesen, die davon ausgegangen sind, dass das menschliche Seelenleben aus verschiedenen Strukturelementen besteht, die untereinander verknüpft und abhängig sind und als Ganzes eine Struktur bilden:

> Struktur bezeichnet die komplexe Verflechtung, die zu jeder konkreten Phase des strömenden Seelenlebens gehört ... Der seelische Zusammenhang ist ein Wirkungszusammenhang, ein Zusammenhang der Entwicklung und ist durchherrscht von einer analytisch aufweisbaren immanenten Teleologie. Durch das Leben hindurch geht ein Gerichtetsein auf Werte, einheitliches Streben nach Glück, Befriedigung, ein instinktives oder bewußt zwecktätiges Gerichtetsein (Husserl 1968, S. 9f.).

Die Anordnung der Elemente entscheidet über die Qualität der Struktur. So, wie wir eine bestimmte Anordnung von Bäumen als „Wald" und eine andere Anordnung als „Allee" bezeichnen, kann auch die verschiedenartige Positionierung und Gewichtung von seelisch-geistigen Strukturelementen unterschiedliche personale Strukturen hervorbringen. In der Folge werden etliche dieser Strukturelemente gesondert erwähnt, wobei jeweils ein Schwenk hin zur Thematik der Selbsterkenntnis und Selbsterziehung angedeutet wird.

Person ist Fakultativum und kein Faktum

Der Mensch kann als Wesen beschrieben werden, welches verschiedene Schichten oder Gesichtspunkte aufweist: Körper, Seele und Geist (personaler Geist) sind dabei die am häufigsten verwendeten Begriffe. Der Körper resp. die biologische Schicht unserer Existenz stellt dabei ein Faktum dar. An seiner Existenz wie auch an den grundlegenden Qualitäten dieser biologischen Schicht, bestehen kaum Zweifel.

Ähnlich kann die seelische Schicht eines Menschen aufgefasst werden. Schon lange beschreiben die Biologen (z.B. Adolf Portmann, Wilhelm Driesch oder Jacob von Uexküll) die belebte Natur – und hier vorrangig die Tiere – als beseelt. Es gibt darüber hinaus seit dem 19. Jahrhundert die Position, dass selbst Pflanzen über eine Seele verfügen (Gustav Theodor Fechner). Ohne diese Fragen hier im Detail klären zu wollen, können wir jedenfalls davon ausgehen, dass auch seelische Qualitäten wie eine Wahrnehmung, Sensibilität, Reagibilität und bestimmte Formen des Gestimmtseins als Fakten bei uns Menschen vorhanden sind, ohne dass diese Tatsachen unbedingt einer besonderen Ausbildung oder Schulung bedürften.

Anders jedoch stellt sich die Situation hinsichtlich der geistigen Schicht des Menschen dar, die im Anschluss an Nicolai Hartmann als „personaler Geist“ bezeichnet werden soll. Weil die Qualitäten des personalen Geistes – z.B. Denken, Urteilen, Erkennen, Erinnern usw. – einer ausgesprochen umfangreichen Schulung und Anleitung bedürfen und gleichzeitig diese Schicht für das personale Niveau des Betreffenden ausschlaggebend ist, werden die geistigen Aspekte eines Menschen nun als fakultativ definiert.

Das bedeutet, dass wir zwar als Menschen geboren werden und uns hinsichtlich unserer biologischen und seelischen Qualitäten einigermaßen sicher entwickeln, dass jedoch die Geburt unserer Person von vielen Unwägbarkeiten, Umwelteinflüssen und eigenen Entscheidungen abhängt und damit ein sog. Fakultativum bildet. Die Person ist ein Wesen, „... das sich zu dem immer erst machen muss, was es in Wahrheit ist“ (Hartmann 1962, S. 132).

Hinzukommt, dass die Dimensionen unserer Personalität kein Fixum darstellen, sondern starken intraindividuellen Schwankungen unterworfen sind.

Personalität muss Tag für Tag erobert und gewagt werden, sie ist kein Hab und Gut, das man beruhigt nach Hause tragen könnte:

> Zwischen ihm [dem Menschen als Person, A.S.] und der Welt ist ein gegenseitiges dynamisches Verhältnis, ein Formen und Geformtwerden. Er ist in ihr und für sie auch ein schaffendes Prinzip. Er bestimmt in den Grenzen seines Könnens seinerseits die Welt mit, er schafft an ihr, und zwar in einer für sie sehr wesentlichen Weise (Hartmann 1962, S. 127).

Personsein erstreckt sich in der Zeit

Vom Tier hat Nietzsche in seiner Schrift *Vom Nutzen und Nachteil der Historie für das Leben* (1874) ausgesagt, dass es jeweils nur punktuell leben könne und gezwungen sei, „kurz angepflockt an den Augenblick" zu existieren (Nietzsche 1988, S. 248f.). Zwar haben Tiere primitive Formen des Gedächtnisses, die sich im Rahmen von Dressur bemerkbar machen. Aber sie verfügen über keine Möglichkeit, ihre gesamte Biografie als solche zu bedenken, geschweige denn, Gedächtnisleistungen hinsichtlich einer Sozietät oder einer Weltgeschichte zu entwickeln.

Der Mensch als das nicht festgestellte Tier (Nietzsche) hingegen verfügt über die Möglichkeit, den Augenblick seines Existierens zu transzendieren und sich weit in die Zukunft hinein zu entwerfen. Des Weiteren kann er große Bereiche seiner persönlichen wie auch kollektiven Geschichte erinnern und mit seinem momentanen Existieren verknüpfen. Heidegger in *Sein und Zeit* (1927) bezeichnete diese Qualitäten des Homo sapiens als Zeitlichkeit: „Die Verfassung des Daseins und seine Weisen zu sein sind ontologisch nur möglich auf dem Grunde der Zeitlichkeit..." (Heidegger 1986, S. 367). Henri Bergson hat dasselbe Anthropinon in seinen Begriff der „dureé" gefasst (Bergson 1949).

Die Fähigkeit, Vergangenheit, Gegenwart und Zukunft zu synthetisieren und damit die eigene Lebenszeit zu „zeitigen", ist jedoch ebenfalls nur ein Fakultativum. Viele Menschen leben ihr Dasein quasi saltatorisch, indem sie von Augenblick zu Augenblick springen, ohne diese Augenblicke auf die verbindende Schnur einer Identität ziehen zu können. Solchen Menschen mangelt es an Personalität, und ihr Streben nach Selbsterkenntnis und Selbsterziehung müsste demnach darauf ausgerichtet sein, das eigene Leben als Zusammenhang und Dauer kennenzulernen und zu begreifen.

Es gehört zu den unumstößlichen Leistungen Sigmund Freuds, gezeigt zu haben, dass seine psychoanalytischen Behandlungen letztlich Erinnerungsarbeit darstellen, die im Kern darauf abzielt, dem Einzelnen die Fähigkeiten des Erinnerns von Vergangenheit und des Entwerfens von Zukunft an die Hand zu geben. So verstandene Psychoanalyse dient der Selbsterkenntnis wie auch der Selbsterziehung.

Personen entwickeln sich in dialogischen Situationen

Anthropologen wie Entwicklungspsychologen haben in den vergangenen Jahren und Jahrzehnten häufig beschrieben, dass und wie z.B. die Mutter-Kind-Dyade für die Entwicklung und das Wachstum des Säuglings und Kleinkindes unentbehrlich ist. Erik H. Erikson, Margaret S. Mahler, René Spitz, John Bowlby u.a. konnten anhand von Säuglingsforschung überzeugend zeigen, dass die intensive Bezugnahme zwischen dem Kind und einer bzw. mehreren engen (mütterlichen) Bezugspersonen für das Wohl und Wehe (bis hin zu körperlichen Erkrankungen) des Betreffenden entscheidend ist.

So, wie in der Mutter-Kind-Beziehung die enge Relation beider Protagonisten des Entwicklungspotenzials des Kindes stimuliert und aktiviert wird, kann hinsichtlich des Wachstums einer Person gezeigt werden, dass deren Dimensionen gefördert und gesteigert werden können innerhalb von zugewandten und wohlwollenden Ich-Du-Beziehungen. Darauf hat auch schon der Philosoph Ludwig Feuerbach verwiesen:

> Der einzelne Mensch für sich hat das Wesen des Menschen weder in sich als moralischem noch in sich als denkendem Wesen. Das Wesen des Menschen ist nur in der Gemeinschaft, in der Einheit des Menschen mit dem Menschen enthalten – eine Einheit, die sich aber nur auf die Realität des Unterschieds von Ich und Du stützt. – Einsamkeit ist Endlichkeit und Beschränktheit, Gemeinschaft ist Freiheit und Unendlichkeit. Der Mensch für sich ist Mensch (im gewöhnlichen Sinn); die Einheit von Ich und Du ist Gott (Feuerbach 1966, S. 217).

Insbesondere der Philosoph Martin Buber hat in seiner dialogischen Philosophie ausgeführt, dass das personale Niveau eines Menschen außerordentlich verkümmert, sobald er aus tragenden Ich-Du-Beziehungen herausfällt. Vor allem der Selbstwert einer Person wird stabilisiert und hochgehalten durch das mannigfache Echo, das sie von anderen Personen erhält: „Ich werde am Du, Ich werdend spreche ich Du. Alles wirkliche Leben ist Begegnung" (Buber 1984, S. 15). Jeder Selbstwert ist genau betrachtet ein Fremdwerterleben, und die anderen sagen und bestätigen uns, dass wir und wer wir sind: „... die erste Gestalt des Grundworts Ich-Es, des ichbezogenen Erfahrens ...: das hervorgetretene Ich erklärt sich als den Träger der Empfindungen, die Umwelt als deren Gegenstand (Buber 1984, S. 27).

Entscheidend allerdings ist die Auswahl derjenigen, die uns Echo geben dürfen und sollen. Günstigenfalls sind dies Menschen, deren personales Niveau mindestens ebenso hoch oder höher als das eigene zu veranschlagen ist. Ähnlich wie man bei karger Mütterlichkeit nicht erwarten kann, dass beim Kleinkind multiple Wachstumsprozesse erfolgreich angestoßen werden, steht auch bei der falschen Auswahl der „Dus" zu vermuten, dass deren Einschätzung und Wertschätzung unserer Person von Engen und Einseitigkeiten geprägt ist.

Bezüglich der Selbsterkenntnis und der Selbsterziehung bedeutet dies, dass wir besonderes Augenmerk auf die Auswahl von Freunden, Lehrern und Liebespartnern legen dürfen, da diese Auswahl darüber mit entscheidet, welche Gesichtspunkte unserer Personalität innerhalb der Ich-Du-Beziehung zum Klingen – und möglicherweise zur Entfaltung gebracht werden.

Geist ist nicht im Ich, sondern zwischen Ich und Du. Er ist nicht wie das Blut, das in dir kreist, sondern wie die Luft, die du atmest. Der Mensch lebt im Geist, wenn er seinem Du zu antworten vermag. Er vermag es, wenn er in die Beziehung mit seinem ganzen Wesen eintritt. Vermöge seiner Beziehungskraft allein vermag der Mensch im Geist zu leben (Buber 1984, S. 41).

Personen leben in der Sprache

Ernst Cassirer hat 1944 sein Buch *An Essay on Man (Versuch über den Menschen)* publiziert, in dem er seine Formel für den Menschen – nämlich das „animal symbolicum" – auf relativ leicht verständliche Weise erläutert hat. Diese Formel wurde zum Markenzeichen der Cassirerschen Philosophie, die er sehr breit und gelehrt vor allem in den Bänden seiner *Philosophie der symbolischen Formen* (1923) ausgeführt hat.

Der zentrale Gedanke Cassirers lautet, dass wir Menschen Symbole verstehen und schaffen. Tiere kennen Zeichen und können mittels Zeichensprache eine bestimmte Qualität der Kommunikation etablieren. Menschen hingegen schaffen Symbole, welche einen ganzen Hof von Bedeutungen mit sich führen, die weit über ein bloßes Zeichen hinausgehen:

> Die verschiedenen Erzeugnisse der geistigen Kultur, die Sprache, die wissenschaftliche Erkenntnis, der Mythos, die Kunst, die Religion werden so, bei all ihrer inneren Verschiedenheit, zu Gliedern eines einzigen großen Problemzusammenhangs, – zu mannigfachen Ansätzen, die alle auf das eine Ziel bezogen sind, die passive Welt der bloßen Eindrücke, in denen der Geist zunächst befangen scheint, zu einer Welt des reinen geistigen Ausdrucks umzubilden (Cassirer 1985, S. 12).

Eine ausgezeichnete Klasse innerhalb dieser Symbole stellen die verschiedenen Sprachen dar. Cassirer konnte zeigen, dass die geistigen und damit personalen Qualitäten eines Menschen außerordentlich stark von seiner Fähigkeit abhängen, sich in diversen Sprachen auszudrücken, zu verständigen und in gewisser Weise heimisch zu fühlen. Auf einen ähnlichen Gedanken zielte auch Martin Heidegger ab, von dem die Formulierung stammt, die Sprache sei das „Haus des Seins", und natürlich wohne auch der Mensch in dieser Behausung. Weniger lyrisch, dafür mindestens ebenso exakt, hat Ludwig Wittgenstein dies in die Formel gefasst: „Die Grenzen meiner Sprache sind die Grenzen meines Seins" (Wittgenstein 1989). Was der Mensch nicht versteht, kann er auch nicht wahrnehmen. Karl Löwith sagt daher mit Recht:

> Die Sprache vermittelt nicht nur in Anrede und Erwiderung, in Frage und Antwort, den Menschen mit seinen Mitmenschen, sondern sie ist das Medium unseres Weltverhältnisses und insofern schon selbst eine ‚Weltansicht'. Sie ist es auch dann, wenn wir scheinbar etwas unmittelbar und vor aller Sprache wahrnehmen. Wir gehen auf die Straße und sehen Häuser, Menschen und Autos, aber wir können nur deshalb diese Dinge verstehend wahrnehmen, weil wir sie als Häuser, Menschen und Autos, d.h. in diesen Bedeutungen sehen und durch die Bedeutung der Worte wahrnehmend hindurchgehen. Wo uns die Worte für eine Sache fehlen, haben wir keine deutliche Wahrnehmung ... Der Mensch lebt mit den Dingen der Welt so, wie sie ihm die Sprache zuführt, und weil auch sein Empfinden und Handeln von

> seinen Vorstellungen abhängt, lebt er sogar ausschließlich im Umkreis seiner Sprachwelt (Löwith 1960, S. 217).

Selbsterkenntnis und Selbsterziehung bedeuten demnach, die eigenen Möglichkeiten des Sprechens und des Ausdrucks zu steigern sowie den Symbolgebrauch möglichst authentisch zu gestalten. Wir werden umso stärker und intensiver unsere Personalität zum Austrag bringen, je entschiedener unsere sprachlichen Ausdrucksmittel sich dem Pol der „Rede" annähern und sich vom Pol des „Geredes" (Heidegger) entfernen.

Person ist Individuum

Das Mittelalter kannte die Formel „Individuum est ineffabile." Damit sollte zum Ausdruck gebracht werden, dass einzelne Personen (Individuen) hinsichtlich ihres Wesenskerns ähnlich wie Kunstwerke unausschöpfbar und unaussagbar sind. Von Kunstwerken ist lange schon die Definition bekannt, dass die infinite Interpretationsgeschichte und -möglichkeit zu ihrem ontologischen Wesen unabdingbar hinzugerechnet werden muss.

Ähnlich ergeht es mit Personen, deren Unaussagbarkeit und infinite Interpretationsmöglichkeit vor allem im Bereich langjähriger psychotherapeutischer Verstehensprozesse oder aber auch im Hinblick auf die biografische Erfassung (z.B. von Künstlern, Wissenschaftlern und Philosophen) als wesensmäßig imponiert. Ausgehend von dieser Beschreibung wird auch verständlich, warum der Verstehensprozess einer anderen Person (hermeneutischer Zirkel) immer ein infiniter sein muss und lediglich als Artefakt unterbrochen und beendet werden kann.

Hinsichtlich der Selbsterkenntnis und der Selbsterziehung bedeutet die Formel des „Individuum est ineffabile", dass natürlich auch die Bemühungen des Einzelnen, sich zu erkennen oder zu erziehen, lediglich als Artefakt an ihr Ende gelangen können. So, wie wir einem Kunstwerk gegenüber aufgrund veränderter Stimmungen, Erlebnisse, Erkenntnisse und Fantasien immer wieder neue Perspektiven des Verstehens und Interpretierens einnehmen können, so kann auch bezüglich der eigenen Person tagtäglich Neues und Überraschendes wahrgenommen und als Imperativ für Veränderung und Erziehung interpretiert werden.

Personen erkennen Werte und entwickeln Gefühle

Dem Philosophen Max Scheler zufolge finden wir im Kern einer Person ein mehr oder minder differenziertes Gewebe aus Gefühlen, Akten und Werten. In seinem Buch *Der Formalismus in der Ethik und die materiale Wertethik* (1916) (Scheler 1980) hat Scheler ausgeführt, dass es einen unauflöslichen Zusammenhang zwischen Gefühl und Wert gibt. „Fühlen heißt Werterkennen":

> Alles primäre Verhalten zur Welt überhaupt, nicht nur zur Außenwelt, sondern auch zur Innenwelt, nicht nur zu anderen, sondern auch zu unserem eigenen Ich, ist eben nicht ein ‚vorstelliges', ein Verhalten des Wahrnehmens, sondern immer gleichzeitig, ja nach dem vorhin Ausgeführten primär ein emotionales und wertnehmendes Verhalten (Scheler 1980, S. 206).

Max Scheler ist Vertreter einer sog. materialen Wertethik und dies bedeutet, dass nicht ein Prinzip oder eine formale Anweisung (wie z.B. bei Immanuel Kant), sondern eine Hierarchie von Werten und Werthorizonten die ethischen Fragen der Menschheit beantworten helfen können.

Ein Wert ist – so Max Scheler oder auch Nicolai Hartmann – ein „Sollen", d.h. von ihm geht für denjenigen, der ihn erkennt, ein Imperativ aus, ihn zu verwirklichen. Konkret bedeutet dies, dass bspw. von dem Wert der individuellen und kollektiven Freiheit die Aufforderung ausgeht, individuelle und kollektive Freiheit zu sichern und zu steigern. Ähnlich können wir dies für andere Werte deduzieren, so z.B. für Schönheit, Solidarität, Wahrhaftigkeit, Gerechtigkeit usw.

Max Scheler und Nicolai Hartmann zufolge können wir innerhalb der Werte eine Hierarchie und Reihung annehmen, sodass letztlich niedere von höheren Werten differenziert werden. Für Max Scheler, der diese Wertehierarchie auch als den „Ordo amoris" bezeichnet hat, sind die höchsten Werte die sog. personalen Werte. Darunter subsumiert er z.B. Freiheit, Geistigkeit, Erkenntnisfähigkeit usw. Deshalb sagt Scheler auch, wer den Ordo amoris eines Menschen hat, hat den Menschen (Mader 1980, S. 53).

Personen zeichnen sich dadurch aus, dass sie mehrheitlich hohe und höchste Werte (eben die personalen Werte) erkennen, anstreben und umzusetzen versuchen. Das bedeutet keine Missachtung sog. „niedrigerer Werte" (wie z.B. der Dinge und Sachen). Es erfordert aber eine Ausrichtung an relativ hohem Werteniveau, um die eigene Personalität steigern und realisieren zu können:

> Ein Mensch hat eine Aufgabe erhalten, die einen hohen Wert zu realisieren ihm verheißt; diesen Wert sieht er immer klar und deutlich vor sich und dieser vermag seine ganze Energie anzuspannen und zu entfesseln! Er hebt sich an dem Werte dieser Aufgabe selbst empor! Dabei kann der Bild- oder Begriffsinhalt dieser Aufgabe noch weithin schwanken; ihr Wert oder der Wert des in ihr zu Leistenden schwankt hierbei nicht mit! Auch mag die Vorstellung, was er da zu tun hat, zuweilen zurücktreten; dann leuchtet doch noch ihr Wert ihm zu und wirft seine Lichter gleichsam auf sein gegenwärtiges Leben! Der für ihn jetzt zentrale Wert dieser Aufgabe löst ihn los aus einer Menge kleiner Gebundenheiten an Sitten, eigene Gewohnheiten, die ihn früher in Banden hielten, so daß sich das gegenwärtige faktische Leben anders vollzieht, als wenn das Fühlen dieses Wertes nicht bestände. Und andererseits ist es ein Phänomen, das jedem, der sittliche Regungen an ihren Ursprüngen zu fassen weiß, immer wieder auffällt: Wir fühlen eine ‚tiefe Befriedigung' über einen Tag unseres Tuns, ohne noch recht zu wissen, welche Handlung denn, welches Verhalten denn es ist, auf das sie geht… (Scheler 1980, S. 204).

Sobald wir derartige Werte ins Visier nehmen, werden den Philosophen Scheler und Hartmann gemäß Gefühle in uns induziert. Freude, Zuversicht, Hoffnung, Güte, Humor und natürlich Liebe sind emotionale Phänomene, die bei Menschen dann entstehen und über mehr oder minder lange Zeit hinweg bestehen, wenn deren Ausrichtung auf hohe Werte, wie auch deren Kompetenz, diese Werke Realität werden zu lassen, merklich vorhanden sind.

Was bedeutet dies nun für Selbsterkenntnis und Selbsterziehung? Wer sich selbst kennenlernen und auch hinsichtlich seines personalen Wesenskerns einigermaßen realitätsgerecht einschätzen möchte, ist dem eben Gesagten zufolge gezwungen, den eigenen Werthorizont wie auch die eigene Wertehierarchie zu überprüfen. Dies kann z.B. anhand der eigenen Weltanschauung geschehen. Ebenso ist es aber möglich, indem wir unseren schlichten Alltag Revue passieren lassen und ihn daraufhin befragen, welchen oder welche Werte wir dabei erkannt, anerkannt und verwirklicht haben.

Analog kann man auch die eigen erlebten Gefühle dafür verwenden, sich zu fragen, wer man ist, und was den Wesenskern der eigenen Person ausmacht. Jenseits unserer gelebten Ereignisbiografie sind wir die Geschichte unserer Gefühle. Und weil Gefühle nach Scheler die „Organe der Werterkenntnis" darstellen, kann anhand der Differenziertheit und Breite unseres Gefühlslebens erschlossen werden, welche Werte und Werthorizonte wir zu erfassen und evtl. zu realisieren vermögen. Dieser letztere Aspekt wurde in den letzten Jahren auch unter dem Schlagwort der „emotionalen Intelligenz" (Goleman) abgehandelt.

Hinsichtlich der Selbsterziehung kann man ebenfalls aus dem eben Erörterten Konsequenzen ableiten. Selbsterziehung i.S. von Änderung der eigenen Wesensbeschaffenheit bzw. Entfaltung des eigenen Wesens, kann demnach nur über eine Differenzierung und Weitung der Wertwahrnehmung erfolgen. Selbsterziehung kann daher auf die Frage zugespitzt werden: Wie erkennen wir neue oder zumindest für uns ungewohnte Werte? Nach Nicolai Hartmann sind wir normalerweise auf einen mehr oder minder reduzierten oder begrenzten Werthorizont hin angelegt und bewegen uns auf ihn hin zu, ohne die Möglichkeit der Transzendenz oder des Neuentdeckens von Werten im Gespür zu haben. Dabei könne man jedoch – so der Philosoph – ähnlich wie am Sternenhimmel mit jeweils neuen und besseren Objektiven neue und fremde Werte erkennen. Die Frage lautet also, wie wir die „Objektive der Werterkennung" verbessern und weiten können?

Zur Beantwortung dieser Frage greifen wir auf ein Beispiel zurück, das Goethe in seiner Autobiografie *Aus meinem Leben. Dichtung und Wahrheit* erzählt: Als junger Student in Leipzig unternahm Goethe einmal einen Ausflug nach Dresden und besuchte die dortige Gemäldegalerie. Zufällig geriet er in die Abteilung der niederländischen Meister und blieb dort vor einem Bild stehen, welches eine Alltagssituation einer holländischen Handwerker-Familie zeigt:

Goethe betrachtete dieses Bild lange und intensiv, und im Nachhinein machte er sich ausführlich Gedanken darüber, weshalb ihn denn dieses Kunstwerk derart zu faszinieren vermochte. Er stellte fest, dass ihm dabei einige Facetten und Gesichtspunkte des sog. „einfachen Lebens" transparent gemacht und ihm gleichzeitig der Wert eines solchen Lebens nahegebracht wurde. Der Zufall wollte es, dass Goethe mit dieser Abbildung in Kontakt kam. Keinesfalls zufällig war es jedoch, dass Goethe vor diesem Bild lange verweilte und mehrere Wertaspekte darin auf sich wirken ließ und nach und nach erkannte.

Ähnlich ergeht es jedem, der seine Wahrnehmung hinsichtlich neuer und anders gewichteter Werthorizonte schärfen oder erweitern möchte. Zufällig geraten wir in Situationen, in denen potenziell Werte angeboten werden, wobei unsere momentane Gefühlsbeschaffenheit und Stimmungslage darüber entscheidet, ob wir von diesem Angebot Gebrauch machen und damit Neues im Bereich der Wertewelt erkennen können. Beides – sowohl die zufällige Präsentation innerhalb einer Situation wie auch unsere jeweilige Stimmung resp. Verstimmung – kann von uns nicht bewusst konstelliert und gewollt werden. Es bleibt uns einzig, unsere Lebensstimmung derart zu gestalten, dass wir für potenziell neue Werterfahrungen einigermaßen geöffnet sind. André Gide fasst dies in die bekannte Formel: „Warten gibt es zur Nacht, wer weiß auf welche Liebe."

Die emotionale Bereitschaft, sich veränderten Wertehierarchien und -horizonten gegenüber empfänglich einzustellen, ist lediglich bei denjenigen Individuen zu beobachten, welche überwiegend Gefühle und dementsprechend wenig Affekte bei sich selbst kultivieren und zulassen. Nach Max Scheler sind sämtliche Affektzustände als Phasen, Episoden oder Zustände der relativen Wertblindheit zu interpretieren. Affekte (wie z.B. Wut, Geiz, Hass, Neid, Eifersucht usw.) führen nicht nur dazu, Werte (bisweilen auch in einem konkretistischen und materialen Sinn) zu attackieren oder zu vernichten, sie verunmöglichen auch adäquate Werterkenntnis und Wertrealisation in einem sehr umfassenden Sinne.

Bezüglich der Selbsterziehung bedeutet dies, dass eine gesteigerte Wertwahrnehmung und -realisierung nur dann mit Aussicht auf Erfolg angegangen werden kann, wenn der Einzelne ein mehr oder minder affektfreies oder zumindest affektgemindertes Dasein zu führen imstande ist. Nur dann bringt er sich selbst in ein einigermaßen gefühlsgeprägtes Existieren und schafft damit die Voraussetzung für Werterkenntnis und Wachstum seiner Werthorizonte.

> Der Mensch allein – sofern er Person ist, vermag sich über sich – als Lebewesen – emporzuschwingen und von einem Zentrum gleichsam jenseits der raumzeitlichen Welt aus alles, darunter auch sich selbst, zum Gegenstand seiner Erkenntnis zu machen. So ist der Mensch als Geistwesen das sich selber als Lebewesen und der Welt überlegene Wesen. Als solches ist er auch der Ironie und des Humors fähig, die stets Erhebung über das Dasein einschließen (Mader 1980, S. 119).

Max Scheler hat mehrfach ausgeführt, dass die Beziehung zwischen Werterkennen und Fühlen eine zirkuläre ist. Sobald wir in den Kreis des Fühlens und Werterkennens hineingeraten, verstärken sich beide Phänomene gegenseitig. Die Frage für die Selbsterziehung lautet demnach immer, wie denn der Einzelne in den Zirkel von Fühlen und Werterkennen hineingerät resp. wie er sich darin verankern kann? Hier mag der Zufall eine Rolle i.S. des Angebots von Werten spielen. Die gewichtigere Rolle jedoch übernimmt der Einzelne, indem er sich Affekten und Verstimmungen größeren Ausmaßes, wo immer möglich, nur sehr rudimentär hingibt.

Situationen, in denen Werte angeboten und repräsentiert werden, werden vorrangig durch Personen konstelliert, die selber bereits über einen einigermaßen differenzierten Werthorizont verfügen. Im Kontakt mit derartigen Individuen gerät der Einzelne – bei entsprechender Gefühlslage – leichter in den Sog des Werterkennens und schließlich auch des Wertrealisierens hinein. Jede pädagogische und psychotherapeutische Situation besteht in ihrem Kern aus dieser Form der „Wertansteckung". Besonders stark imponieren solche „Transfusionsvorgänge" in Liebesbeziehungen, bei denen nicht nur das konkrete Du, sondern darüber hinaus die gesamte Welt des Anderen als wertvoll erlebt und erkannt wird.

Sorge und Fürsorge

In seinem Hauptwerk *Sein und Zeit* (1927) hat Martin Heidegger neben anderen Existenzialien als wesentlich für den Menschen auch die sog. „Sorge" und „Fürsorge" beschrieben. Beide Begriffe haben Relevanz für die Thematik der Selbsterziehung resp. Selbsterkenntnis und werden deshalb im Folgenden näher ausgeführt.

Unter dem Begriff der „Sorge" wollte Heidegger nicht auf denjenigen in der Alltagssprache abheben. Zwar sorgen wir uns tagtäglich um dies und das, und diese Haltung wird zu Recht als „sich sorgen" umschrieben. Heidegger jedoch zielte mit „Sorge" auf eine Form der Reflexion und Gestaltung der eigenen Person wie auch der gesamten Existenz ab, die mit den kleinen Alltagssorgen in keiner Weise verwechselt werden darf.

Zuvor wurde bereits ausgeführt, dass Heidegger den Menschen in den drei zeitlichen Dimensionen der Vergangenheit, Gegenwart und Zukunft existieren sah, und dass seiner Meinung nach das spezifisch Menschliche am Homo sapiens darin zu suchen sei, diese zeitlichen Dimensionen zu synthetisieren, also sich selbst zu zeitigen.

Die wesentliche zeitliche Dimension, um die sich der Einzelne im Heideggerschen Sinne zu sorgen hat, ist nun die Zukunft. In ihr sind die Möglichkeiten der Freiheit und des Entwurfs präsent, und in ihr können aus Potenzialitäten Realitäten erwachsen. In dieser zeitlichen Dimension wartet die Möglichkeit auf uns, unser eigenes Wesen resp. unsere Person zu erkennen und ihr zum Austrag zu verhelfen.

„Sorge" bezieht sich also vorrangig auf Zukünftiges, in das wir hinein transzendieren sollen. Jeder momentane Zustand, jeder Status soll nach Heidegger überschritten, d.h. auf neue Aufgaben- und Werthorizonte hin transzendiert werden. Dies bedeutet auch, dass die jeweilige jetzige Person und ihre Dimensionen mit einer zukünftigen Person und damit mit weiteren Möglichkeiten, Horizonten und Qualitäten verglichen und überschritten werden soll.

Wer sich diesem Prozess des Transzendierens und der Ausrichtung auf Zukünftiges hingibt, wird nach Heidegger unweigerlich mit der Thematik der eigenen Begrenztheit vorrangig hinsichtlich der Lebenszeit (also mit dem Tod) konfrontiert. Transzendenz bedeutet letztlich auch ein „Vorlaufen zum Tode" und nur derjenige, der sich auch dieser Tatsache bewusst stellt und aussetzt, hat Heidegger zufolge die Möglichkeit erworben, ein authentisches und nicht-selbstentfremdetes Leben zu führen. Eine derartige Form des Existierens nennt der Philosoph auch die „Eigentlichkeit".

Die allermeisten Menschen aber verbringen die Zeit ihres Lebens in der sog. „Uneigentlichkeit". Uneigentlich wird von Heidegger gleichgesetzt mit dem sog. „Man-Selbst-Sein", und „Eigentlichkeit" entspricht bei ihm dem sog. „Ich-Selbst-Sein": „Das Selbst des alltäglichen Daseins ist das Man-Selbst, das wir von dem eigentlichen, das heißt eigens ergriffenen Selbst unterscheiden"(Heidegger 1986, S. 129). „Sorge" definiert Heidegger als „Sich vorweg-schon-sein-in- (der Welt) als Sein bei (innerweltlich begegnendem Seienden)" (Heidegger 1986, S. 192). Das bedeutet nun in diesen Zusammenhängen, dass sich der Einzelne um eine Form des eigentlichen Existierens, d.h. um eine Form des Ich-Selbst-Seins kümmert.

Neben einem „Vorlaufen zum Tode" ist dazu ein Losreißen aus dem Modus des uneigentlichen Existierens unabdingbar. Das „Man" – also die Majorität und die Vielen – schreibt uns mehr oder minder explizit vor, wie wir zu leben, und wer wir zu sein haben. Weil wir alle durch Erziehung und primäre

Sozialisation in eben dieses „Man" hineinwachsen, wird unser „Ich-Selbst-Sein" normalerweise nur sehr rudimentär gefördert oder sogar nivelliert.

Sorge um unser Ich-Selbst-Sein – übersetzt könnten wir dies auch als Person-Sein bezeichnen – führt daher immer zu Emanzipationsbestrebungen gegenüber der uns umgebenden Majorität und belässt uns nicht selten in Situationen der Einsamkeit und des Alleinstehens. Weil die Menge derartige Emanzipationsprozesse von Individuen im Schnitt nicht sonderlich honoriert, induziert sie in ihnen nicht selten Empfindungen von Schuld oder Impulse des reumütigen Zurückkehren-Wollens in den „Schoß der Gemeinschaft".

Derartige Schuldgefühle wurden z.B. von Erich Fromm als neurotische Schuldgefühle klassifiziert. In seinen Schriften hat dieser Neopsychoanalytiker mehrfach darauf hingewiesen, dass es in Ergänzung zu diesem neurotischen Schuldgefühl auch existenzielle Schuldgefühle gibt, die im Kern nichts anderes aussagen als das, was Martin Heidegger unter dem Begriff der „Sorge" zu subsumieren unternahm. Existenzielle Schuldgefühle bedeuteten Erich Fromm zufolge eine Aufforderung an den Einzelnen, den Prozess der Individuation und Selbst-Werdung – also Selbsterkenntnis und Selbsterziehung – ernsthaft und entschieden zu realisieren.

5. Verknüpfung von Selbsterkenntnis und Selbsterziehung

Die Verknüpfung der Themen Selbsterziehung und Selbsterkenntnis ist so alt wie die griechische Mythologie der Antike. Auf dem Orakel von Delphi waren bekanntlich drei kurze Sinnsprüche zu lesen, welche die hier anvisierte Synthese von Selbsterziehung und Selbsterkenntnis schon vorweggenommen haben. Diese Sinnsprüche lauten: 1. Nichts zuviel; 2. Erkenne dich selbst; 3. Werde, der du bist.

In den beiden zuletzt genannten Aufforderungen ist die Thematik der Selbsterkenntnis und der Selbsterziehung immanent. Der Sinnspruch „Erkenne dich selbst!" zielt direkt und unmissverständlich auf Selbsterkenntnis ab, wohingegen der Imperativ „Werde, der du bist!" das Ziel einer ernsthaften Selbsterziehung – die Selbstauszeugung der Person und die Geburt der Individualität – ins Auge fasst.

Auf den folgenden Seiten wird vorrangig der Begriff der Selbsterkenntnis untersucht, um dann in den folgenden Kapiteln deutlich zu machen, woraufhin denn Selbsterziehung abzielen kann. Nur derjenige, welcher sein Selbst resp. seinen Charakter cum grano salis kennt und adäquat einzuschätzen weiß, kann mit Aussicht auf Erfolg sein Selbst bzw. seinen Charakter verändern. Selbsterziehung (als Therapie) gelingt nur bei realitätsgerechter Selbsterkenntnis (Diagnose), wobei die beiden Begriffe – wie gezeigt werden wird – zirkulär miteinander verknüpft sind.

Auf diesen Zirkel von Erkennen und Erziehen, von Diagnose und Therapie, haben z.B. auch schon einige Philosophen der griechischen Antike hingewiesen. So war etwa Sokrates davon überzeugt, dass nur ein philosophisch reflektiertes und damit überprüftes Leben lebenswert sei. Der Vorsokratiker Heraklit fasste das Programm der Selbsterkenntnis wie auch der Selbsterziehung in die würdevollen Worte: „Ich habe mich selbst gesucht" (Diels 1999, S.

158). Und mit dieser Suche meinte Heraklit sowohl das mehr oder minder passive Erkennen als auch das aktive Verändern seines Daseins.

Ebenfalls den Zusammenhang zwischen Selbsterziehung und Selbsterkenntnis bzw. zwischen Psychotherapie und Diagnose hat der Gestaltpsychologe Kurt Lewin anvisiert. Von ihm stammt das Motto: „Wenn du einen Menschen verstehen willst, dann versuche, ihn zu verändern" (Rattner 1988, S. 94). Auch dieser Satz lässt sich mühelos auf die Thematik der Selbsterkenntnis und Selbsterziehung anwenden. Übertragen lautet das Motto dann: „Wenn du dich erkennen willst, versuche dich zu verändern!"

Auf die entgegengesetzte Richtung hat bei Gelegenheit Alfred Adler abgehoben. Wenn Patienten ihn über lange Zeit hinweg bezüglich ihrer Problematik aufgesucht haben, ohne dabei erkennbare Veränderungsimpulse aufzuweisen und ihn Mal um Mal um erläuternde Erkenntnisse gebeten haben, pflegte der Begründer der Individualpsychologie zu sagen: „Verändern Sie sich erst einmal, und dann werde ich Ihnen erläutern, wie Sie sich verstehen können!"

Mit Kurt Lewin und besonders Alfred Adler sind wir bei einer Methode der Selbsterkenntnis resp. Selbsterziehung angelangt, die seit ca. 100 Jahren innerhalb der Psychologie und Medizin etabliert ist: Die Psychoanalyse bzw. Psychotherapie. Alle – oder zumindest die tiefenpsychologisch orientierten – psychotherapeutischen Verfahren zielen darauf ab, dem Selbst des Patienten oder Analysanden die Möglichkeit zu eröffnen, sich zu erkennen und zu verändern. Von psychotherapeutischer Schulrichtung zu Schulrichtung unterschiedlich wird der Schwerpunkt dabei entweder mehr auf die Selbsterkenntnis oder aber (wie z.B. in den verhaltensmodifizierenden Therapien) auf die Selbsterziehung bzw. -veränderung gelegt.

Strategien und Grenzen von Selbsterkenntnis und Selbsterziehung

Die Methoden, welche bspw. in der Psychoanalyse angeboten werden, um das Selbst, das Ich, den Charakter oder die Individualität eines Menschen bis weit in seine unbewussten Anteile hinein kennenzulernen, erstrecken sich z.B. auf die Deutung und Interpretation von Träumen, Fehlleistungen, harmlosen Symptomen körperlicher und seelischer Natur, aber auch auf die verstehende Einordnung von Krankheitszuständen und manifesten Erkrankungen. Anhand aller dieser Phänomene soll und will zuerst der Analytiker, nach und nach jedoch auch der Analysand in die Lage versetzt werden, die Inhalte und Umrisse der zu analysierenden Person aufzudecken und einzuordnen.

Bei allen diesen Strategien jedoch sind Vorbehalte angebracht, die nicht ohne Weiteres geringzuschätzen sind. So weiß man etwa, dass die Interpretation und Einordnung diverser Symptome, Träume, Assoziationen und anderer Elemente des bewussten und unbewussten Lebens eines Menschen in unterschiedlichen Schulrichtungen der Psychotherapie ganz unterschiedlich erfolgt. Die Schwerpunkte und Akzente, die bei verschiedenen Therapierichtungen angeboten und jeweils in den Vordergrund geschoben werden, führen dazu, auch hinsichtlich der Selbsterkenntnis differierende Gesichtspunkte in den Mittelpunkt zu schieben.

Hinzu kommt, dass die Persönlichkeit des Psychotherapeuten, welcher über eine recht lange Zeit den Analysanden hinsichtlich der Selbsterkenntnis anleitet und ihm diesbezüglich ein Modell vorlebt, ebenfalls Engen und Einseitigkeiten aufweisen kann. Diese Rahmenbedingungen kann der Analysand im üblichen Fall zumindest während der ersten Zeit seiner Analyse kaum überblicken, geschweige denn in ihrer Wirkung auf ihn abschwächen oder transzendieren. Die einzige Möglichkeit, den Analysanden ein möglichst breites Spektrum der Selbsterkenntnis zu gewährleisten, liegt in der unermüdlichen und nur als Artefakt zu beendenden Selbstanalyse des Psychotherapeuten:

> Der Therapeut [sollte, A.S.] sich in einem lebenslangen Wandlungs- und Entwicklungsprozeß halten, aus jeglichem ‚Gehäuse' des Wissens und Erlebens immer wieder ausbrechen...Dazu dient ihm die Identifikation mit seinen Ausbildern, mit der analytischen Forschungsgemeinschaft, mit den großen Vorbildern des Therapeutenberufs, die wissenschaftliche Arbeit, das allgemeine Kulturinteresse und die Teilhabe an den Kulturbestrebungen der Epoche. Aber all dies ist kein sicherer Weg zur Selbstanalyse: Die Ausbilder des angehenden Therapeuten übertragen die Mängel ihrer eigenen Selbsterkenntnis auf den Schüler, die Gemeinschaft der Forschenden kann durch gemeinsame Wahrheiten und Irrtümer zusammengehalten werden. Die Wissenschaft einer Zeit basiert auf einem Gemisch von Vernunft und Unvernunft, und die Epoche als Ganzes schließlich ist Durchgangspunkt einer Kulturrevolution, also gleichfalls ein buntes Chaos von Erkenntnis, Vorurteil, Wissen und Aberglauben. Demnach kann wahrhaftige und ernste Selbsterforschung nirgendwo verläßliche Hilfe

> und Abstützung erfahren. Der Erkennende bleibt letztlich auf sich selbst als die urtümlichste Quelle der Wahrheitssuche verwiesen. Die Frage nach dem eigenen Selbst, nach Wesen und Natur des Menschen, nach Sinn und Zweck des Daseins, nach den tragfähigen Zielen und Werten des Lebens kann nicht delegiert werden. Jeder einzelne muß sie im Laufe seiner bewußten Lebensgestaltung selbst stellen und zu beantworten versuchen. In diesem Prozeß muß er sich zunächst an Autoritäten, Traditionen und anerkannte Meinungen anlehnen. Bleibt er aber darin stecken, so hat er nicht die Chance, zu der für ihn tragenden Wahrheit vorzustoßen. Im Maße, wie einer ‚Selbstdenker' ist, kann er im Verlauf unendlicher Denkbemühungen zu tieferen Einsichten vordringen (Kronberg & Neiß 1983, S. 290f.).

Autobiografien

Respektiert man diese Grenzen der Selbsterkenntnis, welche durch die Methode und die Struktur des Psychotherapeuten und psychoanalytischen Verfahrens vorgegeben sind, so kann man Überlegungen anstellen, inwiefern andere Strategien dazu beitragen können, Selbsterkenntnis zu fördern und zu steigern. Eine Variante, die schon seit Jahrtausenden praktiziert wird, besteht in der Abfassung von autobiografischen Schriften.

> Entscheidend für die Kunst der Autobiographie ist die Verbindung der Teile, die wechselseitige Vertiefung aller Elemente in ihrer Entwicklung, die enge und dynamische Identität von Erlebnissen und Ereignissen mit dem Verfasser als Objekt und Autor des Buches. Man sollte von der Autobiographie in Begriffen der Gestalttheorie sprechen. Die Wahrheit der Autobiographie liegt im Aufbau einer Persönlichkeit mit Hilfe der Bilder, die sie von sich selbst macht, die ihre Art, die Außenwelt aufzunehmen und auf sie zu reagieren, verkörpern und die in jedem Augenblick und im Fortgang vom Vergangenen aufs innigste aufeinander bezogen und miteinander verbunden sind. Der Wert und der Wahrheitsgehalt der Autobiographie – und ihr Wert ist immer verknüpft mit ihrer Wahrheit – hängen nicht von dem Maß an bewußter psychologischer Durchdringung ab oder von den einzelnen blitzartigen Einsichten. Sie ergeben sich aus der ungebrochenen Wirkung einer Persönlichkeit, die um sich herum, aus der Grenzen-

> losigkeit von Ich und Welt, mit kompositorischen und stilistischen Mitteln ein homogenes Ganzes formt – sowohl in dem Sinne, daß sie auf konsistente Weise auf die Welt und in die Welt hinein, wirkt, als auch in dem Sinne, daß sie aus ihren Begegnungen mit der Welt eine konsistente Folge von Denkbildern schafft (Pascal 1977, S. 221).

In der Folge sollen einige wenige dieser „Selberlebensbeschreibungen" – wie Jean Paul Autobiografien zu bezeichnen pflegte – vorgestellt werden. Bekannt geworden und als Modell für viele andere Autobiografien immer wieder zitiert wurden die sog. „Confessiones" des Kirchenvaters und Philosophen Augustinus (354-430 n.u.Z.). In diesen Bekenntnissen hat Augustinus seine Entwicklung „vom Saulus zum Paulus" geschildert, wobei die Absicht seiner autobiografischen Darstellungen deutlich wird: Er wollte sich selbst als Modell begreifen und charakterisieren, an dem man ablesen sollte, wie man vom Heidentum zum Christentum gelangen könne oder müsse.

> Augustinus konnte sein Leben nicht anders verstehen und nicht anders darüber sprechen als in der symbolischen Sprache des christlichen Glaubens. Das machte ihn zum großen religiösen Denker und zugleich zum Begründer einer neuen Psychologie, einer neuen Methode der Introspektion und Selbstprüfung (Cassirer 1996, S. 88).

Die „Confessiones" waren also autobiografische und programmatische Texte zugleich. Der Vorteil dieser Autobiografie liegt darin, dass diese beiden Intentionen relativ direkt und unverstellt zu erkennen sind. An ihnen lässt sich ermessen, inwiefern jede Autobiografie hinsichtlich der Selbsterkenntnis – wie wie auch in der Fremderkenntnis – mit letztlich unüberschreitbaren Grenzen zu kämpfen hat. Denn ein jeder, der autobiografisch sich, seine Person und seinen Charakter sowie seinen Lebenslauf aufzeichnet und publiziert, denkt nicht nur an die völlig offene und authentische Wiedergabe seines Wesens, sondern auch an Leser und ein im weitesten Sinne großes Publikum, denen und dem er bestimmte Mitteilungen anhand seiner Aufzeichnungen zukommen lassen möchte.

Jean-Jaques Rousseau: *Bekenntnisse*

Unter direkter Bezugnahme auf Augustinus hat im 18. Jahrhundert Jean-Jaques Rousseau (1712-1778) seine *Confessiones* in den Jahren 1781-1788 verfasst und publiziert. Auch bei diesem französischen Philosophen lässt sich sowohl der Impuls nach Selbsterkenntnis und Selbstdarstellung als auch die Intention, seiner Leserschaft eine Botschaft zukommen lassen zu wollen, untrüglich nachweisen:

> Ich unternehme ein Werk, das seinesgleichen weder gehabt hat noch haben wird. Meinen Mitmenschen will ich einen Menschen zeigen, ganz in seiner wahren Natur; dieser Mensch bin ich, ich ganz allein. Ich kenne mein Herz und ich kenne die Menschen. Ich wage zu glauben, daß ich nicht bin wie irgendeiner von allen, die existieren. Bin ich nicht ein Besserer als sie, so bin ich wenigstens ein anderer ... Ewiger Gott, ein jeglicher enthülle vor deinem Thron mit gleicher Aufrichtigkeit sein Herz, und dann sage mir ein einziger von ihnen, wo er es kann: ich war besser als dieser (Rousseau 1985).

> Will ich ein Werk zustande bringen, das wie die anderen mit Sorgfalt geschrieben ist, so werde ich mich nicht malen, ich werde mich schminken. Hier aber ist es nun um mein Bildnis zu tun und nicht um ein Buch. Ich werde gewissermaßen im dunklen Raume arbeiten; es wird weiter keiner Kunst bedürfen als der, genau den Zügen zu folgen, die ich vorgezeichnet finde. Ich werde nicht danach streben, ihn einheitlich zu machen, sondern immer den haben, der mir eben zufällt, und ihn ungescheut nach meiner Stimmung wechseln, ich werde jede Sache so sagen, wie ich sie empfinde, wie ich sie sehe, ohne Nachforschung, ohne Scham, ohne mich an dem Stilgemisch zu stören. Indem ich mich zugleich der Erinnerung an den vergangenen Eindruck wie dem gegenwärtigen Gefühl hingebe, werde ich den Zustand meiner Seele in zweifacher Weise abschildern, nämlich in dem Augenblick, da das Ereignis mir geschah, und in dem Augenblick, da ich es beschrieb. Mein ungleichmäßiger und natürlicher Stil, bald geschwind und bald diffus, bald vernünftig und bald verrückt, bald gewichtig und bald heiter, wird selbst ein Teil meiner Geschichte sein (Starobinski 1993, S. 289-290).

Was die *Confessiones* des Rousseau von denjenigen des Augustinus ganz zweifelsfrei unterscheidet, sind die ausführlichen und sehr offenherzigen Schilderungen und „Beichten“ der sexuellen Eigentümlichkeiten des Bürgers von Genf. Rousseau hatte schon als kleiner Knabe die Orientierung hin zu einer masochistischen Sexualdeviation erworben, welche er in seinem späteren Leben beibehalten hat.

> Die Strafe fand ich in Wirklichkeit weniger schrecklich, als ich es in der Erwartung befürchtet hatte, ja, noch seltsamer war, daß diese Züchtigung mich noch anhänglicher an die machte, die sie mir zuteil werden ließ. In dem Schmerz, in der Scham sogar hatte ich ein Gefühl von Sinnlichkeit entdeckt, das in mir weniger die Furcht vor der Züchtigung zurückließ als das Verlangen, sie von derselben Hand von neuem zu erfahren. Ohne Zweifel mischte sich in die Sache eine vorzeitige Regung des Geschlechtlichen, denn Züchtigungen durch ihren Bruder wären mir durchaus nicht angenehm gewesen (Holmsten 1972, S. 18).

Aufgrund der autobiografischen Details, die Rousseau in seinen Bekenntnissen mitteilt, kann der Leser recht plastisch die Genese sexuellen Masochismus wie auch die spätere Verknüpfung mit seiner paranoiden Welt- und Menschensicht nachvollziehen.

Wiederum bedeutet diese Autobiografie Chance und Begrenzung von Selbst- und Fremderkenntnis zugleich. Wir erhalten zwar – ähnlich wie Rousseau dies wahrscheinlich auch erlebt hat – Einblick in intime Bereiche seiner Existenz. Gleichzeitig werden wir durch diese Einblicke in eine bestimmte emotionale Verfassung gebracht, die dazu beiträgt, andere Bereiche des französischen Aufklärers und seiner Vita wenig oder gar nicht ins Visier nehmen zu können oder zu wollen. Das Thema der Sexualität schiebt sich in den Vordergrund und verdeckt damit gleichzeitig andere Facetten und Aspekte seiner Persönlichkeit.

Goethes *Aus meinem Leben. Dichtung und Wahrheit*

Ebenfalls autobiografisch tätig war Goethe: Eine erste Übung in autobiografischer Untersuchungstechnik stellte seine Übersetzung des Lebens Benvenuto Cellinis dar, die er 1796 publizierte. Benvenuto Cellini (1500-1571) war ein berühmter Renaissance-Bildhauer und Graveur, der zwischen 1558 und 1566 sein Leben aufzeichnete, wobei diese Aufzeichnungen erst im Jahre 1728 publiziert wurden. Im ersten Kapitel seiner Autobiografie hat Cellini beschrieben, aus welchen Motivationen heraus er sein Leben schriftlich niederlegen wollte:

> Alle Menschen, von welchem Stande sie auch seien, die etwas Tugendsames oder Tugendähnliches vollbracht haben, sollten, wenn sie sich wahrhaft guter Absichten bewußt sind, eigenhändig ihr Leben auf-

> setzen, jedoch nicht eher zu einer solchen schönen Unternehmung schreiten, als bis sie das Alter von 40 Jahren erreicht haben (Cellini 2000, S. 15).

Goethe selbst scheint sich mit seiner eigenen Autobiografie *Aus meinem Leben: Dichtung und Wahrheit* (Goethe 1989) an diesen Vorspann aus der Biografie des Benvenuto Cellini gehalten zu haben. Er hatte, als er 1809 das erste Mal in seinem Tagebuch den Plan einer Autobiografie verzeichnete, nicht nur das 40., sondern bereits das 60. Lebensjahr erreicht, und er wusste, dass sein Leben durchaus etwas Tugendsames oder zumindest Tugendähnliches aufzuweisen hatte, das es mitzuteilen wert war.

Darüber hinaus kann man in Goethes Autobiografie den Impuls der Selbsterkenntnis an vielen Stellen erspüren und nachweisen. Selbsterkenntnis im Goetheschen Sinne bedeutete jedoch nicht nur eine Reflexion der eigenen Lebensgeschichte. Vielmehr zielte der Weimarer Dichter auf eine Rekonstruktion aller ihm verfügbaren Daten, Fakten, Ergebnisse, historischer Prozesse und epochaler Atmosphären, die sein Leben begleiteten resp. diesem einen Rahmen gaben. Das individuelle Dasein und die kollektiven, historischen und zeitgeschichtlichen Prozesse sind – so war Goethes Überzeugung – innigst aufeinander bezogen und ineinander verwoben, und die Erörterung einer einzelnen Vita sei nur dann erfolgversprechend, wenn gleichzeitig der gesamte geistes- und kulturgeschichtliche Hintergrund ins Visier genommen wird.

Selbsterkenntnis durch Autobiografie bedeutete für Goethe demnach: Assimilation und Einordnung weiter Bereiche der europäischen Kultur, ohne die sein ganzes persönliches Leben und dessen Konturen nicht nachvollziehbar gewesen wären. Dementsprechend wird der Leser in *Dichtung und Wahrheit* mit einem wahren Feuerwerk kulturgeschichtlicher Darlegungen konfrontiert, in die das Leben des Dichters eingelassen erscheint:

> Denn dieses scheint die Hauptaufgabe der Biographie zu sein, den Menschen in seinen Zeitverhältnissen darzustellen, und zu zeigen, inwiefern ihm das Ganze widerstrebt, inwiefern es ihn begünstigt, wie er sich eine Welt- und Menschenansicht daraus gebildet, und wie er sie, wenn er Künstler, Dichter, Schriftsteller ist, wieder nach außen abspiegelt. Hiezu wird aber ein kaum Erreichbares gefordert, daß nämlich das Individuum sich und sein Jahrhundert kenne, sich, inwiefern es unter allen Umständen dasselbe geblieben, das Jahrhundert, als

> welches sowohl den Willigen als den Unwilligen mit sich fortreißt, bestimmt und bildet, dergestalt, daß man wohl sagen kann, ein jeder, nur zehn Jahre früher oder später geboren, dürfte, was seine eigene Bildung und die Wirkung nach außen betrifft, ein ganz anderer geworden sein (Goethe 1989, S. 9).

Der Impuls der Selbsterkenntnis erhielt bei Goethe starke Dynamik dadurch, dass er ab seinem 60. Lebensjahr immer wieder das Bedürfnis verspürte, sich und seinen Lebenslauf integral zu betrachten und dabei der inneren Gesetzmäßigkeit seines Werdens und seiner Lebensbewegungen nachzugehen. Diese Intention sorgte dafür, dass aus Einzelereignissen oder kürzeren Passagen seines Lebens immer wieder zusammenfassende Bilder und Gesetzmäßigkeiten destilliert wurden, von denen man im Nachhinein anmerken kann, dass sie dem Imperativ der „prägnanten und kompletten Gestalt" gehorchten.

Goethe war – über 100 Jahre vor dem Aufkommen der Gestaltpsychologie – in gewisser Weise ein Vorläufer dieser Form der Psychologie. Sowohl hinsichtlich seiner künstlerischen Aktivitäten, als auch bezogen auf seinen konkreten Lebensvollzug und ebenso im Hinblick auf seine Autobiografie, kann man immer wieder bemerken, dass ein starkes Bedürfnis nach runder und vollständiger Gestalt die Ideenwelt und Interpretationsmuster Goethes sichtlich beeinflusste.

Selbsterkenntnis bedeutete für Goethe immer auch Selbststilisierung – ein Zusammenhang, der sich nicht nur bei dem „Weimarer Olympier", sondern bei vielen Menschen nachweisen lässt, die sich ihrer Lebensgeschichte und ihrem Wesen autobiografisch nähern und darüber sich selbst erkennen wollen. Wie die Gestaltpsychologen im 20. Jahrhundert (z.B. Max Wertheimer, Kurt Koffka oder Wolfgang Köhler) mit Erfolg gezeigt haben, sind sowohl die Wahrnehmung als auch die Beurteilung von Einzeltatsachen außerordentlich stark von der Tendenz geprägt, diese einzelnen Elemente zu einer ganzheitlichen Struktur und Gestalt „zusammen zuschauen". Lücken, Defizite, Brüche oder Widersprüchlichkeiten werden dabei dem Primat der Gestalt geopfert, was einer Begrenzung der Erkenntnis resp. der Selbsterkenntnis gleichkommt. Diese Grenze lässt sich – wenngleich auf bewundernswert hohem Niveau – in Goethes *Dichtung und Wahrheit* ebenso nachweisen, wie in anderen autobiografischen Abhandlungen.

Nietzsches *Ecce homo*

Auch Nietzsche hat in seiner autobiografischen Schrift *Ecce homo* (1888) (Nietzsche 1988) dem Primat der Gestalt bzw. des idealisierten Bildes von sich selbst Tribut zollen müssen. Zu jener Zeit war er einerseits überzeugt davon, mit seinen großen philosophischen Schriften, wie etwa dem *Zarathustra* (1884) oder *Jenseits von Gut und Böse* (1886) oder *Menschliches Allzumenschliches* (Erster Teil 1878) seiner Aufgabe als unabhängiger Philosoph und Denker mit „Dynamit-Wirkung" durchaus gerecht geworden zu sein. Und andererseits spürte er jedoch, dass er weitgehend unbeachtet geblieben und falsch verstanden worden war. In dieser Situation verfasste er seine Schrift *Ecce homo*, die ihm eine Art Selbstvergewisserung und seinen Lesern eine – z.T. übersteigerte – Darstellung seiner Person und seines Werkes bedeuten sollte.

Dieser Impuls wird schon im Vorwort des *Ecce homo* manifest, wo der Philosoph ankündigt, er wolle nun sagen, wer er sei. Eine Beschreibung dessen, was man ist, bedeutet für Nietzsche jedoch immer eine Beschreibung der Entwicklung und des Wachstums hin zu diesem Zustand, auf eine kurze Formel gebracht: „Wie man wird, was man ist."

Um zu beschreiben, wie man wird, was man ist, verwendet Nietzsche anfänglich einen „Trick", den er sich von Michelangelo abgeschaut haben könnte: Michelangelo wurde einmal gefragt, wie er denn seine grandiosen Statuen aus dem Stein zu hauen vermochte. Der Renaissance-Bildhauer antwortete darauf, dass dies keine sonderliche Schwierigkeit darstelle: Man müsse nur alle jene Teile wegschlagen, die nicht zur Figur gehören, um zum Schluss die perfekte Statue vor sich zu sehen.

Ähnlich verfuhr Nietzsche in seinem *Ecce homo*: Er beschrieb zuerst, wer er nicht war oder geworden ist, um damit von vornherein zu unterstreichen, wie denn die „Figur Nietzsche" aussehen mochte, die von allem „Nicht-Nietzsche" befreit war. Diese Vorgehensweise entsprach dem Konzept des Philosophen von Selbstwerdung und Selbstauszeugung einer Person. Nietzsche ging davon aus, dass man – als Kind seiner Zeit bzw. als Resultat einer Erziehung, die von den Eltern und Lehrern bis hin zu den Autoritäten der Geschichte und der Kultur reicht – immer erst den gesamten Ballast dieser Einflüsse analysieren und zum großen Teil auch destruieren müsse, um schließlich zu dem vordringen zu können und derjenige zu werden, der man im Grunde seines Wesens ist. Selbsterkenntnis gelingt Nietzsche im *Ecce homo* insofern, als er den Prozess der Analyse und Destruktion des „Nicht-Ich" (Fichte) an den Beginn seines Textes stellt.

Im weiteren Verlauf skizziert Nietzsche aber auch den Prozess der Synthese und des Aufbaus seines Ichs. Dies gelingt ihm als Schriftsteller besonders leicht dadurch, dass er anhand seiner wichtigsten Texte und Publikationen die Entwicklung seiner Person, seines Denkens und Fühlens wie auch seiner Weltanschauung eindrücklich illustrieren kann. Nach einem kurzen Absatz, den er mit „Warum ich so weise bin" überschreibt und einem zweiten Absatz, dem er die Überschrift „Warum ich so klug bin" gegeben hat, folgt eine ausführliche Erörterung seiner Schriften, welche die Überschrift erhielt: „Warum ich so gute Bücher schreibe". Besonders dieser Passus seines *Ecce homo* lässt erahnen, wer die Person Nietzsche war und, inwiefern dieser Phiolosoph zu Lebzeiten tatsächlich von den allermeisten seiner Zeitgenossen kaum je richtig eingeordnet und verstanden wurde.

Das letzte Kapitel seines *Ecce homo* hat Nietzsche mit der Überschrift „Warum ich ein Schicksal bin" versehen. Und dieser Passus, dem manche Nietzsche-Experten schon den kommenden Wahnsinn des Denkers im Jahre 1889 attestieren, kann als nochmalige Aufgipfelung und Akklamation des Philosophen bezüglich seiner kulturellen und geistesgeschichtlichen Bedeutung interpretiert werden. Hier finden sich Sätze, die eine Mischung aus Selbsterkenntnis und Selbsterhöhung darstellen und denen man anmerkt, dass ihr Verfasser die große Not der Einsamkeit und stellenweise auch der Verzweiflung gekannt haben muss. So schreibt er etwa als eine Art Resümee seines Lebens und seiner Wirkung:

> Es wird sich einmal an meinen Namen die Erinnerung an etwas Ungeheures anknüpfen – an eine Krisis, wie es keine auf Erden gab, an die tiefste Gewissens-Collision, an eine Entscheidung heraufbeschworen g e g e n Alles, was bis dahin geglaubt, gefordert, geheiligt worden war. Ich bin kein Mensch, ich bin Dynamit (Nietzsche 1988, S. 365).

Jean-Paul Sartre: *Die Wörter*

Deutlich weniger pathetisch hat Jean-Paul Sartre sein eigenes Dasein in Worte gefasst. 1964 publizierte er seine autobiografische Schrift *Die Wörter*, die 1965 bereits in deutscher Sprache erschienen ist (Sartre 1968). Auch dieser Text kreist um das Thema der Selbsterkenntnis, wobei es Sartre ein besonderes Anliegen ist, die Genese und Dynamik seiner Schriftsteller-Existenz zu erhellen.

In *Die Wörter* schildert der französische Philosoph minutiös die Rahmenbedingungen seiner Kindheit, wobei er besonderen Wert auf die Tatsache legt, dass er vaterlos zusammen mit seiner Mutter bei seinen Großeltern aufwachsen konnte. Dort hatte er die Möglichkeit, schon als Kind in die Welt der Bücher, des Lesens und des Schreibens hineinzuwachsen und sich in dieser „idealistischen Sphäre“ einzunisten. Im Gegensatz zu den meisten anderen Gleichaltrigen wurde aus dem kleinen Poulou ein Büchernarr und schriftstellerndes Wunderkind, das ungeheuren Applaus (meist vonseiten des Großvaters) für seine kindlichen Dramen-Experimente und Romanfragmente erhielt.

Aus Sartre wurde – wie allgemein bekannt – später ein exististenzialistischer Denker mit radikal atheistischer Weltanschauung. Dieser Atheismus jedoch, der in vielen philosophischen Texten, aber auch in den Dramen und Romanen Sartres beredt geschildert wird, erfährt in *Die Wörter* eine wesentliche Revision. Nicht dass Sartre als Ende 50-Jähriger (als er *Die Wörter* verfasste) einem Motto von Maxim Gorki gefolgt wäre, der einmal augenzwinkernd anmerkte: „Im Alter kommen die Psalter!“ Ganz im Gegenteil: Sartre blieb – wie übrigens auch Gorki – seiner atheistischen Haltung bis zu seinem Tode treu.

Die Revision jedoch, die in *Die Wörter* Einzug gehalten hat, ist bemerkenswert: Sartre analysiert, dass und inwiefern die Schriftstellerei eine Art Ersatzreligion für ihn werden konnte, die ähnliche Tröstungen, Versprechen und Idealisierungen bereithielt, wie dies die althergebrachten Religionen seit Langem an den Tag legen. Die Reflexion seines bisherigen Lebens verbrachte den französischen Schriftsteller zu der Erkenntnis, dass er im Grunde genommen keine radikal atheistische Weltanschauung realisiert, sondern lediglich die üblichen Religionen gegen eine auserlesene Privatreligion ausgetauscht habe. Die Konsequenz aus dieser Erkenntnis, die von Sartre in *Die Wörter* ebenfalls ausgeführt wird, würde demnach lauten, auch die Schriftstellerei einstellen zu müssen, um wirklich jeglicher Religion abzuschwören.

> Die Illusion der Rückschau [von der Zukunft her, A.S.] ist zerbröckelt; Märtyrertum, Heil, Unsterblichkeit, alles fällt in sich zusammen, das Gebäude sinkt in Trümmer, ich habe den Heiligen Geist im Keller geschnappt und ausgetrieben; der Atheismus ist ein grausames und langwieriges Unterfangen; ich glaube ihn bis zum Ende betrieben zu haben. Ich sehe klar, bin ernüchtert, kenne meine wirklichen Aufgaben, verdiene sicher einen Preis für Bürgertugend; seit ungefähr zehn Jahen bin ich ein Mann, der geheilt aus einem langen, bitteren

> und süßen Wahn erwacht und der sich nicht darüber beruhigen kann und der auch nicht ohne Heiterkeit an seine einstigen Irrtümer zu denken vermag … (Sartre 1968, S. 143f.).

Man kann einerseits Sartres Analyse als einen Akt der Selbstkritik und der Distanznahme zu seinem bis dato gelebten Leben einordnen. Dieser von ihm vorgeschlagenen Interpretation, die durchaus Qualitäten der Selbsterkenntnis aufweist, kann man insofern zustimmen, als seine Schriftstellerei in der Tat suchtartige und damit „erlösende" Gesichtspunkte aufgewiesen hat. Auch opferte er – ähnlich wie die Religiösen dies zu tun pflegen – seinem Gott (der Literatur) sehr viele Momente seines Lebensglücks wie auch seiner Gesundheit – eine Opfergabe, die er in *Die Wörter* ebenfalls andeutet.

Andererseits können wir froh sein, dass Sartre (in seiner Definition) kein „absoluter Atheist" geworden ist und weiterhin der Schriftstellerei treu blieb. Nach dem Akt der Selbsterkenntnis (in Form seiner Autobiografie) hat der Schriftsteller den zweiten Schritt der Selbsterziehung (in Form reduzierter Produktivität) nicht realisiert und uns damit viele Bücher und einige 1.000 Druckseiten Literatur hinterlassen, von denen man mutmaßen darf, dass sie das Resultat weiterer „Opfergaben" des Philosophen gewesen sind.

Mit *Die Wörter* hat Sartre einen Akt der Selbsterkenntnis demonstriert, der auch für Nicht-Schriftsteller und für mittlere Menschen durchaus Relevanz besitzt. Jeder Mensch nämlich pflegt in seinem Inneren eine Art Privatreligion, die hohe und höchste Götter kennt, denen er opfert und sich unterwirft und nach deren Gutdünken, Normen und Werten er seine Vita einrichtet. Diese Götter können in Form von Vorbildern, Ich-Idealen oder Werthorizonten beschrieben werden, und es gehört mit zu den exquisiten Aufgaben jeglicher Selbstanalyse, diese Götterwelt zu identifizieren und beim Namen zu nennen. Der Inhalt der Selbsterziehung besteht dann darin, sich dieser Religion gegenüber zu emanzipieren und den Gesetzestafeln der privaten Gottheit Paroli zu bieten.

Tagebücher

Eine ebenfalls seit Jahrhunderten gepflegte Strategie der Selbsterkenntnis – und teilweise auch der Selbsterziehung – ist das Führen von Tagebüchern. Auch bezüglich dieser Form der Selbsterkenntnis sollen in der Folge einige wenige Beispiele angeführt werden, an denen deutlich wird, welche Chancen und welche Grenzen mit dem Abfassen von Diarien verknüpft sind.

Ein anderer Ausdruck für „Tagebuch" besteht in dem Begriff „Ephemeriden". Das Ephemere ist das Vergängliche und die Ephemeriden – also die Tagebücher – stellen Versuche dar, das Vergängliche zu fixieren und anhand des Fixierten Erkenntnisse über die eigene Person, die Welt und die Mitmenschen ganz generell zu erhalten. Ausgehend von den inhaltlichen Schwerpunkten von Tagebüchern unterscheidet man das sog. „Journale intime", das Künstlertagebuch, das Reisetagebuch oder auch das politische Tagebuch. In der Folge wird vorrangig das *Journale intime* betrachtet, da diese Form am ehesten Anspruch auf Selbsterkenntnis erhebt.

André Gide

Ein Autor, der sehr ausführlich und über einige Jahrzehnte hinweg ein Journale intime führte, war André Gide (1869-1951) (Schaefer-Rümelin 1954). Gide wurde in die puritanische Atmosphäre eines protestantischen Elternhauses hineingeboren. Nach seinem Abitur besuchte er verschiedene literarische Zirkel der französischen Avantgarde, wobei er enge Freundschaften mit Paul Claudel und Paul Valéry schloss. Der Dichter Stéphane Mallarmé galt ihm als lyrisches Vorbild.

Ab Mitte seiner 20er Jahre unternahm Gide große Reisen z.B. nach Nordafrika, und seine diesbezüglichen Eindrücke ließ er in Reisebeschreibungen oder in seine frühen Romane einfließen. In Afrika traf er u.a. auf Oscar Wilde, wobei beide Schriftsteller bezüglich ihrer sexuellen Ausrichtungen Homophilie Gemeinsamkeiten aufwiesen.

Trotz seiner homosexuellen Orientierung heiratete Gide 1895 seine Cousine, was zu einer schwierigen und komplikationsreichen Ehe führte. In den 30er Jahren unternahm Gide weitere Reisen z.B. in die UdSSR, worüber seine beiden Russland-Tagebücher aus den Jahren 1936-1937 Zeugnis ablegen. Da Gide ein äußerst kritischer Zeitgenosse war, hat er die Stalinistischen Verhältnisse Russlands klar gesehen und ebenso klar beschrieben. 1947 wurde er mit dem Nobelpreis für Literatur geehrt.

Seine Tagebücher, die er ab 1889 führte und die inzwischen komplett publiziert und übersetzt wurden, weisen tatsächlich den Charakter eines Journale intime auf. Gide versuchte in ihnen, das Bekenntnis zur Homosexualität, zum Anderssein und zur eigenen Person in vielfältigen Anläufen zu realisieren. Anhand dieser Diarien kann man nachvollziehen, welch innere Kämpfe der Autor aufgrund seiner sexuellen Orientierung auszustehen hatte, die im merklichen Kontrast zu seiner Erziehung und zur Weltanschauung seines Elternhauses stand. In gewisser Weise bildeten die Tagebuch-Eintragungen Gides also einen Prozess der Selbstfindung und Selbstvergewisserung, wobei der Stil und z.T. auch die kunstvolle Ausformung der Notizen darauf schließen lassen, dass Gide schon relativ früh an eine mögliche Publikation dieser Ephemeriden gedacht hatte.

Thomas Mann

Ein weiteres voluminöses Tagebuch-Werk hat Thomas Mann verfasst (Mann 1995). Mann wurde 1875 in Lübeck geboren und starb 1955 in Zürich. Schon als junger Mann machte er mit seinen *Buddenbrooks* (Mann 1989) von sich reden. Dieser Roman vom Niedergang einer großbürgerlichen Familie war der Auftakt für ein fulminantes episches Oeuvre, das so imposante Romane wie etwa den *Zauberberg, Joseph und seine Brüder, Doktor Faustus* oder auch den *Felix Krull* umfasst.

Thomas Mann, der noch während der Weimarer Republik ein bekennender „Unpolitischer" gewesen war, wurde aufgrund der faschistischen Entwicklung in Deutschland zu einem bekennenden Antifaschisten und Sozialisten, der aufgrund seiner weltanschaulichen Überzeugungen zuerst in die Schweiz und dann weiter in die USA emigrierte. Nach dem Zweiten Weltkrieg kehrte der Dichter nach Europa zurück, wobei er es jedoch vorzog, in der Schweiz und nicht in seiner ehemaligen Heimat Deutschland Quartier zu nehmen.

Thomas Mann hat über die letzten Jahre und Jahrzehnte seines Lebens ungewöhnlich ausführliche Tagebuch-Notizen verfasst, die inzwischen in einer umfangreichen Edition herausgegeben wurden. Unter dem Gesichtspunkt der Selbsterkenntnis resp. der Kenntnis von Thomas Mann, kann man bei diesen Aufzeichnungen konstatieren, dass der Dichter beinahe unscheinbarste Alltäglichkeiten als notierenswert erachtete. Nicht wenige Thomas-Mann-Spezialisten haben diese Form des Notierens und Fixierens seines Lebenslaufs als im Grunde genommen narzisstische Nabelschau bezeichnet, und einen gewissen Narzissmus kann man diesem Schriftsteller in der Tat nicht absprechen. Daneben lassen sich diese Notate aber auch als Versuch interpretieren, den sog. Alltag, aus dem das Leben der Menschen zum überwiegenden Maße besteht, in einen bedeutenderen Rang zu erheben und damit dem Trivialen des Daseins Wert, Sinn und Bedeutung zu verleihen.

Das Selbst, resp. die Person, die Thomas Mann bei sich und an sich erkennen und beschreiben wollte, bestand aus Hunderttausenden von Kleinigkeiten, Alltäglichkeiten, Wiederholungen und Unscheinbarkeiten. Und der Akt der Selbsterkenntnis bestand demnach für den Dichter darin, eine Summe all dessen ziehen zu wollen, ohne die einzelnen Elemente gering zu achten.

Diese Idee scheint deshalb wichtig und originell, weil viele den Akt der Selbsterkenntnis an den angeblich herausragenden und extraordinären Charakterzügen oder Ereignissen eines Lebens festzumachen versuchen. Das „Modell Thomas Mann“ ist zumindest teilweise am entgegengesetzten Pol einzuordnen: Seine Ephemeriden bedeuten eine Aufwertung der alltäglichen Existenz und münden manchmal in eine regelrechte Philosophie der Alltäglichkeit.

Max Frisch

Als letzter Autor, der sich ausführlich mit der Thematik des Tagebuch-Schreibens und den dabei zutage tretenden Möglichkeiten der Selbsterkenntnis beschäftigt hat, soll Max Frisch Erwähnung finden. Max Frisch (1911-1990) beschäftigte sich während seines Lebens ausführlich mit der Thematik der Identität. Seine Biografie – er war einige Jahre lang als Architekt und Zeitungsredakteur tätig, bevor er ins Fach der Schriftstellerei und Dichtkunst wechselte – kann als eine Abfolge von Identitätsbrüchen und darauffolgenden Versuchen der Identitätsfindung interpretiert werden. Diese Brüche lassen sich z.B. an den verschiedenen Liebesbeziehungen dieses Autors nachweisen, die er u.a. in seinem späten autobiografisch getönten Text *Montauk* (1975) ausführlich beschrieben hat.

Doch nicht nur die autobiografisch angelegten Bücher Frischs haben seinen Lebenslauf und die ihn bedrängenden existenziellen Fragen zu ihrem Inhalt. Viele seiner Romane – man denke nur etwa an *Stiller* (1954), *Mein Name sei Gantenbein* (1964) oder *Homo faber* (1957) – ebenso wie manche seiner Dramen – *Bin oder die Reise nach Peking* (1945) – *Andorra* (1961), *Biographie – ein Spiel* (1968) – haben die Themen der Selbstfindung, der Selbsterkenntnis und der Selbstverwirklichung zu ihrem Inhalt.

Besonders eindringlich gelang es Frisch, diese Themen in seinen beiden Tagebüchern darzulegen, welche als eigenständige Publikationen unter den

Titeln *Tagebuch 1946-1949* (Frisch 1985) sowie *Tagebuch 1966-1971* (Frisch 1979) erschienen sind. In gewisser Weise kann man diese Texte als ein verdoppeltes Motiv der Selbsterkenntnis bezeichnen, da in ihnen der Autor über diverse Situationen und Phasen seines Lebens Bericht erstattet, die von der Suche nach dem eigenen Ich wie auch von den Schwierigkeiten Kunde geben, diesem Ich gerecht zu werden oder es zu entfalten.

Gedoppelt ist das Motiv der Selbsterkenntnis insofern, als Frisch seine eigene Identität als Schriftsteller und Tagebuch-Autor im Rahmen des Verfassens seiner Diarien entwickelte und gleichzeitig reflektierte. Seine Tagebücher wurden quasi zu Ergänzungen einer noch ungeschriebenen Biografie und Autobiografie. Und bisweilen hat man den Eindruck, als ob Frisch Sentenzen seines Lebens beschrieb, bevor er sie lebte oder aber lebte, um sie sofort in Literatur verwandeln zu können.

Insbesondere im Tagebuch 1946-1949 gesteht Frisch der Suche nach seinem eigenen Ich (wie auch der Suche des Lesers nach dessen Selbst) großen Raum zu. So heißt es etwa in dem erwähnten Text:

> Vom Sinn eines Tagebuchs: Wir leben auf einem laufenden Band, und es gibt keine Hoffnung, daß wir uns selber nachholen und einen Augenblick nachholen und verbessern. Wir sind das Damals, auch wenn wir es verwerfen, und nicht minder als das Heute – die Zeit verwandelt uns nicht. Sie entfaltet uns nur (Frisch 1985, S. 21).

Das Verfassen seiner *Tagebücher* erlebte Frisch als einen Akt des „Sich-im-Spiegel-Betrachtens“. An einer Stelle drückt er diese Spiegelfunktion seines Diariums so aus, dass er zur Formel greift: „Schreiben heißt: Sich selber lesen“ (Frisch 1985, S. 22). Das Notieren der Erlebnisse und Gedanken einer Biografie wird als Versuch erkannt, sich selbst durchsichtig zu werden und auf die Schliche zu kommen. Sich dem eigenen Erlebnis- wie auch Gedankenstrom hinzugeben und beides möglichst authentisch zu Papier zu bringen, war für Frisch eine ausgezeichnete Übung der Selbsterkenntnis:

> Indem man es nicht verschweigt, sondern aufschreibt, bekennt man sich zu einem Denken, das bestenfalls für den Augenblick und für den Standort stimmt, da es sich erzeugt. Man rechnet nicht mit der Hoffnung, daß man übermorgen, wenn man das Gegenteil denkt, klüger sei. Man denkt, was man ist. Man hält die Feder hin, wie eine Nadel in der Erdbebenwarte, und eigentlich sind nicht wir es, die schreiben, sondern wir werden geschrieben (Frisch 1985, S. 22).

Worauf Frisch hier anspielt, sind neben den bewussten und kognitiv wahrnehmbaren Anteilen der eigenen Person vorrangig auch die unbewussten und halb erkannten Facetten und Aspekte unserer eigenen Persönlichkeit. Weil diese Gesichtspunkte nicht ganz zufällig unbewusst oder unerkannt sind (C.G. Jung bezeichnete diese Bereiche der Person auch als Schatten, um damit zu verdeutlichen, dass es sich um mehr oder minder unangenehme oder unschickliche Seiten einer Person handeln kann), sind die meisten Menschen nicht oder kaum in der Lage, dieses Unbewusste oder auch Verdrängte ihres Selbst wahrzunehmen oder zu bedenken. Für Frisch bedeutete das schriftstellernde Fixieren und Entdecken seines Unbewussten eine ähnliche Variante der Selbsterkenntnis, wie dies z.B. im Rahmen einer Psychoanalyse mittels freier Assoziation oder auch anhand der Interpretation von Fehlleistungen, Träumen, Tagträumen und Fantasien möglich ist.

Im zweiten Text *Tagebuch 1966-1971* reflektiert Frisch vor allem auch seine Rolle als Schriftsteller, die ihn immer wieder in die Lage versetzte, einerseits sein Dasein beschreibend zu bedenken und andererseits seine Existenz und seine Biografie im Hinblick auf den Leser potenziell so zu gestalten, dass daraus publikumsträchtige Literatur werden konnte. In diesem Dilemma erkennt Frisch die Gefahr, entweder das konkrete Leben oder die daraus destillierte Literatur nicht mehr authentisch zu gestalten, sondern das potenzielle Publikum immer schon als gestaltend miteinzubeziehen. So stellt er schließlich fest, dass die Tatsache einer Schriftsteller-Existenz und die Art und Weise, wie er diesen Beruf ausgefüllt hat, ihn dazu gebracht hat, seinem Leben die Möglichkeit der Selbsterkenntnis in einem sehr weiten und umfassenden Sinne zuzugestehen. Gleichzeitig musste er erkennen, dass er damit (und vor allem auch mit seinen sehr offenen und direkten Tagebüchern) immer wieder Situationen geschaffen hat, in denen er die Selbsterkenntnis hintanstellen musste, um den imaginierten Bedürfnissen seines Publikums und der damit verbundenen Rolle als Autor gerecht zu werden.

6. Bereiche der Selbsterziehung

Auf den vorangegangenen Seiten mag schon deutlich geworden sein, dass das Projekt der Selbsterziehung als das primäre, und dasjenige der Selbsterkenntnis als das sekundäre anzusehen ist. Wer immer sich selbst erkennen und diagnostizieren will, tut gut daran, das Motto von Kurt Lewin auf die eigene Person anzuwenden. Lewin meinte einmal sinngemäß: „Willst du einen Menschen erkennen, so versuche, ihn zu verändern!"

Übertragen auf die Thematik der Selbsterziehung und Selbsterkenntnis bedeutet dies, dass der Einzelne sich an den konkreten Themen und Bereichen, in denen er Selbsterziehung zu realisieren versucht und deren Resultate irgendwann zutage treten, am ehesten selbst erkennen kann. In der Folge wird an einigen wenigen Daseinsbereichen und Lebensaufgaben exemplarisch demonstriert, inwiefern Selbsterziehung in ihnen möglich und sinnvoll erscheint, und inwiefern sekundär daraus Selbsterkenntnis destilliert werden kann. Diese Daseinsbereiche umfassen die Arbeit und Muße, die Hygiene und die Sprache.

Erwerbsarbeit

Dem Wörterbuch der Psychologie von Hehlmann gemäß wird Arbeit als eine planmäßige und mit Dauergerichtetheit betriebene Zwecktätigkeit beschrieben. Das Ziel jeglicher Arbeit ist die Schaffung, Erhaltung und Förderung wirtschaftlicher, sozialer, kultureller u.a. Werte.

Die Arbeits- und Organisationspsychologen (z.B. Ulich 1996) gehen von einem sog. Werk- und Arbeitsstreben des Menschen aus, die einer inneren Verpflichtung zu Tätigkeiten und dem Erfüllen von Aufgaben entsprechen soll. Im günstigen Falle sprechen die Psychologen sogar von Arbeitsfreude. Oft genug wird der Arbeit das Spiel, die Freizeit sowie die Muße entgegengesetzt.

Aus philosophischer und anthropologischer Sicht wurde das Phänomen der Arbeit mehrfach bedacht. So haben etwa Karl Marx und Friedrich Engels einen Großteil ihrer anthropologischen, politischen und ökonomischen Schriften um den Zentralbegriff der Arbeit herum gruppiert. Diese beiden Linkshegelianer betonen insbesondere den selbstentfremdeten Charakter von Arbeit. Im Zuge der Industrialisierung, Kapitalisierung und Proletarisierung war es im 19. Jahrhundert in weiten Bereichen Europas zu radikalen Veränderungen der Arbeitswelt gekommen, die dazu führten, aus „Handwerkern" (Bauern, Handwerker, Manufakturen) sog. Industrieproletariat werden zu lassen, welches nur wenig oder gar keinen intensiven Kontakt zu den von ihm produzierten Waren herstellen konnte. Der einzelne Arbeiter war weder hinsichtlich der Produktionsmittel noch der Produktionsverhältnisse und schon gar nicht hinsichtlich der Produkte mit seiner Arbeit identifiziert oder konnte gar dieselben gestalten.

> Die Produktion produziert den Menschen nicht nur als eine Ware, die Menschenware, ... sie produziert ihn, dieser Bestimmung entsprechend als ein ebenso geistig wie körperlich entmenschtes Wesen – Immoralität, Mißgeburt, Hebeismus (Geistesstörung) der Arbeiter und der Kapitalisten. Ihr Produkt ist die selbstbewußte und selbsttätige Ware ... die Menschenware (Levy 2002, S. 111).

Gleichzeitig haben Marx und Engels sehr eindrücklich beschrieben, dass nur mittels Arbeit Kultur in einem sehr weiten Sinne entsteht und die Welt (Natur) vermenschlicht werden kann. Mittels Arbeit weben wir die Ideale, Fantasien, Wünsche und Vorstellungen einer ideellen Welt in die spröde Wirklichkeit der realen Welt. Dabei muss jeweils ein Widerstandskoeffizient überwunden werden und je größer sich dieser präsentiert, umso anstrengender und arbeitsintensiver gestaltet sich die Veränderung der Welt:

> In der Arbeit drückt der Mensch sich selbst aus, sie ist der Ausdruck seiner individuellen physischen und geistigen Kräfte. In diesem Prozess echter Tätigkeit entwickelt sich der Mensch, er wird er selbst ... Sie ist der sinnvolle Ausdruck der menschlichen Energie. Daher macht Arbeit Freude (Levy 2002, S. 366).

Sowohl im Bereich der sog. handwerklichen Arbeit als auch im Bereich geistig-künstlerischer, wissenschaftlicher oder philosophischer Arbeit sind diese von Marx und Engels beschriebenen Gesetzmäßigkeiten zu beobachten. In allen diesen Bereichen kann es in massivem Ausmaße zur Selbstentfremdung kommen, welche von Marx und Engels vorrangig auf die Produktionsverhältnisse und Arbeitsbedingungen zurückgeführt wurde.

Einige Jahrzehnte später hat der Soziologe Max Weber die Phänomene selbstentfremdeter Arbeit ebenfalls untersucht und deren Entstehen auf weitere die Produktionsverhältnisse überschreitende Ursachen zurückgeführt (Weber 1992). Weber sah das Arbeitsethos der zentraleuropäischen Bevölkerung sehr stark von weltanschaulichen, insbesondere von religiösen und hier vor allem von calvinistischen Einflüssen determiniert. Er konnte nachweisen, dass die Werte im Calvinismus – Askese, Leistungsorientiertheit, Sparsamkeit, Tüchtigkeit, Ordentlichkeit, Autoritätshörigkeit u.a.m. – und diejenigen der arbeitenden Bevölkerung in weiten Gebieten Europas identisch sind bzw. einander entsprechen. Insbesondere der Kapitalismus greife – so Weber – mit Freuden auf die ideologischen Versatzstücke z.B. des Calvinismus zurück und appelliere bei der arbeitenden Bevölkerung an eben jene Werte, welche diese seit Generationen über die Religion aufoktroyiert bekam. Nur so könne man sich die ausgesprochen hohe Arbeitsmoral bei gleichzeitig großem Ausmaß an selbstentfremdeter Arbeit erklären.

Das Dolce far niente, welches vorrangig im mediterranen Raum zu beobachten ist, erkläre sich – so Weber – aus einem Überwiegen des Katholizismus und einer relativ geringen Einflussnahme des Calvinismus in den südeuropäischen Ländern. Hinzukomme in diesen Landstrichen eine Tradition der Mußefähigkeit, die sich vorrangig aus den klimatischen und geografischen Gegebenheiten ableiten lasse. Unter klimatischen und geografischen Bedingungen verstand Weber vor allem die Tatsache, dass in den südeuropäischen Ländern landwirtschaftliche Produkte leichter und ohne so großen Aufwand geerntet werden können wie etwa in Nordeuropa.

Das Thema der Arbeit beschäftigte im 20. Jahrhundert auch die Tiefenpsychologie. Sowohl Sigmund Freud als auch Alfred Adler haben die Arbeitsfähigkeit als exquisiten Gesundheitsfaktor angesehen. Bekannt geworden ist die Formel Sigmund Freuds, dass der gesunde Mensch arbeiten und lieben könne. Analog dazu deklarierte Adler, dass es drei wesentliche Lebensaufgaben gäbe, die er unter die Begriffe Gemeinschaft, Liebesfähigkeit und Arbeit subsumiert.

Beide Psychologen gingen hinsichtlich ihres Arbeitsbegriffs natürlich von der eigenen existenziellen Situation (Ärzte und Akademiker) aus. Insbesondere Freud verstand unter Arbeit vorrangig auch geistige Arbeit. Nicht zuletzt deshalb konnte er am Arbeitsbegriff den sog. Sublimierungsgedanken entwickeln, der davon ausgeht, dass Arbeit letztlich sublimierte Libido darstelle:

> Keine andere Technik der Lebensführung bindet den Einzelnen so fest an die Realität als die Betonung der Arbeit, die ihn wenigstens in ein Stück der Realität, in die menschliche Gemeinschaft sicher einfügt. Die Möglichkeit, ein starkes Ausmaß libidinöser Komponenten, narzißtische, aggressive und selbst erotische, auf die Berufsarbeit und auf die mit ihr verknüpften menschlichen Beziehungen zu verschieben, leiht ihr einen Wert, der hinter ihrer Unerläßlichkeit zur Behauptung und Rechtfertigung der Existenz in der Gesellschaft nicht zurücksteht. Besondere Befriedigung vermittelt die Berufstätigkeit, wenn sie eine frei gewählte ist, also bestehende Neigungen, fortgeführte oder konstitutionell verstärkte Triebregungen durch Sublimierung nutzbar zu machen gestattet (Freud 1930, S. 438).

In gewisser Weise kann man auch vermuten, dass Arbeit sublimierte Aggression (i.S. von Herangehen, Veränderung, konkreter Aktivität u.a.m.) bedeutet. Menschen, die arbeitsfähig sind, sind für Freud demnach auch sublimierungsfähig, eine Idee, die eine zentrale Stelle in seinem Gesundheitsbegriff einnimmt.

Bei Alfred Adler ist der Begriff der Arbeit stark mit demjenigen des Gemeinschaftsgefühls oder des Common sense verknüpft. Arbeitend reiht sich das Individuum in die Gemeinschaft ein, arbeitend sorgt der Einzelne für seinen Lebensunterhalt sowie für das Fortkommen der gesamten Menschheit. Und arbeitend kann er die kulturellen Eigenschaften der Vergangenheit assimilieren und für die Zukunft sichern:

> Die erste Bindung bringt das Problem des Berufs mit sich. Auf der Oberfläche dieses Planeten leben wir eben nur mit den Mitteln dieses Planeten, mit der Fruchtbarkeit seines Bodens, mit seinen Bodenschätzen, mit seinem Klima und seiner Atmosphäre. Es ist schon immer die Aufgabe der Menschheit gewesen, die richtige Antwort auf das Problem der Arbeit zu finden, vor das wir durch diese Bedingungen gestellt werden, und sogar heute können wir noch nicht daran denken, eine befriedigende Antwort gefunden zu haben. In jedem Zeitalter hat die Menschheit dieses Problem zu einem gewissen Grad gelöst, aber es ist immer notwendig gewesen, nach Verbesserung und weiteren Leistungen zu streben (Adler 1931, S. 239).

Individuen, welche nicht oder nur unwillig arbeiten, stehen bei Adler im Verdacht, antisozial oder als Gegenmenschen ihr Leben einrichten zu wollen. Für Adler besaß Arbeit stark die Qualitäten von Tätigkeit, wobei es nicht entscheidend war, ob und wie viel Lohn oder Gehalt dafür realisiert wurde. Das Maßgebliche am Prozess der Arbeit war für den Begründer der Individualpsychologie vielmehr in der Aufrechterhaltung der Lebensbedingungen der gesamten Menschheit gegeben.

Arbeit, so wie eben dargestellt, wird als bloße Selbsterhaltung häufig zum Anlass von Selbstverlust. Selbstentfremdung, Betäubung oder auch Sucht sind im Extremfall Phänomene, welche mit Arbeit Hand in Hand gehen, welche auf bloße Perpetuierung und Wiederkehr des ewig Gleichen abzielt und den Menschen als Homo faber selber zum Werkzeug macht.

> Man schämt sich jetzt schon der Ruhe, das lange Nachsinnen macht beinahe Gewissensbisse. Man denkt mit der Uhr in der Hand, wie man zu Mittag ißt, das Auge auf das Börsenblatt gerichtet, - man lebt wie einer, der fortwährend etwas ‚versäumen' könnte. ‚Lieber irgendetwas tun als nichts' – auch dieser Grundsatz ist eine Schnur, um aller Bildung und allem höheren Geschmack den Garaus zu machen... Die Arbeit bekommt immer mehr alles gute Gewissen auf ihre Seite: der Hang zur Freude nennt sich bereits ‚Bedürfnis der Erholung' und fängt an, sich vor sich selber zu schämen ... Ja es könnte bald so weit kommen, daß man einem Hange zur vita contemplativa (das heißt zum Spazierengehen mit Gedanken und Freunden) nicht ohne Selbstverachtung und schlechtes Gewissen nachgäbe (Nietzsche 1988, Die fröhliche Wissenschaft, 4. Buch, Nr. 329).

Auf derartige Arbeit kann man Nietzsches Diktum beziehen, der einmal behauptete: „Wer mehr als vier Stunden am Tag arbeitet, ist ein Sklave!" Wie aber können wir uns Arbeit vorstellen, welche den Prozess der Selbsterkenntnis wie auch der Selbsterziehung ermöglicht und forciert? Es wird die These aufgestellt, dass derartiges Arbeiten als schöpferisches Arbeiten bezeichnet und vor allem bei Künstlern und Wissenschaftlern gefunden werden kann. In der Folge werden die wichtigsten Merkmale und Phasen schöpferischer Arbeit skizziert.

Schöpferische Arbeit

Anders als bei alltäglicher Arbeit zeichnet sich die schöpferische Arbeit durch eine Phase der Vorbereitung aus, die man auch als Staunen und Wundern bezeichnen könnte. Der Einzelne muss über große und nachhaltige Offenheit verfügen, um irgendwelche Problemstellungen oder bisher nicht gelöste oder unbefriedigend beantwortete Fragen wahrzunehmen. Eine derartige Haltung wurde übrigens in der Philosophie der Antike als Grundtugend des Philosophen bezeichnet, von dem Platon z.B. sagte, er müsse sich wundern und staunen können. In der Gestaltpsychologie wird dasselbe Phänomen als Wahrnehmung einer noch nicht prägnanten oder auch defizitären Gestalt bezeichnet. In der personalistischen Philosophie und Anthropologie kann derselbe Sachverhalt als Wahrnehmung eines Sinndefizits beschrieben werden. Alle diese Begriffe kennzeichnen die sog. Vorbereitungsphase.

Gleichzeitig kann man sie als Begriffe auffassen, welche auch für den Prozess der Selbsterkenntnis brauchbar und nützlich erscheinen. Auch hinsichtlich des Wahrnehmens und Erkennens der eigenen Person sind Staunen, Wundern, Gestaltwahrnehmung und Wahrnehmung von Sinnstrukturen als elementar anzusehen.

Schöpferisches Arbeiten ist nach der Phase der Problem- und Fragestellung durch eine intensive Phase des Sammelns von Material gekennzeichnet. Je nach Fragestellung ist es nötig, sich in Archiven, Bibliotheken, Museen, Buchhandlungen, Zeitschriften-Sammlungen usw. mit dem für die jeweilige Fragestellung relevanten Material zu versorgen. Diese Sammlung bedeutet gleichzeitig eine Konzentration auf das jeweilige Thema und damit eine Emanzipation, Befreiung und bisweilen regelrechtes Losreißen von anderen Themen, die uns unser Alltag im Überfluss anbietet. Diese Konzentration kann auch als gegenläufige Bewegung zur allfälligen Zerstreuung interpretiert werden.

Auch diesbezüglich kann man die Begriffe der schöpferischen Arbeit auf die Begriffe der Selbsterkenntnis und Selbsterziehung übertragen. Man sammelt nicht nur Material – nein, man sammelt auch sich selbst. Wir emanzipieren uns nicht nur hinsichtlich der einen oder anderen Fragestellung, – wir emanzipieren uns auch von den unzähligen Angeboten, Imperativen und Verführungen oder Verführungssituationen, welche unseren Alltag bezüglich unserer Person ausmacht. Und wir können davon ausgehen, dass Selbsterziehung immer mit Akten des Losreißens (z.B. von der Primärfamilie, dem Ursprungsort, der ursprünglichen Weltanschauung, dem primären Ausbildungsgang u.v.a.m.) verknüpft ist. Der Zustand der Zerstreuung kann folgerichtig als für den Prozess der Selbsterziehung diametral entgegenstehender Status begriffen werden.

Nachdem ein Individuum Material zu seiner Thematik gesammelt und gehortet hat, braucht es im schöpferischen Arbeiten und Akt eine bisweilen lang anhaltende Phase des Sich-Einlassens auf dieses Material. Künstler, Wissenschaftler oder Philosophen müssen große Nähe und Verbindlichkeit zum Material ihrer Arbeit eingehen und sich von diesem Material tief beeindrucken lassen, wenn daraus tatsächlich schöpferische Akte und Resultate hervorgehen sollen.

Dieser Prozess der Inkubation gleicht dem Brüten oder Einnisten in der Natur. Ähnlich wie diese biologischen Phänomene kommt es bei der Inkubation zu tiefgreifenden Osmosevorgängen, die jedoch größtenteils unbewusst und unwillentlich ablaufen. Man kann die Inkubation daher auch als ein aktiv-passives Geschehenlassen und natürlich als eine Form der Hingabe bezeichnen.

Bezogen auf die Selbsterkenntnis und Selbsterziehung bedeutet die Phase der Inkubation, dass wir uns selbst nur erkennen und vor allem auch nur erziehen können, wenn wir uns genügend lange mit dem „Material der Welt" oder auch mit dem „Material der Mitmenschen" verbinden, uns auf diese Materialien einlassen, uns in sie „einnisten" und dieses „Fremde" im eigenen Ich wirken lassen. Der Erkenntnis- wie auch der Erziehungsprozess wird in dieser Phase von der Kultur oder von der Sozietät her gedacht – eine Richtung, welche bereits bei Hegel angedeutet wurde, der immer davon ausging, dass der subjektive (personale) Geist vom objektiven oder sogar vom absoluten Geist her determiniert und verstanden werden kann (Hegel 1986).

Die Phase der Inspiration ist durch das Auftauchen neuer Zusammenhänge sowie durch die Umstrukturierung des bislang kennengelernten Materials charakterisiert. Der schöpferisch arbeitende Mensch kann nach Absolvierung der vorbeschriebenen Phasen während der Inspiration neue Konzepte oder Begriffe kreieren sowie intuitiv bisher nicht erkannte oder nicht benannte Sinnzusammenhänge begreifen. Diese Fähigkeit und Fertigkeit nannte Goethe übrigens „exakte Phantasie".

> Und zwar meine ich nicht eine Einbildungskraft, die ins Vage geht und sich Dinge imaginiert, die nicht existieren, sondern ich meine eine solche, die den wirklichen Boden der Erde nicht verlässt und mit dem

> Maßstab des Wirklichen und Erkannten zu geahndeten vermuteten Dingen schreitet. Da mag sie denn prüfen, ob denn dieses Geahndete auch möglich sei und ob es nicht im Widerspruch mit anderen bewußten Gesetzen komme. Eine solche Einbildungskraft setzt aber freilich einen weiten ruhigen Kopf voraus, dem eine große Übersicht der lebendigen Welt und ihrer Gesetze zu Gebote steht (Eckermann 1981, S. 660).

Die Phase der Inspiration ist hinsichtlich der Selbsterkenntnis die fruchtbarste. Übertragen wir diesen Begriff auf die eigene Thematik, können wir feststellen, dass dem erfolgreichen Absolvieren der vorhergehenden Phasen während der Inspiration intuitives und damit holistisches Begreifen der eigenen Person resp. einiger ihrer Strukturen möglich ist. Wichtig bleibt zu betonen, dass der „Gewinn der Inspiration“ nur realisiert wird vor dem Hintergrund langwieriger Transpiration.

Die in der Phase der Inspiration jählings aufblitzenden Strukturen, Konzepte und Begriffe müssen in der Phase der Ausarbeitung oder Gestaltung konkret realisiert werden. Fleiß, Disziplin, Ausdauer, Geduld, Spannungsbogen, Frustrationstoleranz und natürlich auch Mut sind unerlässliche Voraussetzungen dafür, aus dem intuitiv Erfassten eine konkrete Wirklichkeit werden zu lassen, die in die spröde bereits bestehende Wirklichkeit eingebaut wird.

Bezogen auf unser Thema kann diese Phase vorrangig dem Begriff der Selbsterziehung zugeordnet werden. Das Erkannte darf und soll im Prozess der Wandlung und Erziehung der eigenen Person eine neue Realität für uns werden. Auch hierfür braucht es außerordentlich großen Mut, denn jedes Ausarbeiten und Konkretisieren eines neuen Sinnzusammenhangs bedeutet ein Bauen ins Nichts hinein – eine Konstruktion, die es bisher noch nicht gegeben hat, eine Person, die ihre Individualität erahnt und nun in die Tat umzusetzen gewillt ist.

Von Horaz stammt die Aufforderung an den Schriftsteller und Künstler, jedes Produkt, das er im Schwange seines Schaffensdranges produziert hat, etwa neun Jahre lang liegenzulassen, bevor er es veröffentlicht. Der römische Dichter war überzeugt davon, dass eine Revision des bereits Geschriebenen nach etlichen Jahren der Publikation außerordentlich zugute käme, da dann neue Aspekte ins Werk einfließen und gleichzeitig die Distanz des Dichters zum ehemals Geschriebenen groß genug sei, um ihm auch kritisch begegnen zu können. Nur dann – so Horaz – seien Korrekturen in einem umfangreichen

Sinne möglich, und damit könne eine wirkliche „Aufzucht der Gedankenkinder“ realisiert werden.

Wenn wir uns auch nicht sklavisch an die Neun-Jahre-Regel von Horaz halten wollen, bedeutet das Diktum des römischen Dichters doch eine Aufforderung, jedem schöpferischen Akt und alle schöpferische Arbeit mit einer Phase der Revision, der Selbstkritik und möglicherweise auch der Korrektur abzuschließen. Und auch diesen Gedanken kann man fruchtbar auf die Thematik der Selbsterkenntnis und noch umfangreicher auf die der Selbsterziehung anwenden.

Muße

Weiter oben wurde bereits auf die lateinischen Begriffe von Negotium (Arbeit) und Otium (Muße) hingewiesen. Die Arbeit wurde dabei als der Muße entgegengesetzter Pol aufgefasst. Wenn wir uns nun der Muße zuwenden, so soll damit eine Haltung, wie auch eine Zeit verstanden werden, welche frei von Arbeit i.S. der Lohnarbeit oder abhängigen Arbeit ist.

Der Muße eignet ein kontemplativer und meditativer Zug. Man kann sie auch als eine nicht-voluntaristische Haltung eines Menschen begreifen. Fassen wir die Arbeit als Aktivität und Tun des Menschen auf, so kann die Muße als eine ganz eigene Form der „Passivität“ verstanden werden. Diese Passivität darf jedoch keinesfalls mit Phlegma, Nichtstun, Faulheit oder Langeweile verwechselt werden.

Von Aristoteles ist ein eigentümlicher Gedanke überliefert, demzufolge der Mensch um der Muße willen lebt: „Das Glück scheint in der Muße zu liegen. Denn wir arbeiten, um Muße zu haben“ (Flashar 1994, 1177b). Bei diesem Gedanken ist sicherlich die Lebenswelt des altgriechischen Philosophen mit zu berücksichtigen: Arbeit war damals Sache der Sklaven, Frauen und Migranten und Muße – i.S. von Kunst, Philosophie, Wissenschaft und Politik – war ein Privileg der Freien, zu denen auch Aristoteles gehörte. Den Lebensunterhalt dieser Freien erarbeiteten die Sklaven. Aber immerhin haben Aristoteles und etliche weitere Privilegierte im Griechenland der Antike die Freizeit und die Freiheit ihrer Muße der Entwicklung von Kunst und Philosophie wie auch ihrer eigenen Persönlichkeit gewidmet.

Auch die Renaissance kannte eine Hochschätzung der Muße. Mit dem Aufkommen des Christentums, vorrangig auch mit dem Calvinismus, war die

Muße in die Nähe des Lasters gerückt, und nur derjenige, der sein Brot im Schweiße seines Angesichts mühsam und leidend und karg sich erarbeitete, galt als tugendhaft und gottesfürchtig. In der Renaissance hingegen kamen die Werte des Uomo universale (also des universal gebildeten Menschen) sowie der Education permanente (der andauernden Erziehung und Entwicklung) obenauf.

An den uns heute noch bekannten Renaissance-Menschen – etwa an Leonardo da Vinci, Raffael, Michelangelo, Pico della Mirandola, Petrarca, Louise Labé – oder an Vertretern der Spätrenaissance – etwa Erasmus von Rotterdam, Michel de Montaigne oder Albrecht Dürer – imponiert ein produktives Muße-Verhalten, dem sie ihre Originalität, Kreativität und Schaffenskraft in einem hohen Maße verdankten.

Ähnlich wie die freien Menschen der Antike oder die eben beschriebenen Renaissance-Menschen werden von Arthur Schopenhauer die Künstler, Philosophen und Heiligen charakterisiert. Diese drei „Berufsgruppen" zeichnen sich einerseits durch hohe Freiheits- und Freizeitgrade (Muße) aus. Andererseits sind sie Schopenhauer zufolge prädestiniert, Kultur zu schaffen, Sinn zu stiften und sich selbst zu autonomen und produktiven Personen zu entwickeln.

Einen analogen Gedanken entwickelte Friedrich Schiller in seiner Abhandlung „Über Anmut und Würde" (Schiller 1989, S. 433-488). In dieser Schrift führte Schiller den Gedanken aus, dass die höheren und höchsten Formen des Menschseins stark mit Werten wie Anmut, Schönheit und Würde verknüpft sind, und dass derartige Werte vorrangig von Menschen angestrebt und erreicht werden können, welche eine spielerische (mußevolle) Form ihres Daseins realisieren. Er kommt in diesem Text sogar zu dem Schluss, dass nur da, wo der Mensch spielt, der Mensch tatsächlich seinem Wesen gemäß lebe: „Der Mensch spielt nur, wo er in voller Bedeutung des Wortes Mensch ist, und er ist nur da ganz Mensch, wo er spielt" (Schiller 1989, S. 1136ff.).

Den „spielenden Menschen" hat im 20. Jahrhundert vor allem der niederländische Philosoph Johan Huizinga beschrieben (Huizinga 1987, S. 37). Dem Homo laborans – also dem arbeitenden Menschen – setzt er den Homo ludens – also den spielenden Menschen – entgegen. Damit meint Huizinga nicht jenen Typus Mensch, den man gemeinhin auf Fußballplätzen, in Spielsalons oder vor dem Lottoschein anzutreffen pflegt. Vielmehr ging Huizinga davon aus, dass das Spiel i.S. von freier Gesetzgebung, Echtheit und Heiterkeit eine Grundvoraussetzung für Kulturentstehung sei. An etlichen alten Kulturen hat der niederländische Philosoph die Genese kultureller Teilbereiche aus dem Spiel heraus nachzuweisen vermocht.

Im Spiel sei der Mensch isomorph und ichsynton, er könne sich der pflichtenlosen Muße und dem verantwortungsgelösten Dasein hingeben und dabei Impulse der Kreativität, Originalität und Entwicklungsfreude empfinden. Im Spiel gerate der Mensch in Atmosphären des ihm Angemessenen, und er könne verschüttete, verdrängte oder vergessene Anteile seiner Person erinnern und z.T. spielerisch integrieren.

Ergebnisse einer spielerischen, sprich mußehaften Einstellung zum Leben und zur Biografie bestehen also in Reminiszenzen, Assoziationen, Fantasien, Wünschen und Vorstellungen, die eigene Person ebenso wie die umgebende Kultur betreffend. Sobald wir uns längere Zeit einer solchen Atmosphäre hingeben, eröffnen wir uns potentiell einen Raum der Selbstwahrnehmung und Selbsterkenntnis, den unser Alltag und die Notdurft unserer Arbeit normalerweise verschlossen halten.

Dass es zu keinen gesetzmäßigen oder regelhaften Erinnerungen mittels Muße und Spiel kommen muss, braucht wohl nicht eigens erwähnt zu werden. Das Attraktive der Muße besteht eben im überraschenden und nicht vorhersehbaren Erkenntnisakt, der uns jählings mit unvermuteten Aspekten von uns selbst, wie auch der Welt um uns her konfrontiert. Sich diesen Gesichtspunkten zu überlassen, ist ebenfalls an Muße im obigen Sinne gebunden.

Als ein Beispiel für ein mußevolles und dabei außerordentlich produktiv-originelles Leben, welches einen hohen Grad an Selbsterkenntnis und Selbsterziehung aufzuweisen hatte, mag die Biografie und das literarische Werk von Henry D. Thoreau gelten. Als Beispiel für Muße und im Hinblick auf Selbsterkenntnis und Selbsterziehung sei aus seinem Buch *Walden oder Hüttenleben im Walde* (1854) folgender Passus zitiert:

> Ich bin in den Wald gegangen, weil mir daran lag, mit Bedacht zu leben. Des nur mit den Grundtatsachen des Daseins zu tun zu haben und zu sehen, ob ich lernen könne, was es zu lernen gibt, damit mir in der Stunde des Todes die Entdeckung erspart bleibe, nicht gelebt zu haben. Das Leben ist so kostbar, ich wollte es nicht mit etwas versäumen, das nicht leben heißt. Ich wollte mit vollen Zügen leben, so herzhaft und grimmig entschlossen, daß alles was nicht Leben war, sich verkrümeln sollte; ich wollte einen breiten Schwaden mähen, das

Leben stellen und auf die einfachste Formel bringen, und falls es sich als nichtswürdig erweisen sollte, nun, dann wollte ich es in seiner Nichtswürdigkeit erleben und diese der Welt bekannt machen; falls es aber etwas Herrliches war, wollte ich das aus eigener Erfahrung sagen (Thoreau (1995, S. 136f.).

Hygiene

Der Begriff der „Hygiene" stammt ab von dem griechischen Wort „Hygiea", welches soviel wie Gesundheit bedeutet. Hygiene kann daher als Gesundheitslehre oder auch als Maßnahme zur Sauberhaltung und Gesundwerdung aufgefasst werden. Im Griechischen gibt es darüber hinaus den Begriff „hygies", der mit heilsam übersetzt werden kann. Hygiene in diesem Sinne wird oftmals als „Lehre vom guten Leben" aufgefasst.

Im Griechenland der Antike war die Hygiene eine der wesentlichen Pfeiler der Medizin. Neben einigen wenigen Spezifika (Medikamente) konnte die griechische Medizin vorrangig auf diätetische und hygienische Maßnahmen zurückgreifen, um ihren Patienten Therapieangebote zu unterbreiten. Besonders bekannt geworden sind die sog. sechs „Res non naturales", die sog. „nicht natürlichen Dinge". Darunter verstanden die Griechen z.B. Alltagstätigkeiten wie Essen und Trinken (Ernährung), Schlafen, Arbeiten sowie die Auswahl und Gestaltung zwischenmenschlicher Kontakte. Einige Aspekte dieser hygienischen oder auch diätetischen Maßnahmen sollen im Folgenden für den Gesichtspunkt der Selbsterkenntnis und Selbsterziehung übersetzt und nutzbar gemacht werden.

„Hygiene" feierte im 19. Jahrhundert fröhliche Urständ'. Zu erwähnen sind in diesem Zusammenhang die beiden Ärzte Ernst von Feuchtersleben und Christoph Wilhelm Hufeland. Ernst von Feuchtersleben wurde 1806 in Wien geboren und starb dort bereits 1849. In Wien machte er sich als Arzt und später als Professor für Psychiatrie einen Namen. Feuchtersleben war der erste, der für seine Medizinstudenten ein Kolleg über Medizinische Psychologie gelesen hat. Außerdem galt Feuchtersleben als progressiver und rebellischer Geist, der z.B. im Jahre 1848 aufseiten der revoltierenden Studentenschaft zu finden war und in diesem Rahmen zum Vertreter für das neugebildete Frankfurter Parlament gewählt wurde.

In unserem Zusammenhang ist Ernst von Feuchtersleben (1806-1849) erwähnenswert aufgrund seiner 1838 erschienenen Schrift *Zur Diätetik der Seele* (Feuchtersleben 1980). In dieser Diätetik der Seele, die sich weit über einen eng gefassten Seelenbegriff hinaus auch um eine Hygiene des Körpers ebenso wie diejenige des Geistes kümmert, befasst sich der Autor mit Themen wie Verstand, Bildung, Temperament, Leidenschaft, Affekte, Schönheit, Fantasie, Wille, Charakter u.v.a.m. Eine zentrale Idee seiner Schrift bestand in einer holistischen Betrachtung des Menschen, welche Zusammenhänge zwischen der charakterlichen, emotionalen, geistigen und körperlichen Verfassung eines Individuums postuliert.

Wenn man auch mit vielen Detailanmerkungen aus *Zur Diätetik der Seele* im beginnenden 21. Jahrhundert kaum mehr einverstanden sein mag, besteht doch eine wichtige und bleibende Erkenntnis der hygienischen und diätetischen Vorstellungen Feuchtersleben darin, den Menschen als eine Summe seiner Gewohnheiten zu begreifen und Gesundheit wie Krankheit als Resultate gelungener und günstiger oder aber auch misslingender und ungünstiger Gewohnheiten zu interpretieren.

Eine ähnliche Grundüberzeugung vertrat der Arzt Christoph Wilhelm Hufeland (1762-1836). Hufeland war seinerzeit sowohl als einer der Ärzte, die Johann Wolfgang Goethe immer wieder konsultierte wie auch als einer der ersten Ärzte der Berliner Universitäts-Medizin bekannt geworden. Zu Beginn des 19. Jahrhunderts hatte Hufeland mehrere Anläufe unternommen, seine Ideen zur Hygiene und Diätetik schriftlich zusammenzufassen. Bis auf den heutigen Tag wird die aus seinen Bemühungen entstandene Schrift *Makrobiotik oder die Kunst, das menschliche Leben zu verlängern* (1896) viel und gern gelesen (Hufeland 1988).

In diesem Buch vertritt Hufeland eine romantische Position: Er geht aus von einer Vis vitalis, also einer Lebenskraft, welche individuell von Mensch zu Mensch unterschiedlich ist und dazu beiträgt, die Lebensspanne des Einzelnen zu bemessen.

Die Aufgabe eines jeden Menschen besteht nun darin, diese Lebenskraft möglichst unangetastet zu lassen bzw. ihr günstige Voraussetzungen zu schaffen, sich in einem möglichst langen Leben zu realisieren. Hufeland war überzeugt davon, dass bei geschickter Lebensführung die Menschen eine Vis vitalis für etwa 200 Jahre mit sich brächten:

> Zwei Hauptthesen sind die Stützen seiner Makrobiotik: Der Mensch hat ein bestimmtes, fest bemessenes Maß an Lebenskraft, die durch

> jederlei Lebensakt konsumiert wird – was bei geregeltem Verbrauch dazu führt, daß der Mensch etwa 200 Jahre alt werde (Hufeland, Klappentext).

Die Lebenskraft kann restauriert und konserviert werden durch Diät, Luft, Wasser und Bewegung, aber auch durch bestimmte emotionale und geistige Exerzitien, welche man unter den Begriff der Psychohygiene fassen kann. Ähnlich wie Feuchtersleben war auch Hufeland der Meinung, dass die Summe der Gewohnheiten eines Individuums darüber mitentscheidet, inwiefern seine Vis vitalis unangetastet bleibt oder aber inwiefern er selbst zu Krankheit und möglicherweise einem frühen Tod beiträgt.

Beide Ärzte – Feuchtersleben wie Hufeland – können als frühe Exponenten der Psychohygiene bezeichnet werden. Diese Spielart der Psychologie wurde im 20. Jahrhundert von den Psychiatern Beers und Sommer besonders stark favorisiert. 1948 kam es sogar zur Gründung der *World Federation for Mental Health,* einer Organisation, die sich ganz explizit den Fragen und Themen der Psychohygiene wie auch der physischen Hygiene widmen wollten. Seit dem Ende des Zweiten Weltkrieges trat die Psychohygiene etwas in den Hintergrund, sie wurde gewissermaßen durch Aaron Antonovsky weitergeführt (Antonovsky 1997).

Im Folgenden soll die Psychohygiene als sog. personale Hygiene dargestellt und erweitert werden. Das bedeutet, dass neben der biologischen und der psychosozialen Hygiene auch die intellektuelle Hygiene ins Auge gefasst werden muss. In diesem Zusammenhang ist die Philosophie Friedrich Nietzsches zu erwähnen, der in vielen seiner Aphorismen und Texte das Problem der intellektuellen Hygiene – er nannte dies „intellektuelle Redlichkeit oder Reinlichkeit" – behandelt hat.

Schon in seiner „Unzeitgemäßen Betrachtung III, Schopenhauer als Erzieher" hat er an Arthur Schopenhauer dessen intellektuelle Redlichkeit, Reinlichkeit und Hygiene besonders hervorgehoben. U.a. an dem radikalen Atheismus Schopenhauers wollte Nietzsche diese Diagnose nachgewiesen wissen. In seinen späteren Schriften finden sich etliche Textstellen, in denen er ein energisches Plädoyer für die intellektuelle Hygiene abgibt, wobei er die intellektuelle mit der biologischen und der psychosozialen Hygiene in engen Kontakt stellt. So schreibt er etwa in einem kleinen Gedicht mit dem Titel Sternenmoral:

Vorausbestimmt zur Sternenbahn
Was geht dich, Stern, das Dunkel an?
Roll' selig hin durch diese Zeit
Ihr Elend sei dir fremd und weit!
Der fernsten Welt gehört dein Schein
Mitleid soll Sünde für dich sein!
Nur ein Gebot gilt dir: sei rein! (Nietzsche 1882, S. 367).

Die intellektuelle Redlichkeit, Reinlichkeit und Hygiene war für Nietzsche dann gegeben, wenn der Einzelne auf Vorurteile, Meinungen der Vielen, Aberglauben und religiöse Dogmen und Inhalte radikal verzichten kann. Das Problem, das Nietzsche bei dieser Form von Reinlichkeit bestehen sah, liegt darin, dass die Kultur um den Einzelnen her normalerweise „unrein" und wenig hygienisch imponiert. In *Also sprach Zarathustra* heißt es in diesem Zusammenhang: „... wer unter Menschen rein bleiben will, muß verstehn, sich auch mit schmutzigem Wasser zu waschen" (Nietzsche KSA 4, II, S. 184).

Das bedeutet, dass es zur immerwährenden Aufgabe von uns Menschen gehört, die wenig hygienischen oder „schmutzigen" Inhalte der Kultur als solche zu eruieren, wobei eine Kontaktnahme mit ihnen unvermeidlich ist. Wir können uns zwar hygienisch einwandfreie kulturelle Verhältnisse wünschen und vorstellen, die Realität aber belehrt uns eines Besseren.

Nietzsche sah diese komplizierte Situation durchaus realistisch und differenziert und empfahl allen denen, die trotz der dekadenten, nihilistischen und wertloseren Kulturinhalte ein redlich-reinliches intellektuelles Leben führen wollen, ihren „Trieb nach Helle und Reinlichkeit des Denkens" *(Menschliches, Allzumenschliches)* dadurch hoch und aktiv zu halten, als dass sie ihn durch „herzhaftes Helfen, Gönnen und Wohlwollen" emotional und charakterlich vorbereiten und umsetzen (Nietzsche 1988 KSA 2, I, Nr. 49).

Bezogen auf die Selbsterkenntnis und Selbsterziehung bedeuten diese Nietzscheschen Gedanken, dass die intellektuelle Hygiene im Bereich der Kultur als Voraussetzung und Baustein der Selbsterkenntnis sowie die Auswahl des intellektuell hygienischen Kulturangebots als Voraussetzung und Baustein der Selbsterkenntnis und Selbsterziehung gelten können. Menschen, welche sich selbst erkennen und erziehen wollen, dürfen und sollen ihre Weltanschauung, ihre ideologischen Versatzstücke, ihre Meinungen und Vorurteile ebenso wie ihre Glaubensartikel und Dogmen über sich und die Welt radikal in Frage stellen und zumindest partiell eliminieren, wenn sie denn das Projekt der Selbsterkenntnis und Selbsterziehung tatsächlich realisieren wollen. Die gesamte Ethik, Moral und Wertorientierung eines Menschen stehen dabei zur Disposition, und nicht selten mündet Selbsterziehung in eine Umorientierung aller Werte ein.

Selbsterkenntnis mündet also bei Nietzsche in Kulturerkenntnis, und Selbsterziehung impliziert die Veränderung der Kultur oder zumindest einiger ihrer Bereiche. Nietzsche selbst hat ein überzeugendes Beispiel für derartige Kulturanalyse und Kulturkritik abgegeben, wobei er große Sphären der damaligen Kultur als sinnwidrig, dekadent und hinsichtlich der Wertorientierung als pervertiert erlebte und bezeichnete.

In den Worten der Gestaltpsychologie hat Nietzsche damit kulturelle Gestalten und Strukturen wahrgenommen, die defizitär, unvollkommen und nicht prägnant waren. Das Sinnwidrige oder Nihilistisch-Absurde kann auch als das Nicht-Hygienische, das Unredliche oder Unreinliche definiert werden. Kulturanalyse und Kulturkritik ebenso wie Selbsterkenntnis und Selbsterziehung bedeuten in der Terminologie der Gestaltpsychologie demnach, sich defizitären Gestalten und Strukturen anzunähern und auszusetzen, sie in ihren Defiziten wahrzunehmen und den von ihnen ausgehenden Imperativen nach Sinnsuche, die gleichbedeutend ist mit Abrundung der Gestalt und Anheben des Gestaltniveaus, nachzukommen.

Diese Aufgabe hat Nietzsche als auserlesene Beschäftigung des sog. „Übermenschen" angesehen. Den Übermenschen fassen wir nicht als einen Halbgott oder mythologisch verstandenen Heroen auf: Vielmehr bedeutet er uns den Typus Mensch, welcher sein Dasein unter den Kautelen der Sinnsuche, der Sinnvermehrung und der Sinnsicherung versteht. Gleichzeitig bietet der so verstandene Nietzschesche Übermensch ein überzeugendes Modell für Selbsterkenntnis und Selbsterziehung, welches auf intellektuelle Redlichkeit, Reinlichkeit und Hygiene abzielt und Wert legt.

Der Nietzschesche Übermensch erkennt sich selbst in den ihn umgebenden kulturellen Gestalten und Strukturen. Und er verändert und erzieht sich selbst, indem er der Welt um sich her Sinn und Bedeutung verleiht und damit Werte schafft oder erhält. Er ist damit der Gegentyp zum Sartreschen Monsieur Roquentin, der in *Der Ekel* (1938) als Mensch geschildert wird, welcher die Sinn- und Gestaltdefizite, das Wertwidrige und Wertlose der Welt derart stark wahrnimmt und erlebt, dass die Materie ihm gleichsam zu nahe rückt und bei ihm Ekel auslöst.

In *Der Ekel* (Sartre 1963) wird jedoch zum Ende des Romans von Sartre eine Möglichkeit für Roquentin entworfen, die Sinnwidrigkeiten, Absurditäten und Wertlosigkeiten der Welt etwas zu kompensieren: Es ist dies die Kunst. Obwohl Roquentin vom Nietzscheschen Übermenschen deutlich entfernt bleibt, gesteht Sartre ihm doch die Potenzialität zu, künstlerisch Sinn und Wert zu erkennen, zu schaffen und zu vermehren und damit die eigene Person in einen Selbsterkenntnis- wie auch Selbsterziehungs- und Selbstveränderungsprozess einzustellen.

Diese Formen intellektueller Hygiene, Redlichkeit und Reinlichkeit, die sehr stark mit dem Erkennen und Realisieren von Sinn und Wert, Gestalt und Struktur zusammenhängen, wurden in jüngster Zeit von Aaron Antonovsky in seinem „Salutogenese-Konzept" weiter bedacht (Antonovsky 1997). Wie weiter oben bereits erwähnt, stellt der sog. „Sense of coherence" (SOC) eine zentrale Idee im Antonovskyschen Salutogenese-Konzept dar. Damit ist gemeint, dass der Einzelne trotz aller Absurditäten, Niederlagen, Verwerfungen und Sinnwidrigkeiten seiner Existenz dieselbe als zusammenhängende Struktur und Ganzheit erkennen und einzuordnen lernt – eine Fähigkeit, die Antonovsky auch „Kohärenzgefühl" nannte:

> Die Antwort, die ich auf die salutogenetische Frage entwickelte, war das Konzept des Kohärenzgefühls (SOC). Das allen generalisierten Widerstandsressourcen Gemeinsame – so mein Ansatz – ist, daß sie es leichter machen, den zahllosen Stressoren, von denen wir fortwährend bombardiert werden, einen Sinn zu geben. Dadurch, daß sie einen fortlaufend mit solchen sinnhaften Erfahrungen versorgen, schaffen sie mit der Zeit ein starkes Kohärenzgefühl. Dieses zentrale Konzept des Buches wurde als eine globale Orientierung definiert, die das Maß ausdrückt, in dem man ein durchdringendes, andauerndes aber dynamisches Gefühl des Vertrauens hat, daß die eigene interne und externe Umwelt vorhersagbar ist und daß es eine hohe Wahrscheinlichkeit gibt, daß sich die Dinge so entwickeln werden, wie vernünftigerweise erwartet werden kann (Antonovsky 1997, S. 16).

Selbsterkenntnis wie auch Selbsterziehung sind nun beide an dieses Kohärenzgefühl assoziiert. Sowohl die Erkenntnisleistung hinsichtlich der eigenen Geschichte, Herkunft, Bedeutung und Zielsetzung (Selbsterkenntnis) als auch die Veränderungsleistung hinsichtlich der eigenen Wertorientierung und Normgestaltung sind nur denkbar vor dem Hintergrund eines ausgeprägten

Kohärenzerlebens. Will man die eigenen Fähigkeiten der Selbsterkenntnis und Selbsterziehung steigern, kann dies erfolgreich über eine Förderung und Stabilisierung des „Sense of coherence" ermöglicht werden.

Sprachvermögen

Seit vielen Jahrhunderten kümmern sich Philosophen und Wissenschaftler um die Frage, wie die menschliche Sprache entstanden ist, und welche Rolle sie für die Entwicklung der Menschheit und ihrer Kulturen gespielt hat und weiterhin spielt. In unserem Zusammenhang interessiert uns jedoch vorrangig, inwiefern Sprache, Selbsterkenntnis und Selbsterziehung zusammenhängen.

Die Sprachtheorie Ernst Cassirers

Im 20. Jahrhundert haben sich u.a. Philosophen, Psychologen und Linguisten dieser Thematik zugewandt. In unserem Zusammenhang erwähnen wir nur einige wenige Positionen, die die Abhängigkeit der Selbsterziehung wie auch der Selbsterkenntnis vom Form- und Gestaltniveau der Sprache veranschaulichen sollen. So hat etwa Ernst Cassirer (1874-1945) in seiner *Philosophie der symbolischen Formen* (1923) die Sprache in vielen ihrer Spielarten und in ihrer historisch-kulturellen Entwicklung dargelegt (Cassirer 2001). Cassirer geht davon aus, dass der Mensch ein sog. Animal symbolicum sei: „Anstatt den Menschen als ein animal rationale zu verstehen, sollten wir ihn daher als ein animal symbolicum verstehen" (Kindlers Literaturlexikon, S. 693). Übersetzt bedeutet dieser Begriff, dass Menschen „Symbole schaffende Tiere" sind, welche ihr Dasein mit dem Schaffen, Interpretieren und Tradieren von Symbolen zubringen sollten.

Unter „Symbol" subsumierte Cassirer nicht nur Worte, sondern auch nichtsprachliche Zeichen, welche im Kommunikationsgeschehen und im kulturellen Zusammenhang eine bedeutende Rolle spielen. In primitiven Kulturen könne man beobachten, dass die meisten Symbole und Worte onomatopoetischen Charakter aufweisen, d.h. lautmalerisch einen bestimmten Zustand, eine Situation, ein Ereignis, ein Ding oder eine Sache umschreiben oder beschreiben. Das Zeichen resp. das Symbol hat sich dabei vom Bezeichneten noch nicht sonderlich gelöst. Besonders deutlich wird das in sog. mythologischen Kulturen, in deren Zentrum häufig Totem und Tabus zu finden waren, an denen gezeigt werden kann, dass das bezeichnete Ding und das dafür verwendete Wort beinahe zusammenfielen.

Eine nächste Stufe der Kulturentwicklung war nach Cassirer erreicht, als die Symbole eine merkliche Emanzipation bezüglich der von ihnen bezeichneten Dinge, Atmosphäre oder Ereignisse bewerkstelligen konnten. Diese Phase der Kulturentwicklung war nach Cassirer gekennzeichnet durch das Aufkommen der Religionen, welche – im Gegensatz zur Mythologie – auf konkretistische Zeichen mehr oder minder stark verzichteten und stattdessen Symbole kreierten, in denen der gemeinte Sachverhalt verdichtet und überhöht zum Ausdruck kam oder kommt.

Die dritte und kulturell am höchsten stehende Entwicklungsstufe sei erreicht, wenn – wie bei philosophischen, künstlerischen oder wissenschaftlichen Kulturbereichen zu beobachten – die bildhaften Symbole mehr oder minder überwachsen werden und stattdessen bspw. abstrakte Begriffe oder Zahlen Verwendung finden. Dabei würden sich die Individuen einer Sozietät oder Kultur am weitesten von den konkret vorgegebenen Sachen, Erlebnissen oder Verhältnissen lösen und in einer abstrakten Welt symbolhaft über ihr Erlebtes und Gedachtes reflektieren. Die Freiheitsgrade des Einzelnen seien in dieser Kulturstufe am ausgeprägtesten und auch die Möglichkeit, neue Symbole zu schaffen, würde in Wissenschaft, Kunst und Philosophie am stärksten vorhanden sein.

Bezogen auf das Thema der Selbsterkenntnis und Selbsterziehung können wir diese Cassirersche Beschreibung der Symbolwelt und der Sprachentwicklung nutzen. Jeder Mensch durchläuft in seiner Kindheit und Jugend quasi im Schnelldurchgang die eben skizzierte Kultur- und Sprachgeschichte. Als Neugeborenes oder als Kleinkind ist der Mensch auf onomatopoetische Ausdrucksweise angewiesen und greift stark auf sie zurück, um mit seiner Umwelt zu kommunizieren. Diese Phase des symbolisch-sprachlichen Ausdrucks wird nach und nach überwachsen und ergänzt durch einen Kommunikationsstil, der sich durch ein Plus an Begrifflichkeit, Abstraktheit und Freiheit auszeichnet. Im günstigen Falle erwirbt ein Individuum einen weitreichenden Fundus an sprachlichen Symbolen, welcher es in die Lage versetzt, komplexeste Kulturgebilde, wie eben Wissenschaft, Kunst und Philosophie zu assimilieren, weiterzutragen und möglicherweise durch eigene Beiträge zu bereichern.

Der Prozess der Selbsterkenntnis ist nun stark an die Fähigkeit gekoppelt, das eigen Erlebte wie auch das fremd Erfahrene in Worte zu fassen, mit einigermaßen Distanz zu bedenken und damit in Begriffe zu gießen. Wer hinsichtlich des eigenen Lebens, seines Charakters, seiner Gangart und seines Lebensstils noch einem „onomatopoetischen Symbolgebrauch" anhängt, kann nicht erwarten, quasi von einem archimedischen Punkt der Betrachtung aus sich selbst und seine Geschichte realitätsgerecht zu erkennen.

Erst Worte, Begriffe und abstrakte Gedanken ermöglichen es dem Einzelnen, zu sich und seiner Existenz reflektierend und betrachtend Distanz einzulegen. Die von Helmuth Plessner in seiner Anthropologie (Plessner 1975) so oft beschriebene „exzentrische Positionalität" kann nur vor dem Hintergrund eines mehr oder minder souveränen Symbol- und Sprachgebrauchs vorgestellt und verwirklicht werden. Selbsterkenntnis ohne exzentrische Positionalität – also ein Dasein immer im Zentrum des eigenen Daseins – ist so gut wie nicht vorstellbar. Der Abstand zu sich selbst, zu seinen Empfindungen, Gefühlen, Phantasien, Vorstellungen und Entwürfen bedeutet eine Conditio sine qua non der Selbsterkenntnis. Und dieser Abstand wird eingeübt und aufrechterhalten durch einen Sprach- und Symbolgebrauch, welcher das Abstrakte und Distanzierte als wesentliches Merkmal mit sich führt.

Hinsichtlich des Begriffs der Selbsterziehung bedeutet die Cassirersche Sprachtheorie, dass der Einzelne sich selbst dem Prozess der Veränderung anheimstellen kann, wenn er für sich eine Veränderung seines Sprach- und Symbolgehalts ins Auge fasst. Normalerweise wird diesbezüglich nach dem Erwerb der Muttersprache irgendwann während der Schulzeit kein sonderlicher Wert mehr gelegt. Erziehung und Ausbildung gehen stillschweigend von der Prämisse aus, dass ein gewisser Fundus an Worten und Symbolen während der ersten 10-15 Lebensjahre ausreichend erworben wurde und dann mehr oder minder konstant für das Dasein des Betreffenden auszureichen habe.

Individuen, welche ihre Selbsterziehung als Motto und Inhalt ihres Daseins realisieren wollen, können und sollen diesbezüglich eine diametral entgegengesetzte Position einnehmen. Mit jedem Wort, mit jedem Begriff und jedem Symbol, welche neu gelernt und erobert werden, wächst das Potenzial des Denkens, Fühlens und Begreifens der Welt und der betreffenden Person. Wir verändern uns, indem wir unsere Möglichkeiten des Begreifens und Einordnens unserer Umwelt weiten und damit die eigene Position zu uns selbst, zu unseren Mitmenschen und zu unserer Welt um uns her neu bestimmen, verändern oder revidieren.

Die Sprachtheorie Karl Bühlers

Eine etwa zeitgleich mit Ernst Cassirer entstandene Theorie der Sprache ist diejenige von Karl Bühler (1879-1963) (Bühler 1978). Karl Bühler, der mit der Psychologin und Lebenslauf-Forscherin Charlotte Bühler verheiratet war, war ab 1922 als Professor für Philosophie in Wien tätig und musste 1938 in die Vereinigten Staaten emigrieren. Als Schüler und Mitarbeiter von Oskar Külpe (Würzburger Schule) hat sich Bühler sehr früh den Themen der Gestaltwahrnehmung, der Ausdruckstheorie und Sprachtheorie sowie – als kleine Referenz an die Interessen seiner Frau – der Entwicklungspsychologie des Kindes – zugewandt.

Besonders bekannt geworden ist Karl Bühler jedoch mit seiner Sprachtheorie: Bühler ging davon aus, dass jede Form der Kommunikation sich aus drei Teilaspekten zusammensetzt: der appellativen, der expressiven und der informativen Funktion. Unter appellativer Funktion der Kommunikation subsumierte Bühler all jene Kommunikationsinhalte, welche – meist ohne viele Worte – als „Appell" beim Kommunikationspartner bestimmte Wirkungen hervorrufen sollen. In vielen Fällen handelt es sich bei den appellativen Aspekten z.B. um die Bitte um Hilfe, Unterstützung, Trost, Schonung u.v.a.m.

Unter expressiver Funktion der Kommunikation verstand Bühler die verschiedenen Möglichkeiten eines Individuums, seine momentane Befindlichkeit, Stimmung, Bedürfnislage und Intentionalität auszudrücken, ohne dabei jedoch konkrete Begriffe oder gar elaborierte Sätze zu verwenden. Viele Menschen greifen z.B. auf das Expressionsmittel „Tränen" zurück und bringen damit zum Ausdruck, dass sie sich gerührt, getroffen, beleidigt, verletzt, angegriffen, überfordert oder sonst wie verstimmt fühlen. Der Nachteil expressiver Kommunikationsstrategien besteht in einem eklatanten Mangel an Information. Der Kommunikationspartner ist meist gezwungen, intuitiv den zum Ausdruck gebrachten Gefühlszuständen nachzuspüren oder diese zu erraten.

Am günstigsten – so Karl Bühler – gestalte sich die Kommunikation auf der Ebene der sog. „Information". Darunter verstand er an Worte, Begriffe und Sätze gekoppelte Kommunikation, also die sog. verbale oder sprachliche Mitteilung. Allerdings betonte Bühler, dass es keine sprachliche Mitteilung ohne expressive und appellative Beimengungen gibt. Jeder gesprochene Satz ereignet sich mit einem bestimmten Tonfall, und der Sprecher nimmt dabei eine bestimmte Körperhaltung ein oder zeigt mimisch und gestisch an, welche emotionale Untermalung an seine Information gekoppelt ist. Information, Appellation und Expression sind an die drei Punkte eines kommunikativen Dreiecks gebunden, von denen man keinen entfernen kann, ohne die Kommunikation zu zerstören.

Bühler hat verschiedene Situationen beschrieben, in denen sich die einzelnen Aspekte in den Vordergrund schieben und damit die anderen Aspekte verdrängen und beinahe unsichtbar werden. Außerdem erwähnt er kommunikative Verhältnisse, in denen sich Expression, Appellatives und Informatives nicht entsprechen und zwischen diesen verschiedenen Aspekten große Dissonanzen herrschen. Nur nebenbei sei erwähnt, dass diese Dissonanzen später in der kommunikationstheoretischen Schule von Palo Alto (Bateson, Jackson, Beavin und Watzlawick) als „double bind" bezeichnet wurde (Watzlawick u.a., S. 194).

In den letzten Jahren wurde die Kommunikationstheorie Karl Bühlers insbesondere in der Psychosomatik mit großem Gewinn rezipiert. Hierbei handelt es sich um Patienten, deren hauptsächliche Kommunikationsstrategie auf expressive und appellative Funktionen zurückgreift und die informativen Funktionen stark vernachlässigt. Diagnostik und Psychotherapie im Bereich der Psychosomatik bedeutet i.S. von Karl Bühler, die informativen Anteile der Kommunikation zwischen Patient und Therapeut zu stärken und damit die appellativen und expressiven Anteile in verbale Kommunikation zu transferieren.

Hinsichtlich der Selbsterkenntnis und Selbsterziehung kann die Bühlersche Sprachtheorie ebenfalls nutzbringend angewandt werden: Die Kommunikation nicht nur von psychosomatisch erkrankten Individuen, sondern eigentlich von allen Menschen, besteht zu einem beachtlichen Ausmaß aus expressiven und appellativen Anteilen, deren Informationsgehalt in vielen Fällen nicht oder nicht hinlänglich bekannt und geklärt ist. Wer sich selbst erkennen und einschätzen lernen will, könnte versuchen, jene Teile seiner Kommunikation, welche vorrangig appellativen und expressiven Charakter aufweisen, in sprachliche und begriffliche Formen des Kommunizierens zu transferieren. Diesbezüglich ergeben sich hier Ähnlichkeiten zu dem bei Ernst Cassirer Erwähnten; denn in der Tat bedeutet jedes Wort oder jeder Begriff, die wir anstelle von Gesten oder körperlichen Ausdrucksweisen gebrauchen lernen, die Chance vergrößerter Selbsterkenntnis wie auch Weltkenntnis.

Bezüglich der Selbsterziehung kann das Individuum von seinem momentanen Maß an informativer Kommunikation ausgehen und dieses nach und nach steigern. Viele Menschen haben während ihrer Kindheit und Jugend nur rudimentär gelernt, ihr gesamtes Dasein in Worte und Begriffe zu wandeln. Meist genügte ein Blick, ein Stirnrunzeln, eine Körperhaltung, ein heruntergezogener Mundwinkel oder aber auch ein besonders geschickter Augenaufschlag – also expressives und appellatives Agieren, – um die Umwelt von den eigenen Bedürfnissen hinlänglich in Kenntnis zu setzen und diese sogar befriedigen zu lassen. Es bedeutet regelrecht ein Umerziehungsprogramm, auf derlei Mechanismen zu verzichten und statt des „billigen Augenaufschlags" die scheinbar umwegige Argumentationskette eines ganzen Satzes ins Auge zu fassen.

Ein ähnliches (Selbst)-Erziehungsprogramm bedeutet die Aussprache: Informationen werden von Menschen oftmals derart nuschelig, schnoddrig, undeutlich oder aber brüllend und schrill vermittelt, sodass der Sinn der Kommunikation – nämlich die Einigung zwischen den Kommunizierenden – kaum erreicht wird. Lautstärke, Tonfall, Deutlichkeit der Aussprache u.v.a.m. gehören ebenfalls ins Repertoire des Appellativ-Expressiven und verhindern nicht selten ungestörte informative Kommunikation. In ihnen manifestiert sich nicht nur die momentane Stimmung, der Lebensstil und der Charakter des Sprechenden. Oft genug macht er damit auch seine angebliche oder tatsächliche Überlegenheit über seine Kommunikationspartner fest.

Selbsterziehung in dieser Hinsicht bedeutet Verzicht auf Dominanz von Verstimmung, autoritärem Gehabe oder schüchterner Distanznahme. Der höchste Wert, den es in der Kommunikation anzustreben gilt, ist derjenige der ungestörten Informationsübermittlung. Und diese gelingt nur auf dem Boden einer emotionalen Tönung, welche die Qualitäten von Wohlwollen, Zuwendung, Verständnis, Sympathie, Hingabe und Wertschätzung beinhaltet. Auf alle diese emotionalen Tönungen und Qualitäten darf und muss derjenige sich konzentrieren, welcher das Thema der Selbsterziehung im Bereich der Sprache realisieren will.

Das Sprachspiel bei Ludwig Wittgenstein

Eine weitere Sprachtheorie, welche in unserem Zusammenhang Erwähnung finden soll, ist diejenige von Ludwig Wittgenstein (1889-1951). Man unterscheidet bei Wittgenstein zwei Phasen seiner Philosophie, die sich im Duktus seiner Sprache deutlich unterscheiden, hinsichtlich ihrer Inhalte aber zusammenhängen. Sowohl seine Philosophie I wie auch seine Philosophie II befassen sich mit dem Thema der Sprache.

Im ersten Hauptwerk, dem sog. *Tractatus logico-philosophicus* (1921), hat Wittgenstein eine sehr künstlich wirkende, z.T. schwer verständliche Form des Ausdrucks gewählt, um möglichst exakt die Sprache in all ihren Funktionen zu beschreiben (Wittgenstein 1989). In seiner zweiten Hauptuntersuchung, den sog. *Philosophischen Untersuchungen* (1953) verwandte Wittgenstein eine deutlich alltäglichere Sprache, um seine Untersuchungsergebnisse und philosophischen Reflexionen auszudrücken (Wittgenstein 1989a). Im Folgenden wird vorrangig auf dieses zweite Hauptwerk Wittgensteins Bezug genommen, und es werden einige wichtige Denkfiguren hinsichtlich der Selbsterkenntnis und Selbsterziehung erörtert. Ein zentraler Begriff in den *Philosophischen Untersuchungen* ist derjenige des „Sprachspiels“:

> Ich werde in Zukunft immer wieder deine Aufmerksamkeit auf das lenken, was ich Sprachspiele nennen werde. Das sind einfachere Verfahren zum Gebrauch von Zeichen als jene, nach denen wir Zeichen in unserer äußerst komplizierten Alltagssprache gebrauchen. Sprachspiele sind die Sprachformen, mit denen ein Kind anfängt, Gebrauch von Wörtern zu machen. Das Studium von Sprachspielen ist das Studium primitiver Sprachformen oder primitiver Sprachen. Wenn wir die Probleme von Wahrheit und Falschheit von der Übereinstimmung und Nichtübereinstimmung von Sätzen mit der Wirklichkeit, von der Beschaffenheit von Behauptung, Annahme und Frage studieren wollen, dann wird es von Vorteil sein, primitive Sprachformen zu untersuchen, in denen diese Denkformen ohne den verwirrenden Hintergrund äußerst komplizierter Denkprozesse auftreten. Wenn wir solche einfachen Sprachformen untersuchen, dann verschwindet der geistige Nebel, der unsern gewöhnlichen Sprachgebrauch einzuhüllen scheint. Wir sehen Tätigkeiten und Reaktionen, die klar und durchsichtig sind. Andererseits erkennen wir in diesen einfachen Vorgängen Sprachformen, die von unseren komplizierten Sprachformen keineswegs durch einen Einschnitt getrennt sind. Wir sehen, daß wir die komplizierten Formen aus den primitiven zusammensetzen können, indem wir nach und nach neue Formen hinzufügen (Bezzel 2000, S. 20).

Wittgenstein wirft die Frage auf, wie Menschen Sprache erlernen, und er postuliert, dass dies in Form sog. „Sprachspiele" geschieht. Wittgenstein bezeichnet mit dem Begriff des „Sprachspiels" u.a. die Methoden,

> ... mittels welcher Kinder ihre Muttersprache erlernen. Ich will diese Spiele ‚Sprachspiele' nennen, und von einer primitiven Sprache manchmal als einem Sprachspiel reden. Und man könnte die Vorgänge des Benennens der Steine und des Nachsprechens des vorgesagten Wortes auch Sprachspiele nennen ... Ich werde auch das Ganze der Sprache und der Tätigkeiten, mit denen sie verwoben ist, das ‚Sprachspiel' nennen (Wittgenstein 1989a, S. 19).

Dem Philosophen zufolge erlernen kleine Kinder bei den jeweiligen Worten und Begriffen nicht nur den damit bezeichneten Inhalt (z.B. ein Ding oder eine Situation), sondern darüber hinaus immer auch bestimmte Rahmenbedingungen, Atmosphären, Stimmungen, Handlungen, Intentionen, Fantasien u.v.a.m. Jedes Wort und jeder Satz bedeuten demnach eine mehr oder minder große Kette an Informationen und Implikationen, die normalerweise nicht expliziert werden, gleichzeitig aber den Bedeutungsgehalt dieses Begriffs determinieren und die jeweiligen Handlungen, die aus solchen Begriffen und Sätzen abgeleitet werden können, mitbestimmen.

Wittgenstein hat diese Theorie an etlichen konkreten Worten exemplifiziert. Er zeigt etwa auf, dass der Begriff „Schmerz" nur dann hinsichtlich seines Inhalts richtig verstanden wird, wenn zusammen mit diesem Wort eine ganz bestimmte Gestik, Mimik, Körperhaltung, emotionale Tönung usw. zu bemerken ist. Ein heiter wirkender, fröhlich aussehender und entspannt vor sich hin pfeifender Mensch, der von sich behauptet, er sei schmerzgeplagt, wirkt unecht: In den Worten Wittgensteins: „Er spielt das Sprachspiel ‚Schmerz' nicht korrekt."

Ausgehend von diesen Beispielen zeigt Wittgenstein, dass wir bei allen Begriffen und Worten eine sog. „Oberflächengrammatik" von einer „Tiefengrammatik" unterscheiden können. Die Oberflächengrammatik bezieht sich auf die bezeichnete Sache oder Situation, wohingegen die Tiefengrammatik all jene nicht ausgesprochenen Dimensionen von Worten, Begriffen, Sätzen und der gesamten Sprache meint, die in einem Sprachspiel mit enthalten sind:

> Wie zu jedem Spiel, so gehören auch zum Wittengensteinschen Sprachspiel Regeln, nach denen die Teilnehmer kommunizieren, und

> an die sie sich – oft ohne es zu wissen – halten. Wittgenstein unterscheidet dabei zwischen Oberflächengrammatik – Deklinations- oder Konjugationsregeln u.ä.m. – und Tiefengrammatik – Regeln der Konventionen, die den Begriffen in verschiedenen Situationen je eigene Bedeutungen zuweisen. Insbesondere die Tiefengrammatik macht die Bedeutungsvielfalt und Komplexität der menschlichen Sprache aus (Danzer 1995, S. 89).

Ausgehend von dieser Wittgensteinschen Sprachtheorie haben die Kommunikationstheoretiker der Palo-Alto-Schule darauf hingewiesen, dass eine systematische Dissonanz zwischen *Oberflächengrammatik* und *Tiefengrammatik* schwerwiegende psychosoziale Probleme bis hin zu Erkrankungen nach sich ziehen können. Besonders bekannt geworden ist das Konzept „Double bind" des weiter oben schon erwähnten Modells, bei welchem Oberflächengrammatik und Tiefengrammatik einander widersprechen oder nur schwer unter einen Hut zu bekommen sind.

Bezogen auf das Thema der Selbsterkenntnis wie auch Selbsterziehung haben diese Wittgensteinschen Untersuchungen einige Relevanz: Wie weiter oben schon dargelegt, erfolgt jeder Akt der Reflexion, des inneren Monologs, der Überprüfung des eigenen Lebens und Charakters und damit auch der Selbsterkenntnis im Medium der Sprache. Denken heißt nicht nur (wie Sigmund Freud meinte,) „probehandeln", sondern auch „probesprechen", wobei es wichtig ist, darauf hinzuweisen, dass bei diesem Probesprechen sowohl Oberflächen- wie auch Tiefengrammatik im Wittgensteinschen Sinne eine Rolle spielen:

> Die ‚Sprachspiele' als Modell-Einheiten von Sprachgebrauch, Lebensform und Welterschließung stellen, wie es scheint, jene lebendige Inkarnation der Funktion des Geistigen dar ... Man könnte erstens meinen: An die Stelle des hermeneutischen Verstehens qua Nacherleben tritt das objektive ‚Beschreiben' des Sprachspiels, in dessen Kontext der zu verstehende Sinn, die Intention ‚sich zeigt' ... Man könnte aber auch zweitens davon ausgehen, daß zum Verstehen des Sinns, der in einem Sprachspiel sich zeigt, gerade nicht ein distanziertes Beschreiben des Sprachspiels im ganzen, sondern die Teilnahme am Sprachspiel vorausgesetzt ist, gibt es doch – nach Wittgensteins sprachkritischer Grundmaxime – ein Verstehen von Sinn nur im Rahmen eines funktionierenden Sprachspiels (Danzer 1995, S. 90).

Selbsterkenntnis kann nur dann mit einigermaßen Aussicht auf Erfolg realisiert werden, wenn der Betreffende nicht nur die Oberflächengrammatik den Sprachregeln gemäß beherrscht und anwendet, sondern darüber hinaus auch weite Bereiche der Tiefengrammatik für sich erobert hat oder zumindest erobern will. Wer sich selbst denkend und reflektierend erkennen und beschreiben will, tut dies in den Begriffen der Alltagssprache, die allesamt mit „Sprachspielinhalten" aufgeladen sind. Um zu erkennen, wo diese Sprachspiele der Allgemeinheit enden und möglicherweise die eigene, ganz individuelle Bedeutungszuschreibung beginnt, braucht es die Fähigkeit der Welt- und Menschenkenntnis ebenso, wie die Kritik hinsichtlich des Gebrauchs von Sprache ganz generell.

Möglicherweise hat Hugo von Hofmannsthal in seinem bekannten *Brief des Lord Chandos* (1902) auf diese Vermengung von alltäglicher und individueller Bedeutung einzelner Begriffe abgezielt. In diesem Brief lässt Hofmannsthal einen Dichter deshalb den Vorsatz formulieren, ab sofort nicht mehr zu dichten und stattdessen zu schweigen, weil er die einzelnen Begriffe als abgegriffen allgemein und damit wertlos erlebt. Seine ganz individuelle und einzigartige Situation, in der er lebt, kann und will er mit den Worten der Allgemeinheit nicht mehr ausdrücken. Sie – die Worte – sind der Wittgensteinschen Theorie zufolge in die allgemeinen Sprachspiele derart involviert, dass man das je Einzelne und Eigentümliche einer Person mittels Sprache weder fassen noch ausdrücken kann.

Wenn man auch Wittgenstein darin zustimmen muss, dass es keine von Sprachspielen allgemeiner Natur freie „Privatsprache" geben kann und damit Individuelles immer in den Begrifflichkeiten der Allgemeinheit formuliert werden muss, kann man andererseits anhand von Künstlern und Dichtern immer wieder zeigen, wie aus den scheinbar fixierten Sprachspielen der Vielen die Kunst des Einzelnen erwachsen kann. Dieser Gebrauch der allgemein vorhandenen Sprache kann als Modell für den Sprachgebrauch im Hinblick auf die Selbsterkenntnis verstanden werden. Auch dabei geht es um sehr individuelle und einzigartige Facetten einer Person, die erkannt und beschrieben werden sollen, und auch dafür darf und soll die allgemein zugängliche Sprache in einem beinahe künstlerisch anmutenden Sinne individualisiert und überhöht werden.

Ein derartiger Versuch, Sprache hinsichtlich ihrer Tragfähigkeit bezüglich der eigenen Person zu überprüfen und dementsprechend einzusetzen, kann bereits als eine Form der Selbsterziehung betrachtet werden. Der Einzelne erzieht sich und verändert sich denkend und sprechend – eine Idee, der auch Jürgen Habermas in seinem Buch *Erkenntnis und Interesse* (1968) zugestimmt hätte, in dem er die Auffassung vertrat, dass es die Aufgabe der Psychoanalyse oder der Psychotherapie ganz generell sei, das ehemals Verdrängte in den Status der Sprache zurückzuholen:

> Die psychoanalytische Therapie soll Krankheiten und Beschwerden des einzelnen, je, mit der Ebene des öffentlichen Textes ... nach objektiv verstehbaren, aus den kontingenten Umständen der Lebensgeschichte resultierenden Regeln, aber eben nicht nach den intersubjektiv anerkannten Regeln [verknüpfen, A.S.] (Habermas 1968, S. 303).

Je individueller und kunstvoller dies geschieht, desto mehr kommt dabei der Erkenntnis und Selbsterkenntnis des Betreffenden eine dominierende Rolle zu, und je häufiger und intensiver er für sich derartige Übungen ins Auge fasst, umso intensiver übt er den Akt der Selbsterziehung für sich ein.

Zusammenfassend kann man daher sowohl den Begriff der Selbsterkenntnis, wie auch denjenigen der Selbsterkenntnis, jeweils als ein (im Wittgensteinschen Sinne) Sprachspiel bezeichnen. Die Oberflächengrammatik oder Oberflächenbedeutung dieser Begriffe muss um die „Tiefengrammatik" oder Tiefenbedeutung ergänzt werden, wenn aus Selbsterkenntnis und Selbsterziehung nicht nur wohlfeiles Gerede, sondern existenzielle Bewegung erwachsen soll.

Die Sprachtheorie Martin Heideggers

Martin Heidegger hat in seinem bekannten Buch *Sein und Zeit* (1927) ebenfalls eine – wenn auch nicht besonders explizit gewordene – Sprachtheorie vorgelegt, die für die Thematik der Selbsterziehung und Selbsterkenntnis relevant ist. In diesem Buch stellt Heidegger die sog. „Existenzialien" vor, also Wesenseigentümlichkeiten des Menschen, die dessen „Natur" und anthropologische Beschaffenheit charakterisieren sollen. Unter diese Existenzialien subsumierte Heidegger z.B. die Zeitlichkeit, die Räumlichkeit, die Gestimmtheit, die Transzendenz sowie die Rede bzw. das Gerede.

„Rede" wie „Gerede" betreffen die Sprache des Menschen, von welcher Heidegger einmal meinte, sie stelle regelrecht – wie weiter oben schon erwähnt – das „Haus des Seins" dar. Der Philosoph wollte damit zum Ausdruck bringen, dass er der menschlichen Sprache einen immens hohen Stellenwert hinsichtlich der sozialen und kulturellen Heimat der Einzelnen zugestand. Dementsprechend vorsichtig und exakt müsse man Heidegger zufolge als Individuum mit sprachlichen Verlautbarungen umgehen, um dieses „Haus des Seins" nicht zu gefährden.

Heidegger unterschied eine sog. „eigentliche" von einer „uneigentlichen" Form des Existierens. Die erstere sei gekennzeichnet durch die Erfahrung der Endlichkeit, des alleine Stehens, des Nichts, der Angst und der Langeweile. Nur derjenige, der sich diesen und anderen existenziell erschütternden oder bewegenden Situationen lange und intensiv aussetzt, kann damit rechnen, ein eigentliches, d.h. dem eigenen Wesen gemäßes, Dasein zu führen und zu gestalten. Diese Art des Existierens nannte Heidegger auch das „Ich-Selbst-Sein".

Viel häufiger als diese eigentliche Form der Existenz treffen wir jedoch sog. uneigentliche Spielarten des Daseins an. Darunter subsumierte Heidegger alle jene Varianten des „Man-Selbst-Seins", die en masse in der Öffentlichkeit angeboten und diskutiert werden. Der Einzelne lebt dann nicht seinen ureigensten Antrieben, Traditionen, Werten und Sinnsetzungen gemäß, sondern orientiert sich diesbezüglich an der Majorität, an der Meinung und den Vorurteilen der Vielen sowie an den Traditionssträngen der kollektiven Geschichte, welche ein Ausscheren kaum ermöglichen.

Die Sprachtheorie Heideggers besagt nun, dass die Auswahl und der Gebrauch von Begriffen und Worten wie auch von ganzen Sätzen, stark davon abhängt, ob der Einzelne im Modus des „Ich-Selbst-Seins", also eigentlich – oder aber im Modus des „Man-Selbst-Seins" – also uneigentlich – existiert. Kann ein Individuum immer wieder den Wert des Ich-Selbst-Seins ins Auge fassen oder z.T. sogar realisieren, schlägt sich dies hinsichtlich seiner Sprache nieder. Andererseits zeichnet sich die Sprache der Majorität, der Vielen und der Öffentlichkeit durch das sog. „Gerede" aus. Die Worte und Begriffe werden inflationär gebraucht und drücken keine individuellen Wahrheiten und keine existenziellen Dimensionen aus. „Gerede" kann daher am ehesten als Plappern, Murmeln, Hintergrundgeräusch oder Belanglosigkeit charakterisiert werden.

Bezogen auf das Thema der Selbsterkenntnis und Selbsterziehung haben diese Heideggerschen Gedanken durchaus Relevanz: Selbsterkenntnis als emotionale und intellektuelle Leistung kann nur dann in Maßen verwirklicht werden, wenn der Einzelne seine Sprache – und damit die Basis seines Denkens, Fühlens und Urteilens – dem Pol der Rede annähert und auf Gerede mehr oder weniger verzichtet. Wir können nicht erwarten, dass wir bezüglich unserer Person oder unseres Selbst Relevantes erkennen, wenn wir uns denkend und fühlend im Modus des Man-Selbst-Seins bewegen und dementsprechend den Formeln, Bildern und Metaphern der Allgemeinheit unterliegen.

Selbsterkenntnis bedeutet – bezogen auf diese Heideggersche Sprachtheorie – beinahe einen künstlerisch-poetischen Akt, der es uns ermöglicht, für die je einzelne Individualität, die wir sind, neue, unverbrauchte und gleichsam „druckfrische" Worte und Begriffe zu schaffen. So, wie Dichter für die von ihnen erlebten und erlittenen Situationen und Ereignisse ganz eigenständige Metaphern finden, so darf und soll unser Leben in individuellen Farben und Formen gemalt und gezeichnet werden, wenn es sich denn um tatsächliche Selbsterkenntnis und nicht um bloße Reduplikation von Klischees und Mustern handeln soll.

Hinsichtlich der Selbsterziehung bedeutet die Heideggersche Sprachtheorie, dass wir uns unserer Verantwortung bezüglich der gesprochenen oder geschriebenen Rede bewusst werden dürfen und möglichst ein Versinken im „Gerede" vermeiden. Wann immer möglich, darf und soll ein Individuum, das den Wert der Selbsterziehung für sich realisieren will, versuchen authentisch, schlicht, geradlinig, direkt und möglichst ohne Flunkern und Munkeln über sich und seine Welt zu sprechen und Auskunft zu geben. Selbsterziehung und die Erziehung hin zur Fähigkeit der „Rede" sind beinahe identisch. Und wer große Mühe auf die Eroberung einer existenziell echten und bewegten Sprache verwendet, wird meist automatisch mit einem Plus an Personalität und Selbst belohnt.

Die Sprachtheorie Karl Löwiths

Der Heidegger-Schüler Karl Löwith, der eine Weile bei dem Schwarzwälder Seins-Philosophen studiert und zuletzt bei ihm auch habilitiert hat, konnte in seiner Habilitationsschrift *Das Individuum in der Rolle des Mitmenschen* (1928) (Löwith 2013) einige wesentliche Ergänzungen zur Philosophie Heideggers anbringen. Ein zentraler Gedanke dieser Schrift Löwiths besteht in seiner Beschreibung des „Mitseins" als zentrales Existenzial von uns Menschen. Dementsprechend hat Löwith die Heideggerschen Überlegungen zur Sprache ebenfalls modifiziert und die „Rede“ im Wesentlichen als ein „Mitsprechen“ charakterisiert.

Neben der Mitsprache kennt Löwith auch das Mitgefühl, das Mitdenken sowie das Mithandeln, also die Solidarität. Damit aus allen diesen Haltungen und Handlungen letztendlich Individualitäten und nicht konturlose Massen entstehen, ist es essenziell, dass sich jeweils Personen oder „Iche“ begegnen und sich in ihrem Wert gegenseitig erkennen und anerkennen.

Hinsichtlich der Selbsterkenntnis verweist die Löwithsche Ergänzung also auf den Mitmenschen bzw. auf den Dialog, den wir weiter oben bereits als wesentlichen Bestandteil der Buberschen Philosophie charakterisiert haben. Das Einüben und die Eroberung der Rede gelingt Löwith zufolge nur in emotional, sozial und intellektuell tragfähigen und hierarchiefreien Verhältnissen zwischen den Menschen:

> Löwiths Analyse des ‚Miteinandersprechens‘ (S. 103f.) ... ist eine der eigentlichen Formen des Mitseins. In der Selbstsuche sprechen wir uns mit einem anderen aus; aus seiner Antwort erfahren wir u.U., wer wir sind und was wir sein können. Der verstehende Andere stützt uns in unserem Sein. Sprechen heißt: eine Brücke zwischen Mensch und Mitmensch schlagen. Was immer wir einem anderen mitteilen: wir teilen uns dabei auch selbst mit. Es kommt zum Austausch von Person zu Person. Ist Verständigung möglich, so spricht man nicht nur miteinander, man entspricht auch einander, d.h. man gleicht sich an und wird sich ähnlich (im Geiste). Dies ist der Sinn echter Gespräche; niemand will siegen und recht behalten, aber man will sich nahe kommen und gleichsam Menschlichkeit einüben. Voraussetzung hierfür ist die Gleichstellung der Gesprächspartner. Jede autoritäre Abstufung verhindert den Dialog oder schränkt ihn doch ein. Auch geht es nicht darum, in schneller Folge Erwiderung auf Erwiderung folgen zu lassen. Das echte Gespräch ist ein widerspruchsloses Anhören und Zu-Ende-Hören. Es will verstehen und dabei den Prozeß des Selbstverständnisses in den Beteiligten fördern (Rattner 1977, S. 122).

Oder anders ausgedrückt: „Rede“ konstelliert sich zwischen Subjekt und Subjekt; sobald aus einer Subjekt-Subjekt-Beziehung eine Subjekt-Objekt-Relation wird, gehen wir der „Rede“ verlustig und geraten zwangsläufig in den Modus des „Geredes“.

Hinsichtlich der Selbsterziehung kann daher geschlossen werden, dass wir uns selbst immer dann erziehen und ändern, wenn wir uns selbst und das Gegenüber subjektivieren und auf Objektivierung i.S. von Dominanz, Herrschaft, Machtanspruch oder gar Gewalt verzichten. Das Selbst wächst und gedeiht nur im herrschaftsfreien Raum zwischen gleichwertigen Subjekten.

Sprache in Form der „Rede" kann demnach angetroffen und erlebt werden im Kontakt mit anderen Individuen und Personen, aber auch im Kontakt mit Philosophie, Kunst und Wissenschaft, die von Personen und Individuen geschaffen wurden. Nur diese Bereiche der Kultur, denen man die Attribute der „Rede" zuerkennen darf und die nicht unter die Kategorie des „Geredes" subsumiert werden müssen, sollten tatsächlich als „Kultur" bezeichnet werden, alle anderen sog. kulturellen Phänomene werden günstiger als „Unkultur" bezeichnet.

7. Strukturelemente von Selbsterkenntnis und Selbsterziehung

Auf den folgenden Seiten sollen die bisher dargestellten Aspekte und Dimensionen der Selbsterkenntnis und Selbsterziehung zusammengefasst und in ein Strukturmodell eingestellt werden. Dabei wird auf das bereits von Wilhelm Dilthey 1894 beschriebene Modell der menschlichen Seelentätigkeit Bezug genommen, das er in seinem Buch *Ideen über eine beschreibende und zergliedernde Psychologie* (1894) ausführlich erörtert hat (Dilthey 1990, S. 139 ff.).

In dieser Schrift hat Dilthey das Seelenleben der Menschen als eine Struktur beschrieben, welche aus verschiedenen Strukturelementen aufgebaut ist. Die einzelnen Funktionen der menschlichen Psyche – Vorstellen, Erinnern, Imaginieren, Denken, Fühlen, Urteilen, Wollen u.v.a.m. – wurden von dem Philosophen als Elemente aufgefasst, welche sich gegenseitig stützen, bedingen und beeinflussen. Es mache wenig Sinn, lediglich die einzelnen Elemente getrennt zu betrachten und deren Gesamtzusammenhang – eben die Struktur – außer Acht zu lassen:

> Die große Bedeutung der Diltheyschen Ausführungen lag vor allem in dem, was er positiv über die Einheit des Seelenlebens als einer Erlebniseinheit sagte, und in der daraus gezogenen Forderung einer rein intuitiv schöpfenden deskriptiven Psychologie: einer Psychologie, die trotz ‚bloßer' Deskription doch eine eigene Art höchster Erklärungsleistung vollziehen sollte, nämlich diejenige, die Dilthey mit dem Worte Verstehen ausdrückte (Husserl 1968, S. 10).

Wenn nun die Phänomene von Selbsterkenntnis und Selbsterziehung ausführlich dargelegt wurden, so unter der Prämisse, dass es sich auch bei ihnen um seelisch-geistige Akte und Erscheinungsformen handelt, welche zum einen in die Gesamtstruktur eines Individuums eingebettet und integriert sind, zum anderen aber auch selbst aus Strukturelementen bestehen, welche sich –

genauso wie Dilthey es für die eben erwähnten psychischen Funktionen postuliert hat – gegenseitig beeinflussen und nur vor dem Hintergrund dieser Interdependenz verstanden werden können.

In der Folge werden deshalb die wichtigsten Strukturelemente aufgezählt, welche die Strukturen Selbsterkenntnis und Selbsterziehung bilden, und die auf den vorhergehenden Seiten ausführlich erörtert worden sind. Die Zusammenschau der einzelnen Strukturelemente soll ermöglichen, die strukturellen Gegebenheiten von Selbsterkenntnis und Selbsterziehung detaillierter zu erfassen.

Dilthey hat in dem erwähnten Aufsatz ebenfalls postuliert, dass das Arrangement und die Summe der einzelnen Strukturelemente die Qualität und das Wesen der Struktur maßgeblich determinieren. Die Struktur bedeutet hinsichtlich ihrer Eigenschaften und Potenzialitäten mehr als die bloße Summe der einzelnen Strukturelemente. Insbesondere die Position und die jeweiligen Bezugnahmen der einzelnen Strukturelemente aufeinander legen die Qualität von Strukturen fest.

Zur Verdeutlichung soll ein anschauliches Beispiel dienen: Stellen wir uns eine Menge von Bäumen vor, welche dicht aneinander gewachsen und in unregelmäßigem Abstand zueinander stehen. Diese Bäume als Strukturelemente bilden eine Struktur, die wir „Wald" nennen. Dieselben Bäume in einer anderen Anordnung ergeben evtl. die Struktur „Allee". Man sieht: Die Strukturelemente selbst sind jeweils gleich, aber ihr Arrangement bzw. ihre Interdependenzen ergeben jeweils unterschiedliche Strukturen.

Mut zur Unkonventionalität

Wie an verschiedenen Beispielen gezeigt werden konnte, entsteht ein Selbst, eine Identität oder eine Person nicht im bloßen Vollzug von Konventionen, Vorurteilen und Vormeinungen. Auch die Vorstellung, ein Selbst bei sich erkennen und sich dazu erziehen zu wollen, braucht bereits eine gewisse Distanz zum konventionellen und alltäglichen Daseinsvollzug. Eine derartige Position und Haltung erfordert Mut und Expansionsimpulse, welche z.B. bei Montaigne und Lichtenberg als besonders herausragend charakterisiert worden sind. An diesen beiden Beispielen lässt sich zeigen, dass deren Prozess der Selbsterkenntnis wie auch der Selbsterziehung, nur möglich war vor dem

Hintergrund der mutigen Distanz, welche beide zu ihrer oftmals sehr konventionellen Umwelt einlegen konnten.

Wer für sich selbst derartige Prozesse ins Auge fassen und initiieren will, kann dies demnach nur bei einem ausreichend mutigen Lebensgefühl. Distanz zu den Meinungen, Vorschlägen und Konventionen der Vielen und der Majorität verursachen nämlich normalerweise Unsicherheit und Angst. Und nur derjenige, welcher diesen destabilisierenden Emotionen Mut und Zuversicht entgegenstellen kann, wird Selbsterkenntnis und Selbsterziehung realisieren können.

Der liebende Blick

Dieser Terminus stammt aus der Philosophie Nicolai Hartmanns:

> Persönliche Liebe entdeckt in der empirischen Persönlichkeit die ideale. Wie sie im Hinstreben und Hinleiten auf das ideale Ethos des Geliebten dieses erst verwirklicht und in den Grenzen ihrer Kraft gleichsam erst erschafft, so muß sie eben dazu jenes, sein Ethos erst erfaßt haben, und zwar erfaßt im Gegensatz zur gegebenen empirischen Person. Die Antizipation des Idealen geht, hier wie überall, der Realisation voraus. Das schöpferische Werk der Liebe erfolgt im Erkennen und wirkt in ihm nach. Alle Erfüllung und alles Hochgefühl der Erfüllung beruht schon auf der durchdringenden Erkenntniskraft des liebenden Blicks (Hartmann 1962, S. 543).

Er bedeutet keineswegs eine romantisierende Sicht der Dinge, sondern hebt darauf ab, dass Individuen ihre Welt um sich, wie auch ihre Mitmenschen mittels zweierlei Optik oder Perspektive betrachten und beurteilen können: Einmal mit dem Blick auf die Realitäten und zum anderen mit dem Blick auf Potenzialität. Einen analogen Gedanken finden wir übrigens in Robert Musils Mammutroman *Der Mann ohne Eigenschaften* (Musil 1978), in dem er die These vertritt, dass es neben dem Wirklichkeitssinn auch einen Möglichkeitssinn geben müsse:

> Eine ‚Literatur des Als Ob' berücksichtigt auch – neben dem Wirklichkeitssinn – das, was Musil später im ‚Mann ohne Eigenschaften' den ‚Möglichkeitssinn' nannte. Neben der einen realen Tat, die diesen oder jenen Menschen auszeichnet, gilt es, die hundert möglichen Wünsche,

> Optionen und Potentialitäten dieses Menschen zu beschreiben, wenn wir ihn vollumfänglich verstehen und erfassen wollen. Neben dem Imperativ der Realität prägt uns Menschen der Konjunktiv unserer Möglichkeiten, in dem viele von uns nicht selten bedeutend mehr seelische Energie und Phantasie fließen lassen als in die konkrete Gestaltung unserer ‚Wirklichkeit'. (Rattner & Danzer 1996a, S. 174)

In allen pädagogischen Situationen und vor allem in Liebesbeziehungen, braucht es Nicolai Hartmann zufolge diese doppelte Perspektive, damit Erziehung, Ausbildung oder eben auch Liebesbeziehungen verwirklicht werden können. Ganz analoge Verhältnisse finden wir übrigens in der psychotherapeutischen Situation, welche sich ohne einen liebenden Blick zuerst vom Therapeuten hin zum Analysanden, später auch vice versa kaum denken lässt.

Beim liebenden Blick erkennt der Erzieher, Lehrer, Psychotherapeut oder Liebende, wie denn sein Gegenüber realitär konstituiert und gewachsen ist, gleichzeitig imaginiert er für sein Gegenüber, wie es idealitär werden und wachsen könnte, wenn die Wachstumsbedingungen günstig für es sind. Exakt diese Perspektiven braucht es auch hinsichtlich der Selbsterkenntnis wie auch der Selbsterziehung. Wir dürfen und müssen der eigenen Person gegenüber einen liebenden Blick an den Tag legen, wenn wir unsere Wirklichkeit erfassen und unsere Möglichkeiten begreifen wollen. Wer diesbezüglich zu kritisch vorgeht, wird zu wenig an zukünftigen Potenzialitäten bei sich verstehen, und wer aber zu idealisierend sein momentanes Ich betrachtet und beurteilt, baut sich hinsichtlich der Selbsterkenntnis wie auch der Selbsterziehung „Wolkenkuckucksheime".

Distanz und Nähe zu sich selbst

Wer in Kunst, Wissenschaft oder Philosophie Zusammenhänge erkennen will, muss – einer Idee Husserls zufolge – an Kunst, Wissenschaft und Philosophie oder eben auch am gesamten Leben teilnehmen. Zu große Distanz zu den beobachteten Gegenständen lässt diese unscharf oder schlichtweg unsichtbar für den Beobachter werden. Deshalb hat Husserl gefordert, dass derjenige, der das Leben verstehen will, an ihm teilnehmen muss.

Ähnliches können wir hinsichtlich der Selbsterkenntnis postulieren. Auch hier geht es darum, jene Dimensionen der eigenen Person, welche erkannt, eingeordnet und möglicherweise sogar verändert werden sollen, genau und detailliert zu erfassen und zu beurteilen. Wir benötigen also eine ausreichende Nähe zum Beobachtungsobjekt. Bei der Selbsterkenntnis jedoch muss beachtet werden, dass wir uns als Wahrnehmende oder Urteilende immer schon „zu nahe" am untersuchten Aspekt befinden. Beobachter und Beobachtetes fallen fast immer in eins. Und daher muss bezüglich der Selbsterkenntnis (wie auch der Selbsterziehung) die Forderung formuliert werden, dass neben der Nähe zum erkannten Objekt auch eine gewisse Distanz hinzutreten muss. Der Wechsel von Nähe und Distanz macht erst die Basis einer einigermaßen aussichtsreichen Selbsterkenntnis aus.

Wie aber können wir diesem Wechsel von Nähe und Distanz gerecht werden? Gibt es überhaupt einen archimedischen Punkt außerhalb der eigenen Person, den wir anpeilen oder einnehmen können, um unsere personalen Umrisse und Inhalte zu erkennen und daraus abgeleitet Konsequenzen bezüglich einer evtl. Veränderung ziehen?

Unter anderem dieser Frage ist Edmund Husserl in seiner Phänomenologie nachgegangen. Er postulierte, dass phänomenologisch orientierte Philosophen oder auch Wissenschaftler hinsichtlich des „Objektes ihrer Begierde" auf die sog. „Epoché" zurückgreifen müssen. Darunter verstand der Begründer der Phänomenologie eine Art Reinigungs- oder Klärungsprozess, welcher die historischen, kulturellen, individuellen und existenziellen Vormeinungen und Vorurteile des Einzelnen durchsichtig machen und einklammern helfen sollte. Die phänomenologische „Epoché" Husserls ist bestrebt, „diese ganze natürliche Welt, die beständig ‚für uns da', ‚vorhanden' ist und die immerfort dableiben wird als bewußtseinsmäßige ‚Wirklichkeit' einzuklammern (Husserl 1980, S. 56).

Wenn Wissenschaftler oder Philosophen radikale „Epoché" oder auch „Reduktion" betreiben, könnten sie sich – das versprach sich Husserl davon – den Phänomenen derart zuwenden, dass sie an ihnen nicht lediglich die eigenen Vorurteile und Vormeinungen wahrnehmen, sondern ihr Wesen, den sogen. „Eidos" erkennen:

> Die Phänomenologie ist ... keine Tatsachenwissenschaft ... Daher ist die Intuition, deren sie sich bedient, nicht individuell, sondern eidetisch ... ausgehend von individuellen Bewußtseinserlebnissen, erfaßt sie in ihnen wie in einem Beispiel deren Wesen (Levinas 1973).

Ähnliches können und müssen wir hinsichtlich der Selbsterkenntnis postulieren. Auch hierfür ist ein Vorgehen vonnöten, welches der Husserlschen „Epoché" ähnelt und auf mehr oder minder radikale Reduktion von Vorurteilen, Vormeinungen und Überzeugungen hinsichtlich unserer eigenen Person angelegt ist. Wer Interesse daran hat, den „Eidos", also das Wesen der eigenen Person zu erkennen und an ihm Modifikationen vorzunehmen, wird dies nur dann mit Aussicht auf Erfolg praktizieren können, wenn die eben erwähnten „Trübungen der Optik" eliminiert oder zumindest in ihrer Wirkung abgeschätzt worden sind.

Nähe zu den Mitmenschen und zur Kultur

Die eben beschriebene Husserlsche „Epoché" kann hinsichtlich der eigenen Person wahrscheinlich nur selten und bruchstückhaft realisiert werden. Am ehesten scheint sie zu gelingen, wenn die eigenen Vorurteile, Vormeinungen und Überzeugungen hinsichtlich der eigenen Person dadurch evident werden, dass wir uns den Perspektiven unserer Mitmenschen annähern, welche uns und unsere Person quasi „von außen" betrachten können. Eine probeweise Übernahme der Urteile und Meinungen anderer über uns kann dazu beitragen, die eigene Überzeugung etwas in Frage zu stellen und sie hinsichtlich der geforderten reduktiven Prozesse durchlässiger werden zu lassen.

Bei der Auswahl derjenigen, die wir als Korrekturfaktor Mitmensch in unsere eigene Optik und in unser Urteilssystem integrieren, darf darauf geachtet werden, möglichst autonom und vernunftgemäß denkende, fühlende und handelnde Personen hierfür ins Visier zu nehmen. Wer hinsichtlich dieser Auswahl ungünstig vorgeht, muss erwarten, schlussendlich lediglich die eigenen Vorurteile, Vormeinungen und Überzeugungen hinsichtlich der eigenen Person nun aus fremdem Munde wiederholt wahrzunehmen.

Derartig autonom und vernunftgemäß denkende, fühlende und handelnde Mitmenschen zeichnen sich durch eine große und nachhaltige Nähe zur Kultur und deren Werten aus. Ihr Wahrnehmungs- und Urteilsvermögen haben sie im engen Assimilations- und Produktionsverhältnis zu kulturell relevanten Themen und Fragestellungen erworben und geschult. Daher fließt in ihre Bewertung nicht nur ihr sehr persönliches und individuelles Urteil bezüglich unserer Person mit ein, darüber hinaus werden wir indirekt von einer ganzen Kultur und ihrer Tradition mit beurteilt. Derartige Individuen begegnen uns z.B. als Erzieher, Lehrer, Ausbilder, Psychotherapeuten, künstlerisch, wissenschaftlich und philosophisch orientierte Menschen u.v.a.m. In gewisser Weise handelt es sich dabei um Vorbilder, die sich der Einzelne wählt, um an ihnen den eigenen Prozess der Selbsterkenntnis und möglicherweise auch der Selbsterziehung zu forcieren und zu ermöglichen.

Homo per se

Der Ausdruck „homo per se" bedeutet übersetzt soviel wie „Mensch für sich". Erasmus von Rotterdam etwa hat diesen Terminus bei Gelegenheit benutzt, um sich selbst und seine Position innerhalb seiner Mitmenschen, des Staates und der Kultur zu charakterisieren. Er wollte damit zum Ausdruck bringen, dass er neben seinen vielfältigen Interessen an den Zeitgenossen und ihren Schicksalen sowie neben seiner Anteilnahme an den historischen Zeitläuften und Entwicklungen sehr wohl ein Individuum war, welches alleine und bisweilen auch einsam für sich stehen, denken, urteilen und handeln konnte.

> ... nicht Drohung und nicht Beschimpfung können Erasmus bewegen, zur einen Partei zu gehen oder zur anderen; ‚nulli concedo, keinem will ich angehören!' Diesen Wahlspruch macht er bis zum letzten wahr, homo per se, Mann für sich allein, bis in die letzte Konsequenz. Gegenüber den Politikern, den Führern und Verführern zur einseitigen Leidenschaft hat der Künstler, der Geistmensch im Sinne Erasmus' die Aufgabe, der Verstehend-Vermittelnde zu sein, der Mann des Maßes und der Mitte. Er hat an keiner Front zu stehen, sondern einzig und allein gegen den gemeinsamen Feind allen freien Denkens: gegen jeden Fanatismus; nicht abseits von den Parteien, denn mitzufühlen mit allem Menschlichen ist der Künstler berufen, sondern über ihnen ... (Zweig 1981, S. 18).

Bezüglich der Selbsterkenntnis und Selbsterziehung sind nicht nur die eben beschriebenen Fähigkeiten zur Nähe, zu Mitmenschen und Kultur von essentieller Wichtigkeit, darüber hinaus muss der Einzelne auch die Fähigkeit der Selbstständigkeit, der Autonomie, der Unabhängigkeit und des eventuellen Einsamkeitserlebens aufweisen, wenn er sich denn mit den je einzelnen und ganz individuellen Aspekten der eigenen Person konfrontieren und dies in sein Gesamtbild über sich integrieren will.

Immer wieder nämlich bedeutet Selbsterkenntnis ein Losreißen von den Bildern, Metaphern und Meinungen, welche sich die anderen von uns gemacht haben und welche dazu dienen, uns in einen stabilen Funktionszusammenhang mit unserer Umwelt einzupassen. Diese Bilder oder Meinungen haben fixierenden Effekt. Sie sichern unsere Umwelt wie auch uns selbst, bedeuten gleichzeitig aber auch evtl. Unfreiheit und Wachstumsverzögerung. Immer wieder aber werden wir in unserem Leben mit überraschenden Aspekten unserer Existenz konfrontiert, welche in den bisherigen Schilderungen und Geschichten über uns noch nicht enthalten sind. Derartige Aspekte treten besonders in krisenhaften und teilweise sogar erschütternden Situationen zutage, die von uns meist nicht gewollt und gesucht, sondern vielmehr erlitten und erlebt werden.

Jene Dimensionen unseres Selbst, die sich in derartigen Situationen zumindest partiell zu erkennen geben, zu benennen, ernst zu nehmen und in das bisherige Bild unserer Person einzufügen, erfordert häufig einsame und von unserer Umwelt kaum gut geheißene Entscheidungen und Handlungen. Nur derjenige wird dazu in der Lage sein, der in Zeiten existenzieller Not und Erschütterungen die Kraft eines Homo per se in sich spürt und aufgrund dieser Qualität sich neu und überraschend definiert. Hinsichtlich dieser Leistungen ist keiner von uns durch andere zu vertreten. Diese Aspekte des Homo per se hat Josef Rattner in den letzten Jahren als zentrale Strukturelemente der Vita des „vornehmen Menschen“ ganz allgemein gefasst:

> Das ausgeprägte Bewußtsein, ein Einzelner zu sein, hindert den Vornehmen daran, sich irgendwelchen Massenbewegungen anzuschließen und mit herrschenden Institutionen (Staat, Kirche, Parteien usw.) zu paktieren. Er hat ein Lebensanliegen, das überhaupt nicht durch Macht in irgendeiner Form durchgesetzt werden kann; ihm liegt an der Förderung der Kultur, und diese ist seit jeher die Aufgabe unabhängiger Persönlichkeiten und kleiner (meist machtloser) Gruppen gewesen. Es braucht bedeutenden Mut, um sich als Einzelner zu fühlen und nirgendwo in Kollektiven Unterschlupf zu suchen ... Die Kollektivexistenz ist nämlich nicht normal, sie ist die verbreitetste Neurose, die wir kennen (Rattner 1998, S. 5f.).

Die Kultur ist der Weg der Seele zu sich selbst

Dieser Satz stammt von dem Philosophen und Soziologen Georg Simmel (1858-1918), der sich z.B. in seinem Buch *Der Konflikt der modernen Kultur* (1918) (Simmel 1968) sehr ausführlich und eingehend mit den Segnungen wie auch den „Untiefen“ der Kultur auseinandergesetzt hat. Simmel war einerseits überzeugt davon, dass ein einfaches „Zurück zur Natur“, wie es tendenziell bei Jean-Jaques Rousseau zu finden ist, nicht trägt. Andererseits war z.B. das damalige Erlebnis des Ersten Weltkriegs Grund genug für Simmel, der Kultur und ihren angeblichen Segnungen gegenüber außerordentlich kritisch und skeptisch zu sein.

Bei aller Kulturkritik jedoch vertrat Simmel immer den Standpunkt, dass der Einzelne nur dann seelisch-geistiges Format für sich erobern könne, wenn er sich intensiv auf die Geistes- und Kulturgeschichte einlasse und dadurch einen kulturellen Sozialisationsprozess über sich ergehen lasse. Der Philosoph selbst stellte hinsichtlich seiner eigenen Biografie ein für diese Idee überzeugendes Beispiel dar.

Hinsichtlich der Selbsterkenntnis und Selbsterziehung soll dieser Simmelsche Gedanke etwas modifiziert werden. Wir gehen davon aus, dass eine umfassende Erkenntnis der eigenen Person und natürlich auch eine Entwicklung dieser Person auf einem hoch differenzierten psychischen und geistigen Niveau nur dann gelingen kann, wenn sich das Individuum nachhaltig mit der es umgebenden und prägenden Kultur auseinandersetzt. Meist erfassen wir lediglich oberflächliche biografische Ereignisse oder charakterliche Merkmale unserer Person, wenn wir auf einen kulturanalytischen Zugang zur Welt (und damit auch zu uns selbst) verzichten.

Die Assimilation wie auch die kritische Bezugnahme zur Kultur, kann dabei grob vereinfacht nach einem Schema erfolgen, welches bereits Nietzsche ins Spiel gebracht hat (Nietzsche 1988, KSA 4, S. 29ff.). Er ging davon aus, dass kulturinteressierte Individuen etwa die erste Hälfte ihres Lebens vorrangig Assimilationsarbeit zu leisten hätten. Diese Tätigkeit verglich Nietzsche mit der Rolle eines Kamels, auf welches permanent Lasten gelegt würden, ohne dass sich das Tier dagegen groß zur Wehr setzen könne. Ein gewisser „Masochismus“ bzw. eine erkennbare Form von Fähigkeit zum Dulden, Leiden und Erleiden von Kultur (wie auch Unkultur) scheint dabei dringend vonnöten.

In einem zweiten Schritt resp. in einer zweiten Entwicklungsphase beschreibt Nietzsche eine Art Kulturkritik. Der Einzelne dürfe und müsse, wie ein Löwe das bisher Assimilierte zerreißen und in seine Bestandteile zerlegen, wenn er sich denn von Kultur, wie vor allem auch von Unkultur emanzipieren wolle. Wer diese zweite Phase nicht in Angriff nehme, bleibe zeitlebens Kamel: ein braver und williger Schüler, welcher aber das Zeug zum Meister nicht in sich trage.

Kulturkritik ist laut Nietzsche eine erschütternde und tiefernste Angelegenheit, welche sich nicht nur auf intellektueller Ebene abspiele, sondern die gesamte Person und das Dasein in Mitleidenschaft ziehe. Spätestens jetzt bemerke der Einzelne, dass sein Verhältnis zur Kultur (und damit natürlich auch zu den Mitmenschen, zur Sozietät, zur Geschichte und zu den epochalen Verhältnissen ganz allgemein) oft genug von Konflikten, Begierden, Ängsten oder auch entschiedener Distanznahme geprägt ist. Ohne mutige und entschlossene Schritte der Vereinzelung (und damit der Selbsterziehung) ist ein kulturanalytisches und kulturkritisches Verhältnis zur Welt kaum zu etablieren.

Nach Nietzsche werden jene Menschen, welche diese beiden Phasen mehr oder minder erfolgreich absolviert haben, mit dem Stadium des „Kindseins“ belohnt. Darunter verstand der Philosoph kein infantiles Gehabe oder keine Regression i.S. der Psychoanalyse. Vielmehr hob er auf die Kreatürlichkeit, ungehemmte Intentionalität und die phantasievolle Originalität von Kindern ab, die ihr Leben als Spiel begreifen und die Elemente ihres Daseins immer wieder neu und überraschend formieren und ordnen.

Dieser spielende Mensch, der Homo ludens (Huizinga) bedeutet uns ein Ideal und eine Zielvorgabe der Selbsterkenntnis und der Selbsterziehung. Nicht „Blut Schweiß und Tränen“, sondern Antriebsfreundlichkeit, Lust am Wachsen und Werden heißen die Koordinaten, in welchen sich Selbsterkenntnis und Selbsterziehung abspielen dürfen und sollen, wenn denn ein Selbst, ein Ich oder eine Person und nicht ein Dressat als Resultat erwartet werden.

Über das Behagen in der Kultur

1930 publizierte Sigmund Freud eine bedeutende und bekannte Schrift mit dem Titel *Das Unbehagen in der Kultur* (Freud 1930a). Darin hat der Begründer der Psychoanalyse erörtert, wie sehr der Prozess der Zivilisation in den letzten Jahrtausenden für die meisten Menschen Triebverzicht und Triebversagung bedeutet hätte. Angesichts dieser massiven Frustrationen sei es verständlich, dass das Gros der Menschen zu Strategien Zuflucht sucht, welche ihnen unverzügliche Entlastung und Befriedigung verschaffen (Alkohol, Drogen, Religionen u.v.a.m.).

Der nüchterne Mensch fühle sich aufgrund der massiven Verzichtleistungen, die ihm die Kultur auferlegt, mehr oder minder stark „unbehaglich“. Nur selten gelinge es einigen Wenigen, im sog. „Sublimierungsakt“ sowohl der Triebsphäre als auch der Kultur gerecht zu werden und für sich selbst eine, wenn auch meist geringere Form der Befriedigung zu erleben.

Diese kulturkritischen und kulturpessimistischen Ansichten Freuds sollen hier nur teilweise übernommen werden. Insbesondere hinsichtlich der sog. „Unkultur“ oder auch der Abwesenheit von Kultur sind die Ausführungen Freuds zutreffend und überlegenswert. Daneben aber existieren Kulturinhalte, denen man durchaus die Attribute der Triebfreundlichkeit und der Rücksichtnahme auf das Individuums attestieren kann und darf: z.B. Kunst, Eros, Humanität, Vernunft, Friedfertigkeit, Toleranz u.v.a.m.

Im engen Kontakt mit derartigen Kulturinhalten oder Kulturgütern erleben sich Menschen mit einigermaßen emotionaler, sozialer und intellektueller Bildung durchaus „behaglich“. Auf exakt diese Kulturaspekte wird abgehoben, wenn postuliert wird, dass Selbsterkenntnis und Selbsterziehung nur im engen Austausch mit der Welt der Kultur vorstellbar und erfolgreich realisierbar sind. Es gehört mit zur Lebensklugheit eines Individuums, sich – wenn möglich – in jenen Kultursphären heimisch einzurichten, welche Behaglichkeit im eben erörterten Sinne darbieten. Wer sich selbst erkennen und seinem Wesen gemäß erziehen möchte, tut gut daran, großes Augenmerk auf die Auswahl der Kultureinflüsse zu verwenden, welche ihn prägen und definieren. Auch hinsichtlich der Selbsterkenntnis und Selbsterziehung nämlich gilt das Diktum Hegels: „Der Mensch ist, was er in seiner Welt ist.“

Literatur

Adler, A. (1931). What Life Should Mean to You, Alan Potter (Hg.). Boston: Little & Brown.

Adler, A. (1947). How I chose my career. Selbstauskunft Alfred Adlers.

Adler, A. (1966). Menschenkenntnis. Brachfeld, Oliver (Hg.). (1927). Frankfurt/Main: Fischer.

Adler, A. (1973). Individualpsychologie in der Schule. (1929). Frankfurt/Main: Fischer.

Adler, A. (1976). Kindererziehung. (1930a). Frankfurt/Main: Fischer.

Adler, A. (1977b). Studie über Minderwertigkeit von Organen. (1907a). (4. Aufl.). Frankfurt/Main: Fischer.

Adler, A. (1973c). Heilen und Bilden. Ein Buch der Erziehungskunst für Ärzte und Pädagogen. (1914a). Metzger, W. (Hg.). Frankfurt/Main: Fischer.

Adler, A. (1981). Der Sinn des Lebens. Metzger, W. (Hg.). (1933a). Frankfurt/Main: Fischer.

Adler, A. (2007b). Menschenkenntnis (1927a). (1972) Reprint. Frankfurt/Main: Fischer.

Adler, A. (2008a). Über den nervösen Charakter. Grundzüge einer vergleichenden Individualpsychologie und Psychotherapie. (1912a). Wiesbaden: Bergmann.

Antonovsky, A. & Franke, A. (1997). Salutogenese – Zur Entmystifizierung der Gesundheit. (1987). Tübingen: DGVT-Verlag.

Apel, K.O. (1966). Wittgenstein und das Problem des hermeneutischen Verstehens. In Danzer (1995). Psychosomatische Medizin. Frankfurt/Main: Fischer.

Bakewell, S. (2013). Wie soll ich leben? oder Das Leben Montaignes in einer Frage und zwanzig Antworten. (2010). (4. Aufl.). München: C.H. Beck.

Beauvoir, S. de (1960). Memoiren einer Tochter aus gutem Hause. Reinbek/Hamburg: Rowohlt.

Beauvoir, S. de (1968). Das andere Geschlecht – Sitte und Sexus der Frau. (1951). Reinbek/Hamburg: Rowohlt.

Beauvoir, S. de. (1986). Die Zeremonie des Abschieds (1981). Reinbek/Hamburg: Rowohlt.

Bergson, H. (1949). Zeit und Freiheit. Meisenheim am Glan: Westkulturverlag.

Berlinische Monatsschrift (1784). Dezember-Heft. Berlin: 1784.

Bezzel, Ch. (2000). Wittgenstein zur Einführung. (1988). (4. Aufl.). Hamburg: Junius Verlag.

Böhm, W. (1994). Wörterbuch der Pädagogik (14. Aufl.). (1988). Stuttgart: Kröner.

Bowlby, J. (1975). Bindung. Eine Analyse der Mutter-Kind-Beziehung (1969). München: Kindler.

Buber, M. (1984). Das dialogische Prinzip. (1954). Darmstadt: WBG.

Bühler, K. (1978). Sprachtheorie. Die Darstellungsfunktion der Sprache. (1934). (1. Aufl.) Frankfurt-Berlin-Wien: Ullstein.

Burckhardt, J. (1978). Weltgeschichtliche Betrachtungen. Hg. von R. Marx. Stuttgart: Alfred Kröner.

Burckhardt, J. (1985). Die Kultur der Renaissance in Italien. Ein Versuch. Neudruck der Urausgabe. Hoffmann, K. (Hg.). Stuttgart: Alfred Kröner.

Cassirer, E. (1996). Versuch über den Menschen. Einführung in eine Philosophie der Kultur. (1944). Hamburg: Felix Meiner Verlag.

Cassirer, E. (2001). Philosophie der symbolischen Formen, Bd. I (1923). Recki, B. (Hg.). Ernst Cassirer. Werke (Hamburger Ausgabe, ECW). Hamburg: Meiner Verlag.

Cellini, B. (2000). Mein Leben. Die Autobiografie eines Künstlers aus der Renaissance. Vita ed. Tassi. Florenz (1829). Zürich: Manesse Verlag.

Cohen-Solal, A. (1989). Sartre 1905-1980. (1985). Reinbek/Hamburg: Rowohlt.

Danzer, G. (1992). Der wilde Analytiker. Georg Groddeck und die Entdeckung der Psychosomatik. München: Kösel Verlag.

Danzer, G. (1995). Psychosomatische Medizin. Konzepte und Modelle. Frankfurt/Main: Fischer.

Danzer, G. (1997). (Hg.). Frauen in der patriarchalischen Kultur. Würzburg: Königshausen & Neumann.

Danzer, G. (1998). Höflichkeit, Wohlwollen, Takt – Zur Hierarchie der guten Sitten. In Irmgard Fuchs (Hg.). Würzburg: Königshausen & Neumann.

Danzer, G. & Rattner, J. (1999). Der Mensch zwischen Gesundheit und Krankheit. Tiefenpsychologische Theorien menschlicher Funktionen. Darmstadt: WBG.

Danzer, G. (2003). Merleau-Ponty. Ein Philosoph auf der Suche nach Sinn. Berlin: Kulturverlag Kadmos.

Diels, H. (1999). Die Fragmente der Vorsokratiker. Diels, H. & Krantz, W. (Hg.). (5. Aufl.). (1934). In Friedell, E. Kulturgeschichte Griechenlands. Frankfurt/Main: Europa Verlag.

Dilthey, W. (1990). Ideen über eine beschreibende und zergliedernde Psychologie. Gesammelte Schriften V. Band (1894). Stuttgart: Georg Thieme Verlag.

Eicke, D. (1982). (Hg.). Kindlers Lexikon der Psychologie. Bd. 4. Weinheim und Basel: Beltz.

Ellenberger, H.F. (1985). Die Entdeckung des Unbewussten. Geschichte und Entwicklung der dynamischen Psychiatrie von den Anfängen bis zu Janet, Freud, Adler und Jung. Zürich: Diogenes.

Erikson, E.H. (1999). Kindheit und Gesellschaft. (1950). (13. Aufl.). Stuttgart: Kletta.

Feuchtersleben, E. (1980). Zur Diätetik der Seele. (1848). Stuttgart: Urachhaus.

Flashar, H. (1994). (Hg.). Die Philosophie der Antike. Ältere Akademie - Aristoteles, Peripatos, Nikomachische Ethik. Bd. 3. 1177b, Basel: Ueberweg.

Feuerbach, L. (1966). Kleine Schriften (1841). Frankfurt/Main: Suhrkamp.

Freud, S. (1900a). Die Traumdeutung. Über den Traum. (1976). (8. Aufl..).GW II/III. Frankfurt/Main: Fischer.

Freud, S. (1901b). Zur Psychopathologie des Alltagslebens. (1973). (6. Aufl.). GW IV. Frankfurt/Main: Fischer.

Freud, S. (1905d). Drei Abhandlungen zur Sexualtheorie (1986). (6. Aufl.). GW V, S. 27, 23-145.

Freud, S. (1912e). Ratschläge für den Arzt bei der psychoanalytischen Behandlung. (1978). GW VIII. (7. Aufl.). S. 376-387. Frankfurt/Main: Fischer.

Freud, S. (1914d). Zur Geschichte der psychoanalytischen Bewegung. (1981). (7. Aufl.). GW X, S. 43-113. Frankfurt/Main: Fischer.

Freud, S. (1930a). Das Unbehagen in der Kultur (1976). (7. Aufl.). GW XIV, S. 438. Frankfurt/Main: Fischer.

Freud, S. (1930a). Das Unbehagen in der Kultur (1976) (7. Aufl.). GW XIV, S. 419-505. Frankfurt/Main: Fischer.

Freud, S. (1937c). Die endliche und die unendliche Analyse. (1978). (5. Aufl.). GW XVI, S. 57-100. Frankfurt/Main: Fischer.

Friedrich, H. (1993). Montaigne. (1949). (3. Aufl.). Tübingen und Basel: Francke Verlag.

Frisch, M. (1979). Tagebücher 1966-1971. (1972). Frankfurt/Main: Suhrkamp.

Frisch, M. (1985). Tagebücher 1946-1949. (1950). Frankfurt/ Main: Suhrkamp.

Fuchs, I. (1991). Über das Wesen und die Dynamik des Gefühls. (Diss.). Berlin: Verlag für Tiefenpsychologie.

Fuchs, I. (1998). Eros und Gefühl. Über den emotionalen Wesenskern des Menschen. Würzburg: Königshausen & Neumann.

Glock, H.J. (2000). Wittgenstein-Lexikon (1996). Darmstadt: WBG.

Goethe, J.W. (1989). Hamburger Ausgabe in 14 Bänden. Bd. 9. (1981). Trunz, E. (Hg.). (14. Aufl.). München: C.H. Beck.

Gravenkamp, H. (1989). Geschichte eines elenden Körpers. Lichtenberg als Patient. Brüdermann, St. & Joost, U. (Hg.) (2. Aufl.). Bd. II. Göttingen: Wallstein Verlag.

Greulich, G. (2017). Fühlen und Denken – Wege zur Person. Philosophische und anthropologische Aspekte in der Psychotherapie. Berlin: vta.

Handlbauer, B. (1990). Die Adler-Freud-Kontroverse, Frankfurt/Main: Fischer.

Hartmann, N. (1962). Das Problem des geistigen Seins (1933). Berlin: de Gruyter Verlag.

Hegel, G.W.F. (1958). Anmerkung zu § 81 der Encyclopädie (1870). In Kojève, A. (1975). Hegel – eine Vergegenwärtigung seines Denkens. Frankfurt/ Main: Suhrkamp.

Hegel, G.W.F. (1986). Grundlinien der Philosophie des Rechts. GW 7. (1820/1821). §340f. Frankfurt/Main: Suhrkamp.

Hegel, G.W.F. (1986). Phänomenologie des Geistes. Werke in 20 Bänden, Bd. 3. Frankfurt/Main: Suhrkamp.

Heidegger, M. (1986). Sein und Zeit (1927). Tübingen: Niemeyer Verlag.

Hofmannsthal, Hugo (2000). Brief des Lord Chandos. Poetologische Schriften. Reden und erfundene Gespräche. (1902). Frankfurt/Main: Fischer.

Holmsten, G. (1972). Jean-Jacques Rousseau. Reinbek/Hamburg: Rowohlt.

Horney, K. (1991). Der neurotische Mensch unserer Zeit. (1937). (4. Aufl.). München: Kindler.

Horney, K. (1992). Zur Frage des weiblichen Masochismus. In: Die Psychologie der Frau (1967). Frankfurt/Main: Fischer.

Horney, K. (1992). Selbstanalyse. (1942). Frankfurt/Main: Fischer.

Horney, K. (2000). Neurose und menschliches Wachstum (1950). München: Kindler.

Hufeland, Ch.W. (1988). Makrobiotik oder die Kunst, das menschliche Leben zu verlängern. (1797). Frankfurt/Main: Insel.

Husserl, E. (1968). Phänomenologische Psychologie (1925). Den Haag: Deutsche Verlagsanstalt.

Huizinga, J. (1987). Homo ludens. Vom Ursprung der Kultur im Spiel. (1938). Reinbek/Hamburg: Rowohlt.

Jacobi, J. (1971). Der Weg zur Individuation. Rascher (Hg.) (1965). Olten und Freiburg: Walter Verlag.

Jaffé, A. (1984). Erinnerungen, Träume, Gedanken von C.G. Jung. (1962). Olten und Freiburg im Breisgau: Walter-Verlag.

Jung, C, G. (1933) (Hg). Zentralblatt für Psychotherapie und ihre Grenzgebiete einschließlich der medizinischen Psychologie und psychischen Hygiene. Januarheft. 7 (1-2), 62.

Jung, C.G. (1950). Psychologische Typen. GW VI, (1921). (8. Aufl.), S. 552. Solothurn und Düsseldorf: Walter.

Jung, C.G. (1976). Über die Energetik der Seele. GW VIII (1928), S. 191. Olten: Walter.

Jung, C.G. (1979). Diagnostische Assoziationsstudien. GW II, (1904 ff.). Olten: Walter.

Jung, C.G. (1982). Die Dynamik des Unbewussten. (1948). (4. Aufl.). GW VIII, S. 448. Olten: Walter.

Jung, C. G. (1983). (5. Aufl.). Die Archetypen und das kollektive Unbewusste. (1919) GW IX/2, (1976). Düsseldorf: Patmos-Walter-Verlag.

Jung, C.G. (1985). Über die Entwicklung der Persönlichkeit. (1925). GW XVII, S. 224. Olten: Walter.

Jung, C.G. (1990). Typologie. Olten: Walter.

Jung, C.G. (1995). Zwei Schriften über Analytische Psychologie. GW VII. (1964). Olten und Freiburg i.Br., S. 171.

Jung, C.G. (1995). Praxis der Psychotherapie. (1958). GW XVI. S. 3. Düsseldorf: Patmos.

Jung, C.G. (1995). Psychologische Typen. (1921). GW VI. S. 479. Olten: Walter.

Kant, I. (1998). Werke in sechs Bänden. (1960). Wiesbaden: Insel Verlag. Sonderausgabe nach der Ausgabe 1983. Darmstadt: WBG.

Key, E. (2000). Das Jahrhundert des Kindes (1902). Weinheim: Beltz Verlag.

Kindlers Neues Literaturlexikon (1998). Jens, W. (Hg.). (1988-1992). Bd. 3. München: Kindler.

Kluge, F. (1989). (22. Aufl.). Etymologisches Wörterbuch der deutschen Sprache. Berlin/New York: De Gruyter.

Kozlik-Voigt, B. (2015). Karen Horney – Auf der Suche nach dem verlorenen Selbst. Bad Rappenau: vta.

Kronberg, H. & Neiß, R. (1983). Die fortgesetzte Selbstanalyse des Psychotherapeuten. (Diss.) FU Berlin.

Lacouture, Jean (1998). Michel de Montaigne. Ein Leben zwischen Politik und Philosophie. Frankfurt/Main: Campus Verlag.

Levinas, E. (1973). Über die Ideen Edmund Husserls. (1929). In Noack, H. Husserl. Darmstadt: WBG.

Levy, A. (2002). Erich Fromm. Humanist zwischen Tradition und Utopie. Würzburg: Königshausen & Neumann.

Lichtenberg, G.Ch. (1994). Schriften und Briefe. 4 Bde. (1968). Promies, W. (Hg.). (3. Aufl.). Frankfurt/Main: Zweitausendeins.

Löwith, K. (1960). Zur Kritik der geschichtlichen Existenz. In GW VI. Stuttgart: Kohlhammer.

Löwith, K. (2013). Das Individuum in der Rolle des Mitmenschen. Ein Beitrag zur anthropologischen Grundlegung der ethischen Probleme.(1928). Tidona, G. (Hg.). (2013). (2. Aufl.). Freiburg – München: Karl Alber-Verlag.

Mader, W. (1980). Max Scheler. In Selbstzeugnissen und Bilddokumenten. Reinbek/Hamburg: Rowohlt.

Mahler, M.S., Pine, F., Bergmann, A. (1980). Die psychische Geburt des Menschen. (1978) Frankfurt/Main: Fischer.

Mann, T. (1979). Tagebücher 1918-1955. 10 Bde. Frankfurt/Main: Fischer.

Mann, T. (1989). Buddenbrooks. Verfall einer Familie (1901). Frankfurt/Main: Fischer.

Marx, K. (1998). Kritik der politischen Ökonomie In Negt, O. (Hg.). (1859): München: Akademie Verlag.

Mendelssohn, P. & Jens, I. (Hg.) (1995). Thomas Mann. Tagebücher 1918-1955. 10 Bde. (1979-1995). Frankfurt/Main: Fischer.

Montaigne, Michel de (1988). Tagebuch einer Reise durch Italien, die Schweiz und Deutschland in den Jahren 1580 und 1581 (1. Aufl.). Frankfurt/Main und Leipzig: Insel Verlag.

Montaigne, Michel de (1998). Essais. Erste moderne Gesamtübersetzung von Hans Stillett. Enzensberger, H.M. (Hg.) Frankfurt/Main: Eichborn Verlag.

Musil, R. (1978). Der Mann ohne Eigenschaften (1930). Reinbek/Hamburg: Rowohlt.

Nietzsche, F. (1988). Die Geburt der Tragödie. Unzeitgemäße Betrachtungen I-IV. (1872ff.). Nachgelassene Schriften 1870-1873. Colli & Montinari (Hg.). KSA 1. München-Berlin: dtv/de Gruyter.

Nietzsche, F. (1988). Also sprach Zarathustra I-IV, II (1883). KSA 4. München-Berlin: dtv/de Gruyter.

Nietzsche, F. (1988). Also sprach Zarathustra I-IV (1883). Die Reden Zarathustras. Von den drei Verwandlungen, S. 29-31. KSA 4. München-Berlin: dtv/de Gruyter.

Nietzsche, F. (1988). Die fröhliche Wissenschaft. 4. Buch (1883). KSA 3. München-Berlin: dtv/de Gruyter.

Nietzsche, F. (1988). Menschliches Allzumenschliches. (1886). KSA 2. I, Nr. 49). München-Berlin: dtv/de Gruyter.

Nietzsche, F. (1988). Der Antichrist. Ecce homo. (1888). KSA 6, S. 255-374. München-Berlin: dtv/de Gruyter.

Pascal, R. (1977). Der Sturm und Drang. (1957). (2. Aufl.). Stuttgart: Kröner Verlag.

Paris, B.J. (1994). Karen Horney, Leben und Werk. In Die Psychologie der Frau. In Paris: Die Furcht der Frau, aktiv zu werden. Freiburg i.Br.: Psychosozial-Verlag.

Plessner, H. (1975). Die Stufen des Organischen und der Mensch. Einleitung in die philosophische Anthropologie. (1928). Berlin-New York: de Gruyter.

Promies, W. (Hg.). (1994). Georg Christoph Lichtenberg. Schriften und Briefe in sechs Bänden. Frankfurt/Main: Zweitausendeins.

Rattner, J. (1977). Heilung durch das Gespräch. Berlin: Verlag für Tiefenpsychologie.

Rattner, J. (1981). Große Pädagogen im Lichte der Tiefenpsychologie, Wien, München, Zürich: Europaverlag.

Rattner, J. (1986). (Hg.). Alfred Adler zu Ehren. Jahrbuch für Verstehende Tiefenpsychologie und Kulturanalyse, Bd. 6/7, 1986/1987. Berlin: Verlag für Tiefenpsychologie.

Rattner, J. (1988). Tugend und Laster – Tiefenpsychologie als angewandte Ethik. München: Fischer.

Rattner, J. (1981). miteinander leben lernen 3, 54. Berlin: Verlag für Tiefenpsychologie.

Rattner, J. (1995). Klassiker der Psychoanalyse. (2. Aufl.). Weinheim: Beltz Verlag.

Rattner, J. (1996). Ein Therapeut gibt Antwort. Berlin: Verlag für Tiefenpsychologie.

Rattner, J. & Danzer, G. (1996a). Österreichische Literatur und Psychoanalyse. Würzburg: Königshausen & Neumann.

Rattner, J. & Danzer, G. (1998). 100 Meisterwerke der Tiefenpsychologie. Darmstadt: Primus-Verlag.

Rattner, J. (1998). miteinander leben lernen 2, 5f. Berlin: Verlag für Tiefenpsychologie.

Rattner, J. (1999). miteinander leben lernen. 5, 2-7. Berlin: Verlag für Tiefenpsychologie.

Rattner, J. (2000). miteinander leben lernen. 6, S. 45. Berlin: Verlag für Tiefenpsychologie.

Rattner, J. & Danzer, G. (2000). Grundbegriffe der Tiefenpsychologie und Psychotherapie. Darmstadt: WBG.

Rattner, J. (2001). miteinander leben lernen. 1, 19. Berlin: Verlag für Tiefenpsychologie.

Rousseau, J.-J. (1985). Bekenntnisse. Frankfurt/Main: Insel.

Rubins, L. (1980). Karen Horney. Sanfte Rebellin der Psychoanalyse. Eine Biographie von J. L. Rubins. (1978). München: Kindler.

Sartre, J.P. (1963). Der Ekel. Reinbek/Hamburg: Rowohlt.

Sartre, J.P. (1964). Entwurf einer Theorie der Emotionen. In Die Transzendenz des Egos. Drei Essays (1939). Reinbek/Hamburg: Rowohlt.

Sartre, J.P. (1967). Kritik der dialektischen Vernunft (1960). Reinbek/Hamburg: Rowohlt.

Sartre, J.P. (1968). Die Wörter. (1964). Reinbek/Hamburg: Rowohlt.

Sartre, J.P. (1973). Bewusstsein und Selbsterkenntnis. (1948). Reinbek/Hamburg: Rowohlt.

Sartre, J.P. (1974). Das Sein und das Nichts (1943). Reinbek/Hamburg. Rowohlt.

Sartre, J.P. (1977). Sartre. Ein Film. Reinbek/Hamburg: Rowohlt.

Sartre, J.P. (1977a). Sartre über Sartre. Selbstporträt mit siebzig Jahren. Interview mit Michel Contat (1975). Reinbek/Hamburg: Rowohlt.

Sartre, J.P. (1979). Was kann Literatur? – Interviews, Reden, Texte 1960-1976. König, T. (Hg.). Reinbek/Hamburg: Rowohlt.

Sartre, J.P. (1984). Tagebücher 1939-1940. Reinbek/Hamburg: Rowohlt.

Sartre, J.P. (1988). Wir sind alle Mörder. Reinbek/Hamburg: Rowohlt.

Sartre, J.P. (1997). Die Transzendenz des Ego. Skizze einer Theorie der Emotionen (1939). Reinbek/Hamburg: Rowohlt.

Schaefer-Rümelin, M. (Hg.) (1954). André Gide: Tagebuch 1889-1939. 3 Bde. Stuttgart: dva.

Scheler, M. (1980). Der Formalismus in der Ethik und die materiale Wertethik (1916). (6. Aufl.). Bern und München: Francke.

Scheler, M. (1985). Wesen und Formen der Sympathie (1912). (6. Aufl.). Bonn: Bouvier.

Schiller, F. (1989). Über Anmut und Würde. (1793). Sämtliche Werke Bd. IV (1959). (8. Aufl.). München: Carl Hanser.

Schiller, F. (1989). Über die ästhetische Erziehung des Menschen (1795). Sämtliche Werke Bd. IV (1959). (8. Aufl.). München: Carl Hanser.

Schmidt, R. (1982). Finalität – Verantwortetes Sein. In Kindlers Psychologie des 20. Jahrhunderts. 4. Bd. Weinheim und Basel: Beltz.

Schopenhauer, A. (1986). Sämtliche Werke in fünf Bänden. Vom Unterschiede der Lebensalter. In Parerga und Paralipomena. Bd. IV. Frankfurt/Main: Suhrkamp.

Schopenhauer, A. (1986). Sämtliche Werke in fünf Bänden. Die Welt als Wille und Vorstellung 2, Band II (1814-1818). Frankfurt/Main: Suhrkamp.

Schwarz, G. (1989). Die Sinnkrise in der Lebensmitte als Integrations- und Wertverlust – Eine kritische Auseinandersetzung mit C.G. Jungs Individuationstheorie. (Diss.). Berlin: Verlag für Tiefenpsychologie.

Simmel, G. (1968). Der Konflikt der modernen Kultur (1918). In: Das individuelle Gesetz. Philosophische Exkurse. Landmann, M. (Hg,) Frankfurt/Main: Suhrkamp.

Spitz, R. (1973). Die Entstehung der ersten Objektbeziehungen (1954). Stuttgart: Klett.

Starobinski J. (1993). Rousseau. Eine Welt von Widerständen. (1971). Frankfurt/Main: Fischer.

Ulich, E. (1996). Allgemeine Arbeitspsychologie, Psychische Regulation von Arbeitstätigkeiten. In Schriften zur Arbeitspsychologie Nr. 58 Hacker, W. (Hg.). Bern: Hans Huber Verlag.

Vorländer, K. (2003). Immanuel Kant. Der Mann und das Werk (3. Aufl.). Wiesbaden: Fourier Verlag.

Watzlawick, P. et al. (1990). Menschliche Kommunikation – Formen, Störungen, Paradoxien. (1969). Bern – Stuttgart – Toronto: Huber Verlag.

Weber, M. (1992). Asketischer Protestantismus und kapitalistischer Geist. In: Soziologie. Universalgeschichtliche Analysen. Politik. (1905). (6. Aufl.). Stuttgart: Kröner Verlag.

Wittgenstein, L. (1989). Tractatus logico-philosophicus (1921). Teil 1. Frankfurt/Main: Suhrkamp.

Wittgenstein, L. (1989). Philosophische Untersuchungen (1953). Teil 1 und 2. Frankfurt/Main: Suhrkamp.

Ziegler, Alfred J. (1987). Bilder einer Schattenmedizin. Zürich: Schweizer-Spiegel-Verlag.

Zweig, St. (1981). Triumph und Tragik des Erasmus von Rotterdam (1918). Frankfurt/Main: Fischer.

Personenregister

Danksagung

Das vorliegende Buch ist auf der Grundlage meiner Dissertation an der Alpen-Adria-Universität in Klagenfurt (Österreich) entstanden. Für die freundliche Annahme der Arbeit danke ich Frau Prof. Dr. Jutta Menschik-Bendele und Herrn Prof. Dr. med. et phil. Gerhard Danzer (Berlin), der die Dissertation geduldig und sehr engagiert begleitet hat und mich zu diesem Buchprojekt ermutigte. Ein weiterer und besonderer Dank gilt meinem Ehemann Dr. Klaus-Peter Schönherr, der mich in meiner Entwicklung unterstützte, mir stets Rückhalt und ein liebevolles Gegenüber war.

Die wesentlichsten Impulse meiner Entwicklung verdanke ich dem Gründer der Akademie für Verstehende Tiefenpsychologie und Kulturanalyse in Berlin, Herrn Prof. Dr. mult. Dr. h.c. Josef Rattner, wie mich auch die Mitarbeit im Arbeitskreis und Institut für Tiefenpsychologie ganz grundlegend prägte und zur individuellen Selbstgestaltung ermutigte.

Phyllis Bottome

Alfred Adler – aus der Nähe porträtiert
304 Seiten, gebunden, 2., verbesserte Auflage
Juli 2017
ISBN: 978-3-00-040056-8
30,00 €

Über den Inhalt

Alfred Adler, Arzt und Psychologe, zählt neben Sigmund Freud und Carl Gustav Jung zu den Pionieren der Tiefenpsychologie. Adlers wichtigste Anliegen in der von ihm begründeten Schule der "Individualpsychologie" war die Ausarbeitung einer Menschen- und Lebenskenntnis, die allgemeinverständlich ist und zu einer verantwortungsvollen Lebensführung anleitet.

Die bekannte englische Schriftstellerin Phyllis Bottome (1882-1963), Adlers erste Biografin und mit ihm eng befreundet, hat seinen Lebensweg einfühlsam nachgezeichnet. Ihr temperamentvoller Lebensbericht, der auf zahlreichen persönlichen und schriftlichen Mitteilungen beruht, erweckt seine humorvolle und menschliche Persönlichkeit vor den Augen des Lesers zu neuem Leben.

Das Buch ist die erstmalige Übersetzung der dritten Auflage der Bottome-Biographie (1957) ins Deutsche. Klaus Hölzer und seine Mitübersetzer sind ausgewiesene Individualpsychologen.

Über die Autorin

Phyllis Bottome (1882-1963) war eine bedeutende englische Schriftstellerin - populär in Großbritannien und in den USA -, die in der Mitte ihres Lebens eine engagierte Anhängerin der Individualpsychologie wurde. Nach ihrer Begegnung mit Alfred Adler (1870-1937) veranschaulichte sie seine Psychologie in zahlreichen Romanen und Essays.

Bestellungen in allen Buchhandlungen und auf allen Online-Plattformen.